역사 교사가 만든
역사 교사를 위한

찐 실전 Chat GPT

생성형 AI (에듀테크)AI-Story 역사 수업 혁신하기!

에듀테크 교사 연구회 역사팀(김동은·이현웅·정태형) 지음

(주)광문각출판미디어
www.kwangmoonkag.co.kr

머리말

수업 열기: 생성형 AI를 활용한 역사 수업 혁신의 방향성

생성형 AI, 교육을 흔들다

생성형 AI로 대표되는 인공지능 기술은 우리의 삶에 지대한 영향을 미치고 있다. 교육부는 '하이터치 하이테크 High Touch, High Tech'를 목표로, AI를 비롯한 다양한 에듀테크 도구를 활용해 개인 맞춤형 학습과 소통 중심의 교실을 구현하고 있다. 이와 함께 교육 분야에서도 디지털 전환이 빠르게 진행되고 있다.

2025년 8월, 교육부는 '2025년 AI·디지털 기반 교육혁신 콘퍼런스'를 개최했다. 디지털 교육혁신 관련 최신 에듀테크 및 정책을 체험하고, 교육혁신 선도교사 연수의 성과를 공유하며 수업혁신 성공 사례 세미나 등 다양한 프로그램이 운영되었다. 이처럼 교육현장은 본격적인 디지털 대전환의 흐름을 맞이하고 있다.

이러한 흐름 속에서 교육 현장에서도 ChatGPT, 제미나이 Gemini 등 생성형 AI의 활용이 활발하게 시도되고 있다. 교사들은 수업과 행정 업무에 AI를 도입해 학습 효과와 효율성을 높이고 있다. 특히 디지털 전환이 가속화되면서 다양한 교과에서 생성형 AI의 도입에 대한 관심이 높아지고 있다.

하지만 역사 교과는 특성상 다른 과목보다 AI 활용에 제약이 많았다. 역사 교육은 합의된 사실을 바탕으로 논리적 해석을 요구하며, 생성형 AI는 이러한 특수성을 구현하는 데 한계를 보이고 있다. 주요 문제는 데이터 편향성과 할루시네이션 Hallucination 현상이다. 데이터 편향성은 AI가 특정 정보에 치우쳐 왜곡된 결과를 낼 수 있는 문제이며, 할루시네이션은 존재하지 않는 정보를 그럴듯하게 생성하는 오류를 뜻한다. 특히 데이터 편향성의 경우, 인터넷에 많은 정보를 게재한 영미 국가들에 유리한 정보 및 해석을 보여줄 뿐만 아니라, 일본에도 유리한 정보가 보여지게 만들기도 한다. 즉 이로 인해 특정 지역, 국가의 영향력이 커지기도 하고, 해석의 문제가 발생하기도 한다. 게다가 아프리카를 위한 AI는 현실적인 여건을 고려했을 때 존재할 수도 없는 상황이다. 연구 결과 누적치 때문에 데이터 편향성은 더욱 커질 것으로 보인다.

이를 해결하기 위해 AI 기업들은 정치적 올바름PC을 강조하며 편향된 데이터를 보정하려 하지만, 이 역시 과도할 경우 새로운 오류를 일으킬 수 있다. 실제로 구글 제미나이가 제2차 세계 대전 독일 군인을 생성하면서 흑인이나 아시아인의 이미지를 포함시킨 사례가 있었다.[1]

따라서 역사처럼 사실 기반의 과목에서는 신중한 접근이 요구된다. 다행히 최근 AI 플랫폼에는 정보 출처 확인 기능과 맥락 검토 기능이 추가되어 교사의 지도 아래 수업 활용이 가능해지고 있다. AI의 한계를 인식하고, 오히려 오류를 비판적으로 분석하는 과정에서 학생들의 사고력 향상이라는 교육적 기회로 연결할 수 있다.

생성형 AI를 역사 수업에서 제대로 펼쳐내려면

"왜 역사 수업에서 생성형 AI를 사용해야 할까?"라고 물어보신다면, "훨씬 더 효율적으로 역사 정보를 찾고 정리할 수 있고, 역사적 상상력을 키우는 데도 도움이 되기 때문이다."라고 답할 수 있겠다. 하지만 단순히 AI를 활용한다고 해서 좋은 역사 수업이 저절로 만들어지는 건 아니다. 실제로 수업에서 효과적으로 활용하려면 많은 준비가 필요하다.

---

1) 조이 클라인먼, 「제2차 세계 대전 독일 군인이 아시아 여성? 구글 AI 제미나이의 '정치적 올바름' 문제」, BBC 코리아, 2024.02.28.(https://www.bbc.com/korean/articles/cg3kmy2rr97o).

먼저, 생성형 AI의 어떤 부분을 역사 수업과 연결할지 고민해야 한다. 단순히 "에듀테크가 대세니까 AI를 활용해 볼까?"라는 접근은 곤란하다. 물론 시대적 흐름에 맞춰 교육 방법을 다양화하는 것은 중요하지만, 우리가 가르치는 역사 교육과정의 체계와 특수성을 고려해야 한다. 학생들에게 역사 내용을 효과적으로 전달하면서도, 그들이 주체적으로 이해할 수 있도록 AI 활용의 당위성을 찾아야 하기 때문이다. 그래서 먼저 AI 활용 수업을 고민하기 전에, "내 수업이 아이들의 어떤 변화나 사고력 신장을 목표로 하는가?"라는 근본적인 질문을 던지는 것이 필요하다. 저자의 경우, 역사적 사고력 중에서도 '역사적 상상력'과 '비판적 사고력'을 키우는 수업을 설계했는데, 이해를 돕기 위해 실제로 진행했던 한 가지 수업 사례를 소개한다.

저자가 진행한 수업은 '제1차 세계 대전'이 주제에 관련된 수업이다. 학생들이 교과서 속 제1차 세계 대전 관련 내용뿐만 아니라, 교과서에 나오지 않는 다양한 자료도 탐구할 수 있도록 생성형 AI를 활용해 조사하고, 출처를 정리하도록 지도했다. 특히 '제1차 세계 대전과 관련된 발명품'이라는 주제를 설정해 학생들이 조사한 내용을 바탕으로 프롬프트Prompt를 구성하게 했고, 이를 활용해 AI로 이미지를 생성하도록 했다. 이후, 생성한 이미지를 활용해 자막을 작성하고, 최종적으로 유튜브 쇼츠Shorts 형태의 역사 콘텐츠를 제작하는 방식으로 수업을 진행했다. 이 과정에서 학생들은 당시의 시대적 배경과 역사적 개념을 바탕으로 AI가 생성한 이미지 속 빈 틈을 스스로 채워 나갔다. 즉 역사적 공백을 '역사적 상상력'으로 보완한 것이다.

또한, 생성형 AI를 단순한 정보 제공 도구가 아니라 자료 검증과 출처 정리를 돕는 도구로 활용하며, 학생들이 자신만의 역사 콘텐츠를 제작할 수 있도록 했다. 덕분에 학생들은 역사 지식을 습득하는 것을 넘어 '크리에이터'로서의 역량까지 함께 키울 수 있었다.

물론 이 수업이 특별한 건 아니다. 하지만 결코 쉽게 이루어진 것도 아니었다. 이때 중요한 것이 바로 '교실 오케스트레이션Classroom Orchestration' 역량이다. 교실 오케스트레이션 역량이란, 말 그대로 '오케스트라관현악'에서 유래한 개념이다. 음악에서 오케스트레이션은 여러 악기가 조화를 이루도록 구성하고 조율하는 것을 의미하는데, 수업에서도 비슷한 개념으로 사용된다.

교실 오케스트레이션이란, 학생 개인, 모둠, 학급 전체의 활동을 체계적으로 관리하면서, 에듀테크와 AI 기반 학습 도구를 적절하게 활용하여 학생들의 상호작용을 끌어내는 교수법을 뜻한다. 쉽게 말해, AI 도구를 효과적으로 배치하고 활용해 학생들이 탐구 과정을 단계적으로 진행할 수 있도록 돕는 역할을 하는 것이다.[2] 이러한 교실 오케스트레이션을 통해 생성형 AI를 단순히 수업에 활용하는 것이 아닌 역사과 학습 목표에 맞춰 학생들의 역량을 끌어내고 발현시키며 함양하도록 돕는 것이 생성형 AI 활용 역사 수업의 핵심이라고 할 수 있다.

이와 같은 방식으로 생성형 AI를 활용한 역사 수업은 학생들에게 흥미롭고 실질적인 학습 경험을 제공할 수 있다. 생성형 AI는 정보 검색과 자료 제공을 넘어, 학생들의 창의적 사고와 협업 능력을 증진시키는 데 중요한 역할을 할 수 있다. 이를 통해 역사 교육이 단순한 암기가 아니라, 사고의 폭을 넓히고 비판적으로 사고할 수 있는 능력을 기르는 기회를 마련할 수 있을 것이다.

저자 일동

---

2) 미래 교육집필팀, 『2025 대한민국 미래 교육 트렌드』, 뜨인돌, 2024, p.188.

목차

수업 열기: 생성형 AI를 활용한 역사 수업 혁신의 방향성   3

1장 AI-Story 준비하기: 생성형 AI와 역사 수업의 만남 주선하기

1. 생성형 AI와 역사 수업의 관계   11

2. 역사 수업 전 생성형 AI 윤리 교육   15
1. 학교급별 생성형 AI 활용 지침   15
2. Q & A로 알아보는 생성형 AI   21
3. 역사 수업에서 생성형 AI 활용 시 유의 사항   23

3. 역사 수업 전 준비 사항   35
1. 주요 플랫폼의 특징 및 가입 방법   35
2. 수업 환경 점검하기   41
3. 역사 수업 최적화 프롬프트 엔지니어링(명령어 작성)   44

2장 AI-Story 실천하기: 생성형 AI로 역사 수업에 날개 달기

1. 중학교 역사 ver.1 ... 50
1. 비판적 사고력을 높이는 AI 활용 역사 탐구 기반 쓰기 ... 50
2. 역사 탐구 능력을 키우는 AI 기반 사료 원문 분석 및 해석하기 ... 84
3. 역사적 감정 이입 능력을 함양하는 AI 역사 챗봇 제작하기 ... 91
4. 역사적 상상력을 확장하는 AI 영상 제작 및 영상관 구성하기 ... 109

2. 중학교 역사 ver.2 ... 118
1. 내러티브 기반 역사 수업 기획하기: AI로 만든 그림으로 몰입도 높이기 ... 118
2. 추체험 기반 역사 수업 진행하기: 역사적 인물과 가상 인터뷰하기 ... 132
3. 프로젝트 수업 가이드라인 제작하기: AI의 도움을 받아 프로젝트 방향성 잡기 ... 139
4. ChatGPT를 활용하여 역사 드라마 기획안 개요 짜기 ... 144

3. 고등학교 한국사 ... 153
1. 메타버스에서 AI 도우미와 함께하는 방 탈출 게임 수업 ... 153
2. 나도 할 수 있다! AI로 한국사 게임 제작하기 ... 160

4. 고등학교 세계사 ... 174
1. 동서 교역로의 모습을 나만의 일러스트로 묘사하기 ... 174
2. 생성형 AI를 활용한 시민혁명 노래 만들기 수업 가이드 ... 187

3장 생성형 AI를 활용한 수업 관련 행정 업무 효율 높이기

1. 생성형 AI로 지도안 초안 쉽게 작성하기 ... 197

1. 생성형 AI로 수업 지도안 작성을? ... 197
2. 효과적인 프롬프트 작성하기 ... 198
3. AI를 활용한 지도안 작성의 장점과 주의점 ... 202

2. 수업 기록 및 상담 기록 체계적으로 관리하기 ... 203

3. 설문조사 효율적으로 관리하기 ... 207

1. 설문지 작성 자동화 ... 207
2. 응답 분석 및 시각화 ... 210
3. 설문 결과 활용 방안 제안 ... 211

수업 닫기: 생성형 AI를 활용한 지속 가능한 역사 수업을 바라며 ... 212

1장

AI-Story 준비하기:
생성형 AI와 역사 수업의 만남 주선하기

1. 생성형 AI와 역사 수업의 관계

역사 교과에 인공지능AI을 적용하는 것은 자연스럽지 않게 느껴진다. 왜냐하면 학생들에게 AI는 혁신적인 미래 기술을 상징하고, 역사는 과거를 탐구하는 학문으로 여겨지기 때문이다. 그러나 오히려 이러한 이질적인 조합은 오늘날 교육의 새로운 가능성을 제시하고 있다. 특히 생성형 AI는 역사 자료의 분석과 해석, 역사적 자료의 재구성, 가상 시뮬레이션을 통한 추론 등을 가능하게 한다. 이러한 AI를 활용한 역사 수업을 통해서 학생들은 단순히 과거를 배우는 것에 그치지 않고, 학생들은 역사를 '만들어 가는' 경험을 할 수 있게 되었다. 이를 통해서 AI를 활용한 역사 수업은 미래 사회에서 필요한 역량을 함양하고, 학생들에게 몰입도 있는 역사 수업을 설계하는 데 도움을 줄 수 있다. 이 책에서는 역사 수업이 AI와 만나서 어떠한 혁신적인 변화를 만들어 낼 수 있을지 탐구해 보려 한다.

우선 생성형 AI란 무엇일까? 인공지능은 인간의 인지적 행동을 학습, 모방하여 의사 결정, 문제 해결 등을 수행하는 컴퓨터 시스템이다. 이 중에서도 생성형 AIGenerative AI는 데이터를 학습하여 텍스트, 이미지, 음성 등 새로운 콘텐츠를 생성하는 기술이다. 단순히 콘텐츠 생성에 그치지 않고, 데이터를 분석해 패턴을 도출하고 의사 결정에도 도움을 줄 수 있다. 이러한 생성형 AI 도구에는 대표적으로 ChatGPT가 있고, 그 이외에도 코파일럿Copilot, 제미나이Gemini, 뤼튼Wrtn 등이 있다.

생성형 AI가 등장하기 이전에 우리는 네이버, 구글과 같은 검색 엔진을 사용해서 정보를 수집했는데, 이러한 검색 엔진의 기능이 생성형 AI를 바탕으로 확장되고 있고 학생들의 교수학습 지원에 있어서 중요한 변화를 가져오고 있다.[3] 기존의 검색 엔진에서는 정확한 키워드를 사용하지 않을 경우 원하는 데이터를 수집하는 것이 힘들지만, 생성형 AI는 비슷한 키워드로 자동으로 변환해 주는 능력을 갖추고 있기 때문에 데이터 수집이 상대적으로 용이하다. 또한, 검색 엔진은 검색 과정이 독립적으로 이루어지지만, 생성형 AI는 연속적으로 이루어진다. 즉 AI는 사용자와의 이전 대화를 기억하고, 그 맥락에 맞는 대답을 내놓는다. 예를 들어, 검색 엔진에서는 '이순신 장군의 백의종군'과 '명량대첩'을 독립적인 검색을 통해서 각각의 정보를 수집하는 경향성이 강하다면, 생성형 AI에서는 '이순신 장군의 백의종군'과 '명량대첩' 사이의 관계성을 확인할 수 있다.

그렇다면 생성형 AI를 역사 수업에 활용할 때 어떠한 점을 유의해야 할까? '교육에서의 AIAIED; AI in Education'에 대한 개념 구분은 'AI와 함께 학습하기Learning with AI'와 'AI에 대해서 학습하기Learning about AI'로 분류할 수 있다. 전자는 AI를 교육에 접목하여 교육 목표 달성의 효과성과 효율성을 높이는 것이고, 후자는 AI에 대한 이해를 바탕으로 AI 알고리즘을 설계하고, 개발하며, 활용하는 능력을 함양하기 위해서 AI를 교육의 내용으로 가르치는 것이다.[4] 역사 수업과 생성형 AI의 관계

---

3) 이종원, 「AI는 지리 교수학습을 어떻게 바꿔놓을 것인가? - 지리탐구를 중심으로」, 『한국지리환경교육학회지』 32, 2024, 97~99쪽.

4) 홍선주 외 6명, 「학교 교육에서의 인공지능(AI) 활용 방안 탐색」, 『한국교육과정평가원』, 2020, 4~6쪽.

는 전자의 개념 구분과 관련이 더 깊다. 생성형 AI를 활용한 역사 수업은 교사가 설정한 학습 목표를 효과적이고 효율적인 달성을 위해서 생성형 AI를 수단적인 요소로 활용하는 것이다.

역사 수업에서 생성형 AI의 주요 기능을 네 가지로 분류해서 살펴볼 수 있다.

첫째, 데이터 처리 및 분석 기능이다. AI는 빅데이터를 수집, 분석, 정리하여 의사결정에 필요한 정보로 변환하는 데 도움을 준다. 대량의 역사 데이터를 분석하여 특정 시대나 지역에서 나타나는 패턴을 도출하고, 이 과정에서 역사적 사고력 함양을 도울 수 있다. 예를 들어, 국가통계포털KOSIS을 통해서 국외 독립운동이 발생했던 위치 정보가 담긴 데이터를 수집한 후, AI 도구를 활용해서 이를 지도에 시각적으로 표현할 수 있다. 교사는 AI를 활용해 분석한 자료를 통해서 학생들에게 어느 지역에서 국외 독립운동이 발생했는지를 묻고, 해당 지역에서 독립운동이 활발했던 이유를 묻는 탐구식 수업 형태로 역사 수업을 기획할 수 있다.

둘째, 역사 자료의 생성과 콘텐츠 재구성 기능이다. 학생들은 역사적 사실에 근거하여 구체적인 이미지, 텍스트, 심지어 음악까지 생성할 수 있다. 예를 들어, 학생들은 AI를 활용하여 사료, 유물의 내용과 이미지를 통해서 시각적으로 재구성하거나 보완된 정보를 생성할 수 있다. 예를 들어, 진수의 『삼국지三國志』「위서魏書」에 기록되어 있는 '동이전'의 내용을 바탕으로 옥저 사람들의 생활 모습을 이미지로 생성하는 경험을 통해 심화 학습을 진행할 수 있다. 이렇게 AI를 통해서 생성된 콘텐츠의 경우에는 할루시네이션 현상을 주의해야 한다.

셋째, 대화형 상호작용 콘텐츠 활용 기능이다. 학생들은 생성형 AI를 활용해 역사적 인물과의 가상 대화를 체험할 수 있다. ChatGPT를 통해 대화형 학습 콘텐츠를 진행할 때, 교사가 ChatGPT에 검증된 데이터를 바탕으로 사전 학습을 시킨다면 역사적 오류를 최소화할 수 있다. 예를 들어, 학생들은 가상의 세종대왕과 대화하면서 해당 인물의 시대적 배경, 역사적 업적과 관련된 고뇌 등에 대한 질문을 구성할 수 있다. 이 과정에서는 교사가 AI를 사전 학습시키는 과정이 반드시 선행되어야 한다.

넷째, 수업에 대한 아이디어 수집 기능이다. 프로젝트 수업을 기획하고 있다면, 교사가 설정한 학습 목표와 교실 내 상황을 근거하여 수업의 아이디어를 획득할 수 있다. 예를 들어, 산업혁명의 부작용에 대해서 탐색하는 수업을 기획한다고 했을 때, ChatGPT를 활용해서 브레인스토밍, 프로젝트의 개요 작성, 세부 활동 구성 등에 아이디어를 얻을 수 있다. 또한, 게이미피케이션 수업에서는 퀘스트 형식의 역사 문제 생성이나 역사적 맥락을 활용한 시나리오를 작성하는 과정에서 도움을 얻을 수 있다.

생성형 AI는 역사 수업에 새로운 선택지를 제시할 수 있다. 그 선택지와 방향성이란 생성형 AI가 교사와 교과서를 대체하는 것이 아닌, 학생에게 더욱 풍부한 학습 경험을 제공해 줄 기회라고 생각한다. 적절한 AI 활용은 역사 학습 목표 달성에 효과적으로, 또 효율적으로 기여할 수 있다.

2. 역사 수업 전 생성형 AI 윤리 교육

1 학교급별 생성형 AI 활용 지침

최근 생성형 AI 기술이 급격히 발전함에 따라 교육 현장에서의 활용 가능성이 높아지고 있다. 이에 따라, 서울시교육청에서는 2023년에 학교급별 생성형 AI 활용 지침을 발표하였으며, 이를 바탕으로 학교 현장에서 AI를 효과적으로 활용할 수 있도록 가이드라인을 제공하고 있다. 이 지침은 초등학교, 중학교, 고등학교에서의 활용 방안을 구체적으로 제시하며, 학생과 교원의 역할과 책임을 명확히 규정하고 있다.

[1] 수업 활용 가이드

1) 공통 사항

모든 학교급에서 생성형 AI를 활용할 경우, 학생들에게 AI의 원리와 한계점, 윤리적 사용에 대한 교육을 반드시 실시해야 한다. AI가 제공하는 정보가 항상 정확한 것은 아니며, 편향된 데이터를 기반으로 학습될 수 있다는 점을 강조해야 한다. 또한, AI의 윤리적 사용을 강조하여 학생들이 AI를 올바르게 활용할 수 있도록 지도해야 한다.

2) 초등학교에서의 활용

초등학교에서는 생성형 AI를 교사 주도로 활용해야 한다. 학생들이 AI를 직접 다루기보다는 교사가 시연하는 방식으로 AI를 소개하고, 교육적 의도에 맞게 AI를 활용하는 것이 바람직한 것이다. 단, 다음과 같은 조건을 충족할 경우 학생들도 AI를 체험해 볼 수 있다.

(1) 해당 연령에서 사용 가능한 서비스인 경우
(2) 교사가 추가적인 작업을 통해 생성형 AI의 산출물이 안전하다고 판단된 경우

이러한 방식은 학생들이 AI의 원리를 이해하고 AI가 제공하는 정보의 신뢰성을 판단하는 능력을 키우는 데 도움을 줄 수 있다. 또한, AI를 활용한 창의적 글쓰기, 이야기 생성, 이미지 제작과 같은 활동을 통해 학생들의 흥미를 유발할 수 있다.

3) 중학교에서의 활용

중학교에서는 교사의 지도하에 학생들이 직접 생성형 AI를 활용할 수 있다. 다만, AI 서비스의 사용 약관을 준수해야 하며, 사용 연령 제한에 해당하는 경우 초등학교용 가이드를 적용해야 한다.

특히, AI를 활용하는 과정에서 개인정보 보호법을 준수해야 하며, 보호자의 동의가 필요한 경우 가정통신문을 활용하여 보호자의 동의를 받은 후 사용해야 한다. 예를 들어, OpenAI의 서비스는 만 13세 미만이 직접 사용할 수 없으며, 만 13세 이상 ~만 18세 미만의 학생이 사용할 경우 보호자의 동의가 필요하다.

학교에서는 AI를 활용하여 학습 보조 도구로 사용할 수 있다. 예를 들어, AI를 활용하여 개념 정리를 하거나 토론 활동을 진행하는 것이 가능하다. 또한, AI가 제공하는 답변의 정확성을 검토하고, 비판적으로 분석하는 활동을 포함하면 학생들의 사고력을 높이는 데 도움이 될 것이다.

4) 고등학교에서의 활용

고등학교에서는 보다 적극적으로 생성형 AI를 활용할 수 있다. 교사의 지도 아래 학생들이 AI를 프로젝트나 연구 활동에 활용할 수 있다. AI는 보조 교사 역할을 하며, 학습 자료 정리, 창의적 아이디어 도출, 문제 해결 등의 다양한 방식으로 활용될 수 있다.

그러나 중학교와 마찬가지로 AI 서비스 약관을 준수해야 하며, 보호자의 동의가 필요한 경우 반드시 동의를 받아야 한다. AI가 모든 정보를 정확하게 제공하지는 않으므로, 정보를 그대로 믿기보다 사실인지 확인하고 믿을 만한지 판단하는 능력을 기르는 것도 중요하다.

[2] 학생의 역할과 책임

학생들은 생성형 AI를 활용하기에 앞서 그 원리와 한계를 이해해야 한다. 특히, 방과 후나 가정에서 AI를 사용할 때도 윤리적 가치를 고려해야 하며, 다음과 같은 사항을 준수해야 한다.

(1) AI가 생성한 콘텐츠를 그대로 믿지 않고, 반드시 원출처를 확인한 뒤 그 진위 여부를 검증하는 습관을 기르기
(2) AI를 활용하여 타인의 개인정보를 침해하지 않도록 주의하기
(3) AI가 제공하는 정보를 비판적으로 분석하는 능력 기르기
(4) AI를 창의적이고 생산적인 방식으로 활용하기

이러한 원칙을 준수하면 학생들은 AI를 보다 효과적으로 활용할 수 있으며, 비판적 사고력을 함양할 수 있다.

[3] 교원의 역할과 책임

생성형 AI의 발전은 교육 현장에 많은 변화를 가져오고 있으며, 교사는 이러한 기술을 이해하고 적절하게 활용하는 역할을 수행해야 한다. 특히, AI의 원리와 한계를 명확히 인식하고, 이를 교육적으로 효과적으로 활용하는 방법을 연구하는 것은 교사만이 할 수 있다. 또한, 교사는 학생들이 AI를 올바르게 사용할 수 있도록 지도하고, AI 활용이 학습에 미치는 영향을 지속적으로 연구하며 개선해 나가야 한다. 구체적인 교원의 역할과 책임은 다음과 같다.

1) AI 원리 및 한계점 이해

교사는 생성형 AI가 작동하는 기본 원리를 이해해야 한다. 막연히 학생들에게 새로운 에듀테크로써 던져 주기만 하면 안 된다는 것이다. 생성형 AI는 대량의 데이터를 학습하여 새로운 텍스트, 이미지, 음악 등을 생성하는 기술로, 주어진 패턴을 분석하여 확률적으로 가장 적절한 출력을 생성하는 방식으로 작동한다. 그러나 이러한 과정에서 AI는 완전한 창의성을 발휘하는 것이 아니라, 기존 데이터를 기반으로 새로운 콘텐츠를 조합하는 형태로 기능한다.

교사는 AI의 한계를 이해하는 것도 필수적이다. 생성형 AI는 편향된 데이터에 영향을 받을 가능성이 있으며, 정확하지 않은 정보를 제공할 수도 있다. 예를 들어, 역사적 사실을 다룰 때 AI가 제공하는 정보가 왜곡되었거나 오류가 포함될 수 있다. 따라서 교사는 AI가 제공하는 정보를 무비판적으로 수용하는 것이 아니라, 이를 분석하고 검증하는 능력을 갖추어야 하며, 학생들에게도 AI가 제공하는 정보에 대해 비판적 사고가 필요하다는 것을 강조해야 한다.

2) 다양한 AI 도구의 특징과 장단점 파악

현재 교육 현장에서 사용할 수 있는 생성형 AI 도구는 매우 다양하다. 예를 들어, 텍스트 기반 AI로는 ChatGPT, 클로드Claude, 제미나이Gemini 등이 있으며, 이미지 생성형 AI로는 레오나르도 AILeonardo.AI, 달리DALL·E, 스테이블 디퓨전Stable Diffusion 등이 있다. 또한, 음악 생성형 AI, 코딩 보조 AI 등 다양한 도구가 존재한다. 이러한 AI 도구들은 각각의 특징과 장단점을 지니고 있기 때문에 교사는 교육 목적에 맞는 도구를 선택하여 활용할 수 있는 역량을 길러야 한다.

각 도구의 장단점을 이해하고 적절하게 활용하는 것이 중요하다. 예를 들어, 텍스트 생성형 AI는 창의적인 글쓰기를 돕거나 요약을 제공하는 데 유용할 수 있지만, 출처가 불분명한 정보를 제공할 위험이 있다. 이미지 생성형 AI는 시각적 자료를 제작하는 데 활용될 수 있지만, 저작권 문제가 발생할 가능성이 있는 것처럼 말이다. 따라서 교사는 AI 활용의 윤리적 측면도 고려하면서 도구를 선택하고 학생들에게 가이드라인을 제공해야 한다.

3) 학생들의 AI 활용 방식 연구 및 지도

AI가 학생들의 학습 방식에 미치는 영향을 면밀히 연구하고, 이를 바탕으로 효과적인 지도 방안을 마련하는 것이 필요하다. 특히, AI가 단순한 정답 제공 도구가 아니라 학습을 보조하는 역할을 하도록 지도하는 것이 중요하다.

예를 들어, AI를 활용한 글쓰기 활동에서는 학생들이 AI를 단순한 글 생성 도구로 사용하는 것이 아니라, 초안을 작성한 후 수정하고 보완하는 과정에서 비판적 사고를 기를 수 있도록 지도해야 한다. 또한, AI가 제공하는 내용을 그대로 제출하는 것이 아니라, 이를 참고하여 자신의 의견을 덧붙이는 방식으로 활용할 수 있도록 교육해야 한다.

아울러 AI 사용 과정에서 발생할 수 있는 표절 문제에 대한 인식도 높여야 한다. AI가 생성한 문장을 무단으로 사용하는 것은 학문적 윤리에 어긋날 수 있으며, AI 자체를 단독 출처로 삼는 것은 신뢰성이 부족하다. 따라서 AI가 제시한 내용은 반드시 원출처를 확인하고, 그 진위 여부를 검증한 뒤 올바른 인용 방식과 출처 표기를 하는 것이 중요하다. AI 활용의 장점을 살리면서도 학생들이 주체적으로 사고할 수 있도록 지도해야 한다.

4) 업무 자동화를 통한 교사의 업무 경감

AI는 교육뿐만 아니라 교사의 행정 업무를 지원하는 도구로도 활용될 수 있다. 교사는 AI를 적극적으로 활용하여 반복적인 업무를 자동화하고, 학생 지도 및 교육의 질을 향상시키는 데 집중할 수 있어야 한다. 예를 들어, AI를 활용하여 수업 계획을 짤 때 보조를 받을 수 있다. 또한, AI 기반 수업 설계 도구를 이용하면 학습 목표에 맞는 자료를 추천받거나, 학생 수준에 따른 맞춤형 학습 콘텐츠를 제작할 수 있다. 아울러 자동 채점 시스템을 도입하여 객관식 시험을 채점하거나 학생들의 에세이, 논술문 등을 평가하는 데 도움을 받을 수도 있다.

AI는 또한 개별 맞춤 학습을 지원하는 데 유용할 수 있다. 예를 들어, AI 기반 학습 플랫폼을 활용하면 학생들의 학습 수준을 분석하고, 개별 맞춤형 학습 자료를 제공할 수 있다. 이를 통해 학생 개개인의 학습 효과를 극대화하고, 교사는 보다 심층적인 피드백을 제공하는 데 집중할 수 있다. 대표적으로는 경기도교육청에서 만든 '하이러닝'이 있다.

5) 개인정보 보호 및 보안 준수

　AI를 활용하는 과정에서 개인정보 보호와 보안 문제에 대한 철저한 관리가 필요하다. AI를 활용한 교육이 확대될수록 데이터로 구성된 학생 개인정보가 유출될 위험도 증가할 수 있기 때문에 교사는 이에 대한 명확한 기준을 설정하고 준수해야 한다.

　특히, 학생들이 AI 도구를 사용할 때 이름, 주소와 같이 자신 혹은 타인의 개인정보를 입력하지 않도록 지도해야 한다. AI 도구 중 일부는 사용자의 데이터를 학습에 활용할 가능성이 있으므로, 개인정보 입력을 최소화하고 보안이 강화된 환경에서 AI를 사용할 수 있도록 지도해야 한다. 또한, AI 도구를 도입할 때 학교 차원에서 보안성을 검토하고, 신뢰할 수 있는 플랫폼을 선택하는 것이 중요하다.

　개인정보 보호뿐만 아니라, AI의 윤리적 사용을 강조하는 것도 중요하다. AI를 활용한 과제 수행 시 부정행위를 방지하고, 정직한 학습 문화를 조성하는 것이 필요하다. 이를 위해 교사는 AI 사용 가이드라인을 학생들에게 명확히 제시하고, 학생들이 AI를 올바르게 활용할 수 있도록 지속적으로 교육해야 한다.

[4] 생성형 AI 시대에서 학교 구성원들의 역할 변화

　생성형 AI의 발전은 교육의 패러다임을 변화시키고 있으며, 교사는 이러한 변화 속에서 중요한 역할을 수행해야 한다. AI의 원리를 이해하고 한계를 명확히 인식하는 것은 기본이며, 다양한 AI 도구를 분석하여 적절히 활용하는 능력을 갖추어야 한다. 또한, 학생들이 AI를 올바르게 활용하도록 지도하며, 업무 자동화를 통해 보다 효율적인 교육 환경을 조성하는 것이 중요하다.

　아울러 개인정보 보호 및 윤리적 사용에 대한 교육을 강화하여 AI가 긍정적인 방향으로 활용될 수 있도록 해야 한다. AI는 단순한 기술 도구가 아니라 교육의 새로운 가능성을 열어 주는 중요한 도구이므로 교사는 AI를 능동적으로 수용하고 효과적으로 활용하는 역량을 길러 학생을 지도할 수 있어야 한다.

2 Q & A로 알아보는 생성형 AI

현실적으로 생성형 AI를 활용해 역사 수업을 실천하는 데 알아 두어야 할 사항이 굉장히 많은 것이 사실이다. 새로운 수업을 도전하는 길은 늘 쉽지만은 않다. 하지만 더 큰 의미를 우리에게 가져다준다. 대표적인 Q & A를 살펴보며, 생성형 AI와 역사 수업의 관계를 정리해 보도록 하자.

Q1 생성형 AI가 역사적 사실을 왜곡하거나 오류를 발생시키지 않을까?

A1 생성형 AI가 잘못된 정보를 생성할 가능성(할루시네이션, 데이터 편향성)이 있기 때문에, 그것을 이용하는 교사와 학생은 항상 AI가 제공하는 자료를 검증해야 한다. 생성형 AI는 보조 도구일 뿐이며, 최종적인 사실 검증은 사용자의 역할이다. 학생들에게도 AI가 도구임을 강조하며, 비판적으로 정보를 분석하는 태도를 기르게 할 수 있다. 대표적으로 출처를 검증하고 정리하는 활동을 통해 AI가 생성한 정보의 정확성을 분별하도록 지도할 수 있다.

Q2 역사 수업에서 구체적으로 생성형 AI를 어떻게 활용할 수 있을까?

A2 앞으로 말할 실제 역사 수업 사례에서 보게 될 예정이지만, 대표적으로 역사적 상황 재현(AI를 활용해 역사적 인물의 관점으로 대화, 이미지 생성), 맞춤형 학습 자료 생성(학생 수준에 맞춘 요약 자료나 연표 제작), 창의적 활동 지원(가상 인터뷰 질문 생성, 역사적 사건에 기반한 스토리텔링 작성), 토론 자료 준비(찬반 입장을 균형 있게 제공하는 주제별 자료 생성) 등에 활용할 수 있다.

Q3 AI를 활용하면 교사의 역할이 줄어들지는 않을까?

A3 AI는 교사를 대체하는 것이 아니라 교사의 역할을 지원한다. AI는 단순 반복 작업을 줄이고, 교사가 학생들과의 상호작용이나 심층적 토론에 더 집중할 수 있도록 도울 수 있다. 교사의 전문성과 비판적 사고 능력은 여전히 중요한 핵심이다.

AI를 활용하면 학생들이 수업에 덜 참여하지 않을까?

 오히려 AI는 학생 참여를 높일 수 있는 도구다. 예를 들어, 학생들이 직접 AI와 상호작용하며 역사적 인물과 가상 인터뷰를 하거나, AI가 제공한 자료를 비판적으로 분석하는 활동을 통해 더욱 능동적으로 학습에 참여할 수 있다.

 생성형 AI가 생성한 이미지나 글의 저작권은 누구에게 귀속될까?

 생성형 AI가 만든 이미지의 저작권은 현행 저작권법의 보호 대상이 아니다. 다만, 인간의 창작적 기여가 있는 경우에는 제한적으로 저작권이 인정될 수 있다. 상업적 이용은 가능하나, 데이터 출처와 저작권 문제에 주의해야 한다. 이러한 법적 상황은 계속 변화할 수 있으므로 관련 법률과 사례를 주의 깊게 살펴보는 것이 중요하다. AI의 발전과 함께 저작권 문제는 더욱 복잡해질 것으로 예상되며, 이에 대한 지속적인 논의가 필요하다.

[참고 사항] 인공지능이 발명자가 되어야 한다고 다투었던 사례

생성형 AI가 특허법상 발명자로 인정될 수 있는지 여부에 대해 법원은 "기술적 사상이란 결국 인간의 사유를 전제로 하는 것이고, 창작 역시 인간의 정신적 활동을 전제로 하는 것이다. (중략) 인공지능은 법령상 자연인과 법인 모두에 포함되지 않으므로 현행 법령상으로 인공지능에 권리 능력을 인정할 수도 없다"고 판시했다(서울행정법원 2023.06.30. 선고 2022구합89524 판결).

특허법상 권리 보호 대상이나 규정 형식은 저작권법과 유사하고, 법원은 위의 같은 해석 방법은 저작권법상 '창작'에도 그대로 적용될 수 있다. 따라서 생성형 AI를 아직 '저작물을 창작한 자', 즉 저작권을 가진 주체로 인정하기는 어려운 상태이다.

 다른 사람이 제작한 생성형 AI 결과물을 다운로드하여 재가공했는데 원본 게시자가 저작권 위반이라고 항의를 해 온 경우, 생성형 AI가 만든 콘텐츠의 재사용도 법적으로 문제가 될까?

 생성형 AI 작성 콘텐츠는 현행 저작권법상 저작권이 인정되지 않기 때문에 콘텐츠 게시자가 저작권 위반을 주장할 수 있는 법적 근거가 없다. 그러나 생성형 AI가 학습한 원저작물에 대해서는 여전히 저작권 침해 문제가 제기될 수 있다. 만약 생성형 AI가 작성한 콘텐츠에서 기존 저작물과 동일 또는 유사한 특징이 감지된다면, 이는 생성형 AI가 원저작물을 복제 및 전송 또는 2차적 저작물 작성의 방법으로 이용한 것이기에 원저작자의 허락이 없는 한 저작권을 침해한 것으로 볼 수 있다. 즉 '콘텐츠 게시자의 저작권'은 인정되기 어려워도 '원저작자'에 대한 저작권 침해는 문제가 될 수 있다.

Q7 학교 수업에서 처음 생성형 AI를 도입할 때, 교사 입장에서 반드시 유의해야 할 사항이 있을까?

A7 그렇다. 우선 생성형 AI를 수업에 바로 도입하기 전, 교육청에 생성형 AI 활용 가이드라인 및 지침이 있는지 확인해야 한다. 2024년 12월 기준 교육부에서 제시한 생성형 AI의 수업 현장 도입에 관한 명시적인 가이드라인이 존재하지 않기 때문에 소속된 교육청의 가이드라인이 있는지부터 확인하는 것이 필요하다. 또한, 생성형 AI마다 활용 기준 연령이 다르기 때문에 사용 연령 기준을 확인해야 한다. 앞선 두 과정이 생성형 AI 활용 수업의 환경을 마련하는 것이라면, 다음 과정은 생성형 AI 활용 수업에 직접적으로 관련된 윤리적 태도 및 방법적 차원의 지식 기반 마련에 관한 것이다. 생성형 AI의 답변을 효과적으로 이끌어 내기 위한 프롬프트(명령어) 입력, 그리고 생성형 AI의 데이터 편향성과 할루시네이션으로부터 속지 않기 위한 자료의 출처 검토 및 논리적 구조 파악 훈련, 민감한 개인정보에 관한 부분을 함부로 드러내지 않는 것 등이 될 것이다.

3 역사 수업에서 생성형 AI 활용 시 유의 사항

생성형 AI를 역사 수업에서 활용하는 것은 단순한 기술 도입을 넘어서 교육의 새로운 가능성을 열어 줄 수 있다. 이를 통해서 역사 수업에서는 방대한 빅데이터를 분석해서 도표 등으로 시각화해 주는 수업을 기획할 수도 있고, 역사적 사건과 인물을 기반으로 콘텐츠를 재구성하거나 생산하여 창의적이고 몰입적인 학습 경험을 가능하게 한다. 하지만 이러한 기술의 도입에 앞서 교사는 몇 가지 유의 사항을 반드시 파악해야 한다. 생성형 AI는 정보의 정확성, 편향성, 그리고 맥락 이해 부족의 문제를 가질 수 있기 때문에 교사와 학생 모두 비판적 사고를 바탕으로 신중하게 AI를 활용해야 한다. 그러므로 역사 수업에서 생성형 AI를 활용할 때의 유의 사항을 알아보고자 한다.

[1] 생성형 AI가 생성한 콘텐츠는 과연 신뢰할 수 있을까?

중학교 2학년을 가르치던 2023년에 있었던 일이다. 그해 여름방학 때 에듀테크와 AI 도구와 관련된 연수를 수강하고, ChatGPT를 실습하면서 답변에 오류가 포함될 수도 있다는 것을 확인했다. '**17세기 영국의 청교도 혁명 과정을 주요 인물을 포함해서 10문장 내외로 정리해 줘. 국왕과 의회의 대립이 핵심 주제로 드러나도록 해 줬으면 좋겠어.**'라는 프롬프트를 구성했다. 해당 프롬프트에 대한 ChatGPT의 대답은 대체로 훌륭했다. 생각 이상으로 찰스 1세와 올리버 크롬웰의 대립 관계 구도를 잘 설명해 냈고, 저자가 원했던 역사적 의의를 잘 끌어냈다. 하지만 답변 중간중간에 '플라스터 수도전', '콜처의 전투'와 같은 생소한 단어가 포함되어 있었다. 네이버, 구글 등의 검색 엔진을 통해 이를 교차 검증했는데, 어디에도 두 단어를 확인할 수 없었다. 그래서 ChatGPT에 "플라스터 수도전은 처음 들어보는데, 자세하게 설명해 줄래?"라고 다시 물었는데, 이에 대한 답변은 '그럴듯하게' 보였지만 사실이 아니었다.

할루시네이션Hallucination 현상이란 생성형 AI가 잘못된 정보를 '그럴듯하게' 사실인 것처럼 콘텐츠를 생성하거나, 맥락과 관련 없는 내용으로 콘텐츠를 생성하는 것을 말한다. 이러한 할루시네이션 현상의 근본적인 원인은 생성형 AI의 답변이 언어 모델에 기반한 빅데이터를 바탕으로 생성되기 때문이다. 관련된 데이터가 부족한 경우에는 할루시네이션 현상이 발생할 수 있다. 하지만 역사 교육 측면에서도 이러한 현상은 의미가 있다. 사료 검증이 중요한 역사 교과에서는 할루시네이션 현상을 수업에서 다룰 수 있기 때문이다.

다시 2023년 여름으로 돌아가 보겠다. 여름방학 때 들었던 연수와 ChatGPT에 대한 실습을 바탕으로 'ChatGPT를 활용하여 역사 드라마 기획안 개요 작성하기'라는 수행평가를 기획했다. 당시 이 수행평가를 기획하면서 가장 중점으로 생각했던 부분은 '생성형 AI가 생성한 데이터의 신뢰성 검토', 즉 생성형 AI가 답변한 내용이 역사적인 오류가 없는지 검토하는 것이었다. ChatGPT의 개념과 사용법, 프롬프트 구성법 등을 1차시 동안 설명하는 과정에서 가장 강조했던 부분은 반드시 '교차 검증을 해야 한다!'는 것이었다.

당시에는 ChatGPT를 사용한 학생들이 거의 없었기 때문에 할루시네이션 현상을 이해시켜 주기 위한 시범을 통해 교차 검증의 필요성을 보여 주었다.

> **인천 차이나타운, 월미산 갈만한 곳 있어?**
>
> 인천 차이나타운과 월미산 주변에는 많은 관광 명소와 먹거리, 레저 활동이 있습니다. 여행자들을 위해 추천할만한 몇 가지 장소와 활동을 아래에 소개해 드리겠습니다:
>
> **인천 차이나타운(인천 중구 신포동):**
>
> 1. **음식 탐방**: 차이나타운은 중국 문화와 음식이 풍부한 곳입니다. 다양한 중국 요리를 즐길 수 있는 레스토랑과 가게가 많이 있습니다. 특히 짜장면, 탕수육, 딤섬 등을 맛볼 수 있습니다.
> 2. **십장생관(Shinpo International Street)**: 거리에는 중국 문화와 관련된 다양한 상품을 판매하는 가게들이 있으며, 중국풍의 소품을 구매하거나 관광객을 위한 선물을 찾는 데 좋습니다.
>
> **월미산(인천 남동구 월곶동):**
>
> 1. **월미공원(Wolmi Park)**: 월미산 주변에 위치한 이 공원은 산책, 피크닉, 자전거 타기, 풍경 감상을 즐길 수 있는 아름다운 장소입니다. 월미포구와 해상 루지가 인기 있는 관광 명소 중 하나입니다.
> 2. **월미도 스카이워크(Wolmido Skywalk)**: 월미도에 위치한 스카이워크는 해상에서 아름다운 전망을 즐길 수 있는 곳입니다. 특히 일몰 시간에는 멋진 풍경을 즐길 수 있습니다.
> 3. **월미풍물시장(Wolmi Traditional Market)**: 전통적인 시장에서 지역 음식과 제품을 맛보고 쇼핑을 즐길 수 있습니다.
> 4. **월미포구(Wolmido Harbor)**: 월미도를 방문하면 포구 주변의 레스토랑과 카페에서 식사를 즐기고 휴식을 취할 수 있습니다.
>
> ↓

[그림 1-1] 교사의 ChatGPT 활용 시범

1) 첫 번째 질문

경험상 학생 대상으로 ChatGPT 시범은 교과와 관련 내용보다 교과와 관련이 적은 일상적인 내용을 다루는 질문으로 구성하는 것이 직관적으로 이해시키기 좋았다. 해당 학기 현장 체험학습을 떠나는 '인천 차이나타운, 월미산'을 기준으로 시범 프롬프트를 구성했다. 시범 프롬프트에 대해 ChatGPT는 그럴듯한 답변을 만들어 냈다. 하지만 답변을 교차 검증하는 과정을 통해서 '월미풍물시장'은 실제로 없는 공간이었다는 것을 확인했다. 앞서 말했듯 할루시네이션 현상은 생성형 AI 활용 시 중요하게 인지하고 있어야 하는 유의 사항이다.

학생들에게 예시로 보여 준 ChatGPT 활용 시범에서는 프롬프트를 치밀하게 구성하지 않았으므로, ChatGPT의 할루시네이션 현상을 쉽게 발견할 수 있었다. '월미풍물시장'을 검색 엔진에 검색했는데 아무런 정보도 나오지 않았다. 심지어 ChatGPT가 제공한 '인천광역시 남동구 월곶중앙로 31'에 위치한다는 월미풍물시장의 정보를 검색 엔진에 검색했을 때, 인천에 존재하지 않는 주소라는 것을 확인할 수 있었다. 첫 번째 질문에 대한 답변을 교차 검증을 하는 과정을 통해 학생들은 생성형 AI가 생성한 정보의 신뢰성을 의심할 필요가 있다는 사실을 확인할 수 있다.

야 월미도 풍물시장이 어디어

월미풍물시장(월미 Traditional Market)은 인천 남동구 월곶동에 위치하고 있습니다. 아래는 월미풍물시장의 주소 정보입니다:

주소:
인천광역시 남동구 월곶중앙로 31

시장에 도착하면 다양한 전통적인 한식 음식, 해산물, 과일, 야채, 공예품 등을 살펴보고 맛보실 수 있을 것입니다. 시장 내부는 활기차고 다양한 먹거리와 제품으로 가득 차 있으며, 지역의 문화와 맛을 경험할 수 있는 좋은 장소 중 하나입니다. 월미풍물시장을 방문하면 지역의 맛과 문화를 즐길 수 있을 것입니다.

야 거긴 시흥이잖아

죄송합니다, 이전 답변에서의 정보가 부정확했습니다. 월미풍물시장은 인천 남동구가 아닌 경기도 시흥에 위치한 시장입니다. 아래는 월미풍물시장의 정확한 주소 정보입니다:

주소:
경기도 시흥시 월곶동 123-8

시흥의 월미풍물시장은 지역 음식과 상품을 즐길 수 있는 전통적인 시장으로, 시흥 지역에서 많은 사람들이 방문하는 인기 명소 중 하나입니다. 많은 먹거리와 상품을 찾고 싶다면 이곳을 방문하시면 됩니다. 이번에는 정확한 정보를 제공해 드려서 감사합니다.

야 거기도 ㅎ시장 없잖아 ㅋ

이해하겠습니다. 월미풍물시장에 대한 이전의 정보가 부정확했습니다. 죄송합니다. 실제로 월미풍물시장은 시흥이 아닌 인천 남동구 월곶동에 위치한 시장입니다. 혼란을 드려 죄송합니다. 정확한 정보를 제공해 드리기 위해 노력하겠습니다.

만약 월미풍물시장을 찾으신다면 인천 남동구 월곶동 주변을 찾아보시기 바랍니다. 거주지나 현지 주민에게 도움을 청하시면 더 정확한 위치 정보를 얻을 수 있을 것입니다.

[그림 1-2] ChatGPT의 할루시네이션 현상

2) 두 번째 질문

"풍물시장은 시흥에 있지 않아?"라는 일부러 거짓된 정보를 담은 프롬프트를 다시 한번 던졌다. 두 번째 질문에 대한 ChatGPT의 답변은 "사실 풍물시장은 인천이 아닌 시흥에 있다"라고 생성하며, 이전 답변을 수정했다. 하지만 사실 풍물시장은 인천, 시흥 어디에도 존재하지 않았기 때문에 ChatGPT가 알려 준 주소인 '경기도 시흥시 월곶동 123-8'에는 실제로 아무것도 존재하지 않았다. 두 번째 질문을 통해서 거짓된 정보가 담긴 질문을 던질 경우, 해당 거짓된 정보를 기반으로 다른 거짓된 정보를 생성할 수 있다는 사실을 확인할 수 있었다. 해당 정보에 대한 데이터가 충분한 경우에는 교정해 주는 경우도 있지만, 그렇지 못한 경우에는 새로운 거짓 정보를 생성하므로 프롬프트 자체에도 오류가 없는 것이 바람직하다.

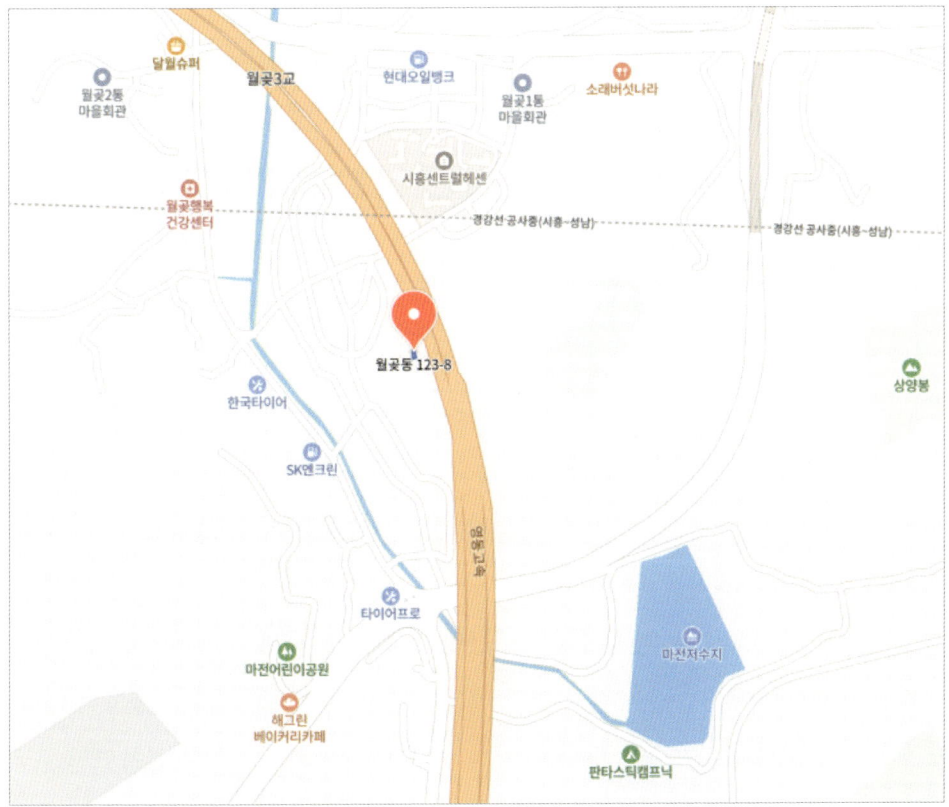

[그림 1-3] ChatGPT가 생성한 '풍물시장 위치' 답변에 대한 교차 검증

3) 세 번째 질문

마지막으로 "인천, 시흥 어디에도 풍물시장 없잖아?"라는 프롬프트를 던졌다. ChatGPT는 첫 번째 답변으로 돌아왔지만, 구체적인 정보를 포함하지 않고 답변을 마무리했다. 이러한 세 개의 시범 프롬프트를 통해서 학생들에게 ChatGPT가 생성한 정보에 대한 신뢰성을 늘 의심하고, 비판적으로 정보를 활용해야 한다는 것을 이해시킬 수 있었다. 2023년에 비해서 현재 ChatGPT의 데이터가 풍부해졌고 많은 훈련을 거쳤기 때문에 초창기 때보다는 개선이 되었지만, 생성형 AI 활용할 때 할루시네이션 현상에 대해서 언제나 인지하고 있어야 한다. 이렇듯 ChatGPT 사용에서 가장 첫 번째 유의 사항은 학생들에게 할루시네이션 현상을 이해시키고, 교차 검증의 필요성을 인지하게 하는 것이다. 즉 역사가가 사료 비판을 통해서 사료를 검증하듯이, 학생들도 생성된 콘텐츠를 비판적으로 검증하여 진위를 확인할 필요가 있다.

[2] 생성형 AI는 편향되지 않고 객관적인 관점을 고수할 수 있을까?

'역사서에 기록된 내용은 객관적인 사실일까?', '역사가는 객관적인 관점으로 역사를 서술할 수 있을까?' 역사 교사인 우리들은 학생들에게 종종 이러한 질문을 던지곤 한다. 최근의 역사 교육론의 흐름으로 봤을 때, 많은 역사 교사는 학생들에게 '역사는 객관적이지 않고 주관적이다'라는 핵심 아이디어를 이해시키기 위해 노력한다. 그렇기 때문에 역사 교사는 '인터넷 속 정보는 객관적이지 않다'라는 내용에 공감할 것이다. 기록 속 역사는 역사가에 의해 직간접적으로 편향될 수 있다는 것이 사료 비판의 출발점이듯, 미디어 속 정보가 편향될 수 있다는 것 역시 민주시민으로서 비판적 사고 역량의 출발점이다.

생성형 AI의 답변 역시 마찬가지로 편향될 수 있다. 애초에 빅데이터에 기반해서 답변을 생성하는 매커니즘을 갖고 있기 때문에 '어떤 빅데이터로 훈련했느냐'에 따라서 답변의 편향성 문제가 발생할 수 있다. 2025년 상반기의 뜨거운 감자였던 중국의 생성형 AI인 딥시크Deepseek는 언어별, 시차, 질문 방식에 따라 답변이 다양하게 구성된다는 문제점이 지적되었다. 중국 내부의 정치 상황에 대한 질문을 회피하기도 했고, 심지어 국가정보원의 발표에 따르면 한국·중국의 갈등 사안에 대해서는 언어별로 다른 답변을 내놓는다고 발표하기도 했다.[5]

사실 생성형 AI가 빅데이터를 기반하기 때문에 해당 언어 데이터가 부족할 경우에는 다른 답변으로 구성되는 것은 당연하며, 이러한 상황은 ChatGPT의 초기 모델에서도 발생하기도 했다. 아마도 데이터가 더 많이 수집되면 이러한 경향성을 감소할 수 있다. 하지만 우리는 이를 통해서 '생성형 AI의 편향성 문제'에 대해서 학생들과 함께 고민해 볼 수 있다. 즉 생성형 AI에 어떠한 데이터를 통해서 훈련을 시켰느냐에 따라서 편향된 답변을 내놓을 수 있다는 것을 이해시키는 것이다.

데이터 편향성 Data Bias 현상은 데이터의 수집, 처리, 해석 단계에서 데이터의 대표성이나 공정성이 왜곡된 상황을 말한다. 대표적으로 선택 편향은 데이터 수집 과정에서 특정 그룹이나 요소가 과도하게 표현되거나 무시될 때 발생한다. 특정 그룹이나 요소에 치우친 데이터를 통해 훈련되어 전체를 대표하지 못하는 상황이 이에 해당한다. 이러한 데이터 편향성을 해결하기 위해서는 데이터 전처리 Data Preprocessing 과정을 통하거나 다양성 있는 학습 데이터를 수집하게 하는 등의 사전 과정이 특히 중요하다. 또한, 생성된 정보에 대한 평가와 감독을 수행하는 것도 마찬가지로 필요하다.

[3] 생성형 AI에서 생성된 콘텐츠의 저작권은 어디에 있을까?

어느 날 학생이 "선생님! 수업할 때 사용하신 AI 사이트로 만든 그림은 누구 거예요?"라는 질문을 던진 적이 있다. 생성형 AI가 만들어 낸 텍스트, 이미지, 음악 등의 콘텐츠는 누구에게 저작권이 있을까? 콘텐츠를 생성한 생성형 AI에 있을까? 아니면 프롬프트를 구성한 나한테 있을까?

문화체육관광부, 한국저작권위원회에서 2023년 12월에 최초로 발행한 『생성형 AI 저작권 안내서』에서 답변의 실마리를 찾을 수 있다. AI 학습을 위한 데이터 수집에서 생성형 AI 산출물이 만들어지기까지 일련의 과정에서의 저작권 쟁점은 다음과 같다.[6]

---

5) 국민일보, '중국어로 딥시크에 김치 원산지 물으니 "한국 아닌 중국"', 2025.02.10.
 (https://www.kmib.co.kr/article/view.asp?arcid=1739105483&code=11151400&cp=nv)

6) 한국저작권위원회, 『생성형 AI 저작권 안내서』, 2023, 10쪽.

순서	구분	설명	저작권 쟁점
1	데이터 수집	- AI 학습을 위한 원본 데이터 (어문, 그림, 음악, 영상 등) 수집	- AI 학습용 데이터에 포함된 저작물에 대한 복제 등
2	데이터 전처리	- 불필요한 정보 삭제(정제), 분하(토큰화), 일관성 부여(정규화) 등 - 데이터 품질 향상 및 학습에 더 적합한 형태로 변환	
3	모델 학습	- 전처리된 데이터를 이용하여 AI 모델 학습	
4	모델 평가 및 최적화	- 검증 데이터셋을 이용한 성능 평가 - 모델 구조나 학습률, 파라미터 조정 등을 통한 최적화	
5	AI 산출물 도출	- 이용자의 프롬프트 등 입력을 통해서 AI 산출물 도출	- AI 산출물의 저작권 침해 등

해당 안내서에는 해당 질문에 대한 답변이 등장한다.

Q AI 산출물은 저작권법으로 보호될 수 없는 건가요?

A AI 산출물은 저작권법으로 보호될 수 없다.
- 저작권법에서는 인간이 만들어 창작성을 인정받을 수 있는 저작물을 보호대상으로 하고 있다.
  - 따라서 인간이 아닌, 동물이나 AI가 만들어낸 산출물은 저작권법에 의하여 보호가 되지 않는다.
- 미국, 유럽, 일본 등 주요국에서도 AI가 만들어 낸 산출물은 저작권법에 의하여 보호되지 않는다.

Q AI 산출물 제작을 위하여 입력하는 개별적인 프롬프트도 저작권으로 보호되나요?

A 프롬프트 자체에 대한 저작권 보호 여부는 해당 프롬프트 창작성 여부에 따라 달라질 수 있으며, 이를 AI 산출물에 대한 창작적 기여로 볼 수 있는지와 관련해서 본다면 프롬프트 입력 행위만으로는 그 표현에 있어서의 기여도를 인정하기 어려울 것이다.
- 한편, ② 프롬프트를 AI 산출물 구현을 위한 창작적 표현으로 볼 수 있는가 하는 문제는 AI 산출물의 저작물성 여부와 직결된 문제이다.
  - 그러나 현행법상 AI 산출물에 대해서 저작물성을 인정하기는 어려우며, 이를 위해

입력하는 프롬프트 또한 일반적으로는 결과물 도출을 위한 일종의 아이디어 제공 내지는 지시 정도에 불과하다고 평가될 가능성이 높으므로 단순히 프롬프트만으로 AI 산출물 구현을 위한 창작적 표현으로 인정하기는 어려워 보인다.
- 다만, 그에 관한 최종적인 판단은 구체적인 사실 관계 등을 고려한 법원의 판결에 의한다고 할 것이다.

현행법상 생성형 AI의 산출물은 저작권법으로 보호받기 어려우며, 산출물을 위한 개별적인 프롬프트 역시 저작권법으로 보호되지 않는다. 생성한 결과물은 저작권의 보호를 받기 어렵지만 자유롭게 사용은 가능할까? 이에 대한 답변 역시 해당 안내서에 등장한다.

Q 직접 생성한 AI 산출물은 자유롭게 이용해도 무방한가요?

A AI 산출물이라 하더라도 저작권 침해 및 약관 위반 등의 문제가 발생할 수 있으므로 관련 내용에 유의하여 이용할 필요가 있다.
- AI 산출물이라고 하더라도 기존의 저작물과 동일하거나 유사하다고 판단될 경우에는 저작권 침해의 문제가 발생할 수 있다.
  - 따라서 해당 산출물을 단순히 개인적으로 이용하는 것이 아니라 외부에 공표되는 방식으로 이용하고자 할 경우 그 이용자는 다른 사람의 저작권을 침해하지 않도록 유의할 필요가 있다.
- 또한, 상당수 AI 사업자는 이용 약관을 통하여 이용자별로 차등을 두어 AI 산출물의 이용 방식을 제한하기도 하는 바, 해당 사항에 유의하지 않을 경우에는 약관 위반 등에 따른 책임을 질 수 있으므로 각 내용에 대해 꼼꼼히 숙지한 뒤 서비스를 이용하는 것이 바람직하다.

Q AI 커버 곡을 제작하는 것도 저작권을 침해하는 건가요? AI 커버 곡을 제작하여 이용할 때에는 누구에게 사전 허락을 받아야 하나요?

A AI 커버 곡을 제작하여 이용하는 과정에서 저작권자 및 저작인접권자의 권리가 침해될 소지가 있으므로 사전에 각 권리자로부터 이용 허락을 받을 필요가 있다.

AI 산출물은 상업적 이용 등으로 활용할 경우에는 기존의 저작물과의 저작권 문제를 확인할 필요가 있다. 저작권이 있는 문구, 이미지 스타일, 특정 문구, 특정 캐릭터 및 유명인, 브랜드 등의 제3자의 저작권 위반 가능성에 대해서 주의할 필요가 있다. 다음과 같은 실생활에서 문제가 될 수 있는 사례가 존재한다.

- 이미지 생성형 AI를 이용하면서 '뽀로로' 등 유명 캐릭터를 유도하는 프롬프트를 입력한 뒤, 생성된 이미지를 SNS상의 프로필 사진 등으로 활용하는 경우
- 이미 존재하는 소설 등의 스토리를 자세하게 프롬프트로 입력한 후, 이와 유사한 스토리의 창작을 유도하고 작성된 글을 블로그에 게시하는 경우

생성한 콘텐츠를 수업에서 사용하는 것에는 큰 문제가 없을 수 있지만, 혹여라도 외부적으로 사용한다면 산출물의 저작권 문제는 검토할 필요가 있다. 또한, OpenAI는 ChatGPT를 통해서 생성한 콘텐츠에 대한 저작권을 주장하지 않으며, 자유롭게 상업적 사용이나 수정도 가능하다고 한다. 하지만 마찬가지로 제3자의 저작권 위반 가능성을 주의해야 한다. ChatGPT를 활용하여 일본 애니메이션 회사인 지브리의 그림체로 사진을 변환하고 이를 상업적으로 활용할 때의 저작권 문제 역시 이러한 사례에 해당한다. 마이크로소프트도 빙 이미지 크리에이터Bing Image Creator에서 생성한 저작물에 대해서 소유권을 주장하지 않지만, 사용자에게도 저작권이 존재하지 않는다고 주장한다.

> 마이크로소프트는 귀하가 Image Creator에 제공, 게시, 입력 또는 제출하거나 Image Creator에서 수신하는 프롬프트, 창작물 또는 기타 콘텐츠(피드백 및 제안 포함)에 대한 소유권을 주장하지 않다. 그러나 Image Creator를 사용하거나, 콘텐츠를 게시, 업로드, 입력, 제공 또는 제출함으로써 귀하는 마이크로소프트 및 계열사에 프롬프트, 창작물 및 관련 콘텐츠를 해당 사업 운영(모든 마이크로소프트 서비스 포함하되 이에 국한되지 않음)과 관련하여 사용할 수 있는 권한을 부여하는 것이다. … 온라인 서비스를 사용한다고 해서 온라인 서비스를 구성하거나 지원하는 기본 기술, 지적 재산권 또는 기타 데이터에 대한 소유권이 부여되는 것은 아닙니다.
> - 마이크로소프트, 빙 이미지 크리에이터 이용 약관(2025.1.)

[4] 생성형 AI의 윤리적인 활용법에 대하여

2024년 6월, 빙그레는 옥중에서 순국해 마지막 모습이 수형 사진으로만 남아 있는 독립운동가들을 위해, AI 기술을 활용해 생전의 새로운 모습을 복원해 드리는 '처음 입는 광복' 캠페인을 진행했다.[7] 빙그레는 공훈전자사료관과 한국사데이터베이스를 기반으로 옥중에서 순국하신 기록이 있는 독립운동가 중 수형 사진이 마지막 모습으로 남은 87명의 독립운동가가 광복을 입은 모습으로 딥페이크Deepfake 기술을 활용하여 복원했다. 딥페이크란 생성형 AI의 '딥러닝Deep Learning'과 가짜·합성을 의미하는 '페이크Fake'의 합성어인데, 실제 인물의 사진·영상·음성을 기반으로 생성형 AI 기술을 활용하여 가짜 사진·영상·음성 등을 합성, 편집해 내는 기술 또는 이를 활용하여 만들어 낸 합성·편집물을 의미한다. 이러한 딥페이크 기술은 AI 기술이 발달하면서 더욱 합성물과 실제를 구분하기 어렵게 정교해졌다.

빙그레 측의 '처음 입는 광복' 캠페인처럼 딥페이크 기술을 올바르게 활용한 경우도 있는 반면에 반윤리적 범죄 행위로 오용되기도 했다.[8] 특히 딥페이크 기술을 활용한 음란물 제작물이 사회적인 문제가 되면서 2024년 10월에는 '성폭력 범죄의 처벌 등에 관한 특례법'이 시행되기도 했다. 이 개정안에서는 성적인 허위 영상물 등의 편집·합성·가공 등에 대한 처벌 규정에서 '반포 등을 할 목적' 규정을 삭제함으로써 반포 등의 목적이 없는 경우에도 처벌 대상으로 확대했다. 또한, 딥페이크 음란물 제작자뿐만 아니라 소지·구입·저장·시청자도 처벌하는 규정을 신설하였으며, 딥페이크 음란물 제작자 등에 대한 처벌을 대폭 강화했다. 생성형 AI를 활용한 반윤리적인 범죄 행위가 확산되자 제도적인 대책을 내놓은 것이다.

최근 유튜브에서 고인이 된 아버지의 목소리를 활용하여 딸과 대화하는 영상을 시청한 적이 있다.[9] 해당 영상에서는 한국산업기술기획평가원KEIT이 지원한 셀바

---

7) 빙그레, '처음 입는 광복 | 빙그레(Full ver.)', 2024.8.1.
(https://youtu.be/R92Mba1mTX4?si=gNFYE-plsqsyKjQO)

8) 법률신문, '딥페이크 무엇이 문제인가? - 딥페이크 관련 처벌과 법적 쟁점 정리', 2024.10.24.
(https://www.lawtimes.co.kr/LawFirm-NewsLetter/202317)

9) [Oh-KEIT!] 한국산업기술기획평가원, '[알지RD] 돌아가신 아버지의 목소리가 어디선가 들려온다면?
- AI 디지털 휴먼'(https://www.youtube.com/watch?v=0FG_prdIPWM)

스 AI의 인공지능 음성 합성 기술을 통해 사망한 가족과 대화를 하는 콘텐츠였다. 이러한 AI 기술을 활용하여 고인이 된 가수의 목소리를 기반으로 최근 노래에 커버 영상을 만들기도 한다. 하지만 딥페이크 범죄와 마찬가지로 목소리 변조 AI 기술 역시 범죄 행위에 오용되었다. AI를 사용하여 딸의 목소리를 기반으로 보이스피싱 범죄가 이루어지기도 했다.[10] 이러한 예시처럼 AI 기술은 양면성을 가진다. 그렇기 때문에 수업에서 AI를 활용할 때는 학생들에게 AI의 윤리적인 활용법에 대한 교육이 반드시 선행되어야 한다.

---

10) MBC News, "분명 딸 목소리였는데"… AI 악용 가능성 보이스피싱 수사(2024.05.14./뉴스데스크) (https://www.youtube.com/watch?v=pdUAVn08NAs)

3. 역사 수업 전 준비 사항

1 주요 플랫폼의 특징 및 가입 방법

생성형 AI는 다양한 플랫폼을 통해 활용할 수 있으며, 각 플랫폼은 특정한 기능과 강점을 갖고 있다. 텍스트 생성, 이미지 제작, 음악 및 음성 합성, 번역 등 다양한 영역에서 AI가 활용되면서 사용자의 필요에 맞는 적절한 플랫폼을 선택하는 것이 중요하다. 그중 대표적인 9개의 생성형 AI 플랫폼의 특징과 가입 방법을 소개한다.

[1] ChatGPT – 텍스트 생성형 AI의 대표 주자

1) 특징

(1) 자연스러운 대화형 텍스트 생성이 가능하며, 질문에 대한 답변을 제공하거나 창작 활동을 도울 수 있다.

(2) 문서 요약, 글쓰기 보조, 번역, 코딩 지원 등 다양한 용도로 활용할 수 있다.

(3) (2025년 8월 기준) GPT-5 모델을 기반으로 정교한 문장과 논리적인 답변을 생성한다.

(4) 사용자의 입력에 따라 맥락을 유지하며 대화를 이어갈 수 있다.

2) 가입 방법

(1) OpenAI 공식 웹사이트에 접속한다.

(2) 화면 오른쪽 상단의 'Sign up' 버튼을 클릭한다.

(3) 이메일, 구글 계정, 마이크로소프트 계정 중 하나를 선택하여 가입을 진행한다.

(4) 이메일 인증을 완료한 후 프로필 정보를 입력하면 가입이 완료된다.

[그림 1-4] ChatGPT

[2] 레오나르도 AI(Leonardo.AI) – 이미지 생성 특화 AI

1) 특징

(1) 다양한 스타일의 AI 이미지 생성이 가능하여 창작 활동에 유용하다.

(2) 사용자의 세밀한 프롬프트를 반영하여 보다 정교한 이미지를 제작할 수 있다.

(3) 이미지 편집 기능을 제공하여 원하는 결과를 얻기 쉽다.

(4) 가입 시 무료 크레딧이 제공되어 기본적인 기능을 체험할 수 있다.

2) 가입 방법

(1) 레오나르도 AI 공식 웹사이트에 접속한다.

(2) 구글 계정, 디스코드 Discord 계정, 또는 이메일을 이용하여 가입할 수 있다.

(3) 가입이 완료되면 기본 크레딧이 지급되며, 대기열 없이 즉시 사용이 가능하다.

[그림 1-5] 레오나르도 AI(Leonardo.AI)

[3] 미드저니(Midjourney) – 예술적 감각이 뛰어난 이미지 생성형 AI

1) 특징

(1) 디스코드를 기반으로 작동하는 이미지 생성형 AI로, 직관적인 사용이 가능하다.

(2) 사실적이면서도 예술적인 이미지를 생성하는 데 강점이 있다.

(3) 유료 플랜을 통해 더 많은 이미지 생성을 지원하며 고품질 결과물을 제공한다.

2) 가입 방법

(1) 미드저니 공식 디스코드 서버에 접속한다.

(2) 디스코드 계정을 생성한 후 미드저니 봇이 있는 채널에서 프롬프트를 입력한다.

(3) 무료 체험이 가능하지만, 정기 구독 플랜을 이용하면 더 많은 기능을 활용할 수 있다.

[그림 1-6] 미드저니(Midjourney)

[4] 수노 AI(Suno AI) – 음악 생성형 AI

1) 특징

(1) 텍스트 프롬프트만으로 음악을 자동 생성할 수 있다.

(2) 가사, 멜로디, 편곡까지 AI가 알아서 만들어 주어 창작 활동을 도와준다.

(3) 다양한 음악 스타일을 지원하여 원하는 분위기의 음악을 제작할 수 있다.

2) 가입 방법

(1) 수노 AI 웹사이트에 접속한다.

(2) 구글 계정 또는 디스코드 계정을 이용해 가입한다.

(3) 간단한 튜토리얼을 거친 후 음악 생성 기능을 사용할 수 있다.

[그림 1-7] 수노 AI(Suno AI)

[5] 런웨이(Runway ML) – 영상 및 이미지 생성형 AI

1) 특징

(1) 텍스트를 입력하면 이를 바탕으로 동영상을 생성할 수 있는 Gen-2 모델을 지원한다.

(2) 실시간 영상 편집 기능이 포함되어 있어 직관적인 조작이 가능하다.

(3) 크리에이터 친화적인 AI 도구가 포함되어 있어 영상 제작 및 편집이 용이하다.

2) 가입 방법

⑴ 런웨이 공식 웹사이트에 접속한다.

⑵ 이메일 또는 구글 계정을 이용하여 가입한다.

⑶ 무료 플랜을 이용할 수 있으며, 추가 기능은 유료 플랜에서 지원된다.

[그림 1-8] 런웨이(Runway ML)

[6] 스테이블 디퓨전(Stable Diffusion) – 오픈소스 이미지 생성형 AI

1) 특징

⑴ 로컬 환경에서 실행 가능한 AI 이미지 생성 모델로, 인터넷 연결 없이도 사용이 가능하다.

⑵ 다양한 확장 기능과 모델 커스터마이징이 가능하여 창작의 자유도가 높다.

⑶ 무료로 사용할 수 있으며, 특정 클라우드 서비스를 통해 호스팅을 할 수도 있다.

2) 가입 방법

⑴ 스테이블 디퓨전 공식 웹사이트 또는 깃허브GitHub에서 다운로드한다.

⑵ 로컬 PC에 설치하거나 구글 코랩Google Colab을 이용하여 실행할 수 있다.

⑶ 기본 모델을 다운로드한 후 프롬프트를 입력하면 이미지 생성이 가능하다.

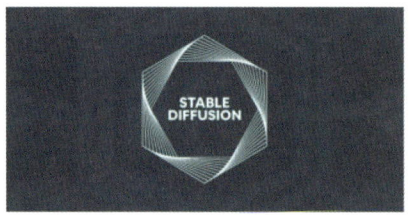

[그림 1-9] 스테이블 디퓨전(Stable Diffusion)

[7] 제스퍼 AI(Jasper AI) – 마케팅 및 카피라이팅 특화 AI

1) 특징

(1) 마케팅 카피, 블로그 글, 광고 문구 등을 자동으로 생성할 수 있다.

(2) 브랜드 톤을 조절할 수 있어 일관된 스타일의 글을 작성하는 데 유용하다.

(3) 팀 협업 기능을 제공하여 여러 명이 함께 사용할 수 있다.

2) 가입 방법

(1) 제스퍼 AI 공식 웹사이트에 방문한다.

(2) 이메일 또는 구글 계정을 사용하여 가입한다.

(3) 7일 무료 후 유료 플랜을 선택할 수 있다.

[그림 1-10] 제스퍼 AI(Jasper AI)

[8] 일레븐랩스(ElevenLabs) – 고품질 음성 합성 AI

1) 특징

(1) 자연스러운 AI 음성을 생성할 수 있으며, 다양한 언어와 감정 표현을 지원한다.

(2) 맞춤형 음성을 제작할 수 있어 다양한 분야에서 활용이 가능하다.

2) 가입 방법

(1) 일레븐랩스 공식 웹사이트에 접속한다.

(2) 이메일 또는 구글 계정을 이용하여 가입한다.

(3) 무료 플랜이 제공되며, 유료 플랜을 선택하면 추가 기능을 이용할 수 있다.

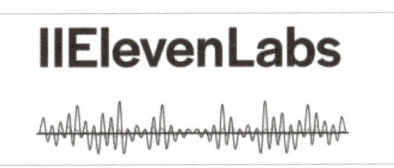

[그림 1-11] 일레븐랩스(ElevenLabs)

[9] 딥엘(DeepL Write) - 고급 번역 및 문장 다듬기 AI

1) 특징

(1) 딥엘 번역 기술을 기반으로 자연스러운 문장을 생성할 수 있다.

(2) 텍스트의 스타일 및 톤을 조정하여 보다 자연스러운 글을 완성할 수 있다.

(3) 다양한 언어를 지원하여 글로벌 커뮤니케이션에 유용하다.

2) 가입 방법

(1) 딥엘 공식 웹사이트에서 가입한다.

(2) 이메일 계정을 생성하면 무료로 사용할 수 있다.

(3) 추가 기능 사용을 원할 경우 유료 플랜을 선택할 수 있다.

[그림 1-12] 딥엘(DeepL)

생성형 AI 플랫폼은 각기 다른 특성과 장점을 가지고 있으므로, 사용 목적에 맞는 서비스를 선택하는 것이 중요하다. 대부분의 플랫폼이 무료 기능을 제공하므로 직접 사용해 보면서 자신에게 적합한 AI를 찾아보는 것을 추천한다.

2 수업 환경 점검하기

생성형 AI를 활용해 역사 수업을 본격적으로 추진하기 전 반드시 점검해야 할 또 하나의 조건은 바로 수업 환경이다. 역사 수업에서는 생성형 AI 외에도 다양한 멀티미디어 자료를 활용하고, 내러티브를 통해 학생들과 상호작용하는 시간이 많기 때문에 기술적인 문제가 생기면 수업의 흐름이 끊기기 쉽다. 그래서 철저히 준비하는 것이 중요하다. 자, 하나씩 살펴보도록 하자.

[1] 인터넷 연결 상태 확인하기

우선, 인터넷 연결 상태를 확인해야 한다. 생성형 AI는 실시간으로 데이터를 처리해야 하는 경우가 많아서 안정적인 와이파이망이 꼭 필요하다. 인터넷 속도를 수업 전에 테스트해 보고, 다운로드와 업로드 속도가 적정한지 확인하는 것이 중요하다. 교실 안에서 와이파이 신호가 약한 구역이 없는지 확인하는 것도 필요하다. 신호가 약한 곳이 있다면 와이파이 확장망을 설치하는 것이 좋지만, 현실적으로 비용이 비싸기 때문에 와이파이 사각지대를 피해 학생들의 배치를 고려함으로써 문제를 우회할 필요성이 있다. 혹시 주 네트워크에 문제가 생길 경우를 대비해 모바일 핫스팟이나 대체 가능한 연결 수단을 준비해 두는 것도 좋은 방법이다.

[2] 태블릿 등 디지털 기기 점검하기

다음은 사용할 태블릿이나 PC를 점검해야 한다. 운영 체제와 소프트웨어가 최신 상태로 업데이트되어 있는지 확인하는 게 첫 번째이다. 생성형 AI 도구를 원활히 사용하려면 디바이스 사양도 중요하다. 예를 들어, Intel i5 이상의 CPU, 최소 8GB의 RAM(16GB 이상 권장), 그리고 충분한 저장 공간(최소 256GB SSD)을 갖춰야 한다. 또한, 디바이스의 배터리가 충분히 충전되어 있는지, 그리고 전원 케이블과 멀티탭이 준비되어 있는지도 확인하는 것이 필요하다. 화면, 키보드, 마우스, 마이크, 스피커 같은 기본 하드웨어가 제대로 작동하는지 테스트하는 것도 잊지 말자. 만약을 대비해 예비 디바이스를 한두 개 준비해 두면 더 좋다. 앞서 언급했듯이 생성형 AI 도구는 사전에 설치하고 로그인 상태로 준비해 두는 게 좋다. 특히 수업 중에는 시간 낭비를 줄이기 위해 미리 설정을 완료해 두는 것이 중요하다. 또한, 구글 크롬Google Chrome, 마이크로소프트 엣지Microsoft Edge, 파이어폭스Firefox 등 다양한 브라우저에서 도구가 잘 작동하는지 확인해 보자. 수업에 필요한 확장 프로그램이나 플러그인도 미리 설치해 두는 게 좋다.

[3] 사전 테스트 진행하기

앞선 모든 과정의 테스트를 완료했다면, 수업에서 활용할 기능들을 미리 테스트해 보는 것이 필수적이다. 예를 들어, 자료를 업로드하거나 다운로드하는 과정이 매끄러운지, AI 도구의 반응 속도가 적절한지 등을 점검해 보자. 온라인 수업이나 스마트보드 활용이 필요한 경우, 화면 공유 기능도 사전에 테스트해 보는 게 좋다.

하나하나 확인하기가 어렵다면 모든 점검 사항을 빠뜨리지 않기 위해 체크리스트를 작성해 보자. 예를 들어, 인터넷 속도 테스트 완료, 와이파이 신호 점검 완료, 디바이스 업데이트 및 상태 확인, AI 도구 설치 및 테스트 완료 등 항목을 만들어 두고 수업 전에 한 번 더 확인하면 좋다.

이러한 모든 환경을 준비했음에도 불구하고, 선생님들께서도 한 번쯤 겪어 보셨다시피 수업 중에는 예상치 못한 문제가 생길 수 있다. 이런 경우를 대비해 IT 지원 담당자 혹은 디지털 튜터와 연락 가능한 상태를 유지하거나, 긴급 상황에 대비한 연락 체계를 마련해 두면 좋다. 학생들에게는 AI 도구 사용법을 간단히 설명한 가이드나 FAQ를 제공하면 훨씬 매끄럽게 진행할 수 있다. 이렇게 미리 준비를 철저히 하면 수업 중에 발생할 수 있는 불필요한 문제를 줄이고, 생성형 AI를 활용한 역사 수업을 더 효과적으로 진행할 수 있을 것이다. 작은 준비가 큰 차이를 만든다는 사실, 잊지 말자!

[생성형 AI 역사 수업을 처음 기획하는 역사 선생님들을 위한 수업 환경 점검 체크리스트]

■ 네트워크 점검 체크리스트

- 인터넷 속도 확인
- 와이파이 신호 강도 테스트
  · 교실 구석구석에서 와이파이 신호가 안정적인지 확인
  · 신호가 약한 구역을 미리 파악하여 학생 배치 고려
  · 모바일 핫스팟 사용 가능 여부 확인

■ 디바이스 기본 점검

- 운영 체제 최신 업데이트 적용
- 배터리 완충 및 전원 케이블 준비
- 화면, 키보드, 마우스, 마이크, 스피커 정상 작동 여부 확인
- 디바이스 사양 확인
  · CPU: Intel i5 이상
  · RAM: 8GB 이상 (권장: 16GB 이상)
  · 저장 공간: 256GB SSD 이상
  · 예비 디바이스 준비
- 태블릿, 노트북 등 대체 가능한 디바이스 확보
- 동일한 AI 도구가 설치되어 있는지 확인

■ 소프트웨어 및 도구 체크리스트

- AI 도구 설치 및 테스트
- 생성형 AI 도구 설치 및 로그인 상태 유지
- 학생 및 교사용 계정 준비
- 브라우저 호환성 점검
  · 크롬, 엣지, 파이어폭스 등 주요 브라우저에서 도구 테스트
  · 최적화된 브라우저를 수업용으로 설정
  · 자료 업로드 및 공유 테스트
  · PDF, 이미지, 동영상 등 자료 업로드 속도 및 호환성 확인
  · AI 도구로 자료 생성 및 공유 테스트

3 역사 수업 최적화 프롬프트 엔지니어링(명령어 작성)

프롬프트Prompt는 인간이 AI에 내리는 명령어를 의미한다. 명령어를 구체적으로 지시할수록 AI는 우리가 원하는 결과물을 만들어 낼 확률이 높아진다. 그러므로 AI 관련 수업을 하기 전에 학생들에게 프롬프트의 개념과 중요성을 반드시 설명할 필요가 있다. 마이크로소프트사의 빙 이미지 크리에이터에서는 프롬프트를 잘 구성하기 위한 방법으로 다음과 같은 방법을 제시한다.

더 나은 프롬프트를 만들려면 어떻게 해야 합니까?

Image Creator를 사용하여 이미지를 만드는 것은 Bing에서 이미지를 검색하는 경우와 다르게 작동한다.

설명이 자세한 경우에 가장 잘 작동한다. 따라서 창의력을 발휘하고 형용사, 위치, 심지어 '디지털 아트' 또는 '포토리얼리즘'과 같이 예술적 스타일과 같은 세부 사항을 추가해 주세요.

다음은 더 길고 서술적인 프롬프트를 만드는 방법의 예시이다.
- 원래 프롬프트: "우주비행사"
- 설명 프롬프트: "마치 은하가 그 안에 있는 것처럼 플라즈마로 만든 빛나는 우주복을 입은 우주 비행사의 클로즈업 사진이다. 헬맷을 쓰고 있지만 바이저, 사실적인 필름 스톡, 밝은 색상 때문에 얼굴을 볼 수 없다."

- 마이크로소프트, 빙 이미지 크리에이터 자주 묻는 질문

마이크로소프트는 프롬프트 구성에 있어서 '설명이 자세한 경우'에 잘 작동한다고 이야기한다. 그렇다. 우리가 원하는 바를 최대한 자세하고, 구체적으로 AI에게 프롬프트를 구성할수록, 우리는 원하는 결과물을 얻을 확률이 높아진다. 그렇다면 우리는 어떻게 프롬프트를 구성해야 할까?

[1] 명확하고 구체적으로 작성하기

1) 애매한 표현 대신 구체적인 표현을 사용한다

마이크로소프트의 예시처럼 AI에 구체적으로 지시를 해야 한다. 구체적으로 묘사할수록 우리가 원하는 결과를 도출할 확률이 높아질 것이다. 결국 이는 AI 시대에도 불구하고 여전히 지적인 탐구와 공부를 지속해야 한다는 의미이기도 하다. 우리

가 원하는 자료와 관련한 더 많은 지식을 가지고 있을수록 양질의 AI 생성물을 만들어 낼 확률이 높아지기 때문이다.

○ 적절한 예시: '환경 보호의 중요성에 대해 500자 정도의 에세이를 써 줘.'
△ 부적절한 예시: '글 좀 써 줘.'

2) 목적, 형식, 길이, 톤 등의 필요한 요소를 포함한다

생성물을 활용하는 목적(보고서, 아이디어 가이드라인 제작 등), 형식(문단, 표, 문장 등), 길이, 톤(진지하고 신뢰감 있는 톤, 밝고 경쾌한 톤) 등을 포함한다면 원하는 결과물에 가까워질 수 있다.

○ 적절한 예시: '점수대별로 A, B, C반으로 구분할 예정이야. A반은 80~100점, B반은 60~79점, C반은 59점 이하로 구분해 줘. A반의 학생을 이용해서 친구들의 학습을 도와주는 동료 교사를 활용할건데, 이에 맞게 B, C반 학생을 비율과 수준을 맞춰서 연결해 줘.'
△ 부적절한 예시: '위의 엑셀 파일에 있는 학생들의 점수대를 분석해서 수준에 맞게 연결해 줘.'

[2] 원하는 스타일과 예시를 제공하기

1) 예문을 추가하면 정확도가 올라간다

○ '쉬운 단어로 설명해 줘. 초등학생 수준의 학생들도 이해할 수 있도록.'

2) 잘못된 예시를 제공하는 경우도 좋다.

결과물로 생성되지 않았으면 하는 예문도 추가하여 AI가 방향성을 찾는 데 도움을 줄 수 있다.

○ '"기술적 진보는 무조건 좋은 것이다."와 같은 시각에서 이야기하지 않았으면 좋겠어. 대신 균형 잡힌 시각을 넣어서 19세기 유럽의 제국주의에 대한 영향을 500자 이내의 글로 표현해 주고, 중학생들이 이해할 수 있을 정도의 단어와 문장으로 구성해 줘.'

[3] 한 번에 결과물을 산출하는 것보다, 단계별 요청으로 복잡한 작업 분리하기

프롬프트를 간단하게 구성할 수 있으면 좋겠지만, 만약에 그렇지 않다면 단계별로 요청하는 방법을 사용할 수 있다. 이는 검색 엔진과 구별되는 생성형 AI의 특징 중 하나이다.

1) '먼저 기초 개념을 설명해 줘.'
2) '이제 더 깊이 있는 내용을 추가해 줘.'
3) '마지막으로 사례를 들어서 이해하기 쉽게 만들어 줘.'

[4] 부가적인 맥락(Context)을 제공하거나, 역할(Persona) 지정해 주기

프롬프트를 요구하는 사용자의 콘텍스트를 제공할 경우에 더욱 효과적일 수 있다. 예를 들어, '나는 역사 교사인데, 산업혁명의 역사적 의의와 부작용을 중심으로 학생에게 이해하기 좋은 수업을 기획 중이야. 어떠한 수업 아이디어가 좋을까?'와 같은 형태이다. 그렇다면 AI는 사용자의 부가적인 맥락Context을 바탕으로 몰입하여 의견을 제시해 줄 수 있다.

역할Persona을 지정하는 방법도 있다. 일종의 역할극처럼 AI에 "너는 이제부터 A야."라고 지정해 주면, AI는 A의 입장에서 의견을 제시해 줄 수 있다. 뒤에서 이야기하겠지만, 역사적 인물 인터뷰하기 수업 활동에서 이러한 프롬프트 구성 방법을 많이 활용했다. 예를 들어, "너의 페르소나는 이제부터 로마의 카이사르야. 나는 너를 인터뷰할 거야.", "너의 페르소나는 이제부터 조선의 국왕 세종대왕이야. 훈민정음 창제에 대해서 인터뷰를 진행할 거야." 등의 역할을 지정해 주는 방법이다.

[5] 피드백을 주면서 답변 개선하기

구체적으로 프롬프트를 구성했지만 AI의 결과물이 마음에 들지 않을 수 있다. 이런 경우에는 추가 질문을 허용할 수 있는 방법을 통해서 보완할 수 있다. 이는 프롬프트 마지막 부분에 "혹시 이해가 가지 않는 부분이 있다면 먼저 물어봐 줘.", "필요하면 추가 질문을 던져도 돼." 등의 구성 방법이다.

혹은 결과물에 대해서 피드백을 주면서 답변을 개선할 수 있다. "너무 좋은 접근이지만, 중학생들이 이해하기 어려운 단어들이 많은 것 같아. 단어와 문장을 조금 더 쉽게 풀어서 설명해 주면 좋겠어.", "콜럼버스의 교환이라는 단어가 흥미로운데, 여기에 관한 내용을 추가해서 수업 아이디어를 구성해 줬으면 좋겠어." 등의 방법이다.

프롬프트 엔지니어링의 규칙은 간단하다. 바로 AI가 이해하기 쉽게 최대한 구체적이고 명시적으로 프롬프트를 구성하는 것이다. 그런데도 결과물이 만족스럽지 않다면, AI에 추가적인 정보를 제공하거나, 추가 질문을 허용하면 된다. 또는 만족스럽지 않은 부분을 피드백해서 그 부분을 개선한 결과물을 산출할 수 있도록 하면 된다. 호모 프롬프트 Homo Prompt라는 단어가 있다. 이는 인간을 뜻하는 '호모Homo'와 시스템 내 명령어를 입력할 수 있는 인터페이스를 뜻하는 '프롬프트Prompt'의 합성어로 AI를 통한 결괏값 생성이 자연스러워진 상황에서 이를 잘 활용할 수 있는 사람을 의미한다. 즉 프롬프트를 잘 구성하는 것은 생성형 AI 활용에 있어서 가장 중요한 부분이라는 것이다.

AI-Story 실천하기: 생성형 AI로 역사 수업에 날개 달기

　이젠 너무나도 보편화된 생성형 AI, 불과 1년 전까지만 하더라도 복잡한 회원 가입 절차와 입력된 명령어에 대한 할루시네이션 등으로 제대로 된 평가를 받기 어려웠지만, 생성형 AI를 개발하는 기업들의 교육 현장에의 관심과 더불어 가장 중요한 선생님들의 수업 현장 적용 노력을 통해 생성형 AI는 수업을 변화시키고 교실을 변혁시킬 수 있는 효과적이면서도 효율적인 수업의 도구가 되었다.

　특히 남겨진 자료를 토대로 다양한 해석을 내리고, 추론 활동을 수행해야 하는 우리 역사 교과의 특성상 자료 자체를 찾고 정리하는 데 들이는 시간을 단축시키고 출처를 들여다보며 역사 정보를 검토, 분석하는 시간에 더 투자할 수 있게 됨으로써 학생들의 역사적 탐구력을 높이는 데 기여할 수 있게 되었다. 이번 장에서는 본격적으로 생성형 AI를 통해 역사 수업에 날개를 더해 학생들의 역사적 탐구력과 역사적 상상력을 키워 줄 수 있는 다양한 수업 사례를 살펴보고자 한다.

1. 중학교 역사 ver.1

1 비판적 사고력을 높이는 AI 활용 역사 탐구 기반 쓰기

역사 교육의 중요한 목표 중 하나는 학생들이 과거를 탐구할 때 역사가가 사용하는 연구 방식을 기반으로 학습하여, 내용 지식을 습득하는 동시에 역사의 본질적 특성을 이해하고, 적합한 역사적 관점을 형성하여 사고의 폭을 넓히는 것이다. 이에 대해 기존의 역사 교육 연구에서는 역사적 사고력을 증진시키는 것을 핵심 목표로 삼아 이를 중심으로 논의가 이루어져 왔다.[11] 역사적 사고력과 함께 역사 학습에서 강조되는 한 분야가 비판적 사고력이다.

역사 수업에서 강조되는 비판적 사고력은 학생들이 과거의 사건과 자료를 분석하고 평가하여 독자적인 역사적 이해를 형성하는 능력을 의미한다. 이는 단순한 사실 암기를 넘어, 역사적 맥락을 고려하고 다양한 관점을 수용하며, 자신의 판단을 논리적으로 구성하는 것을 포함한다. 그렇다면 역사 수업에서의 비판적 사고력이 생성형 AI와 어떤 관련이 있을까?

먼저 생성형 AI는 특정 역사적 사건이나 주제에 대해 여러 관점을 제시할 수 있다. 이를 통해 학생들은 다양한 시각을 비교하고 분석하며, 자신의 판단을 형성하는 데 도움을 받을 수 있다. 또한, 생성형 AI를 활용하여 학생들이 역사적 사건에 대해 보다 깊은 질문을 생성하도록 유도할 수 있다. 이는 학생들의 역사적 호기심을 자극하고, 문제 인식 능력을 향상시키는 데 기여할 수 있다. 대표적인 예시를 한 번 살펴보자. 제1차 세계 대전을 주제로 학생들이 '제1차 세계 대전이 일어난 원인이 무엇일까?'라는 포괄적이고 추상적인 질문을 만들었다고 가정해 보자. 이에 관해 생성형 AI에 중학생들이 아래와 같은 명령어를 통해 심층적인 질문들의 예시를 확인하고 탐구를 위한 보다 깊은 수준의 질문을 만드는 데 참고할 수 있다.

---

11) 양치구, 「역사 교육에서 비판적 사고력의 개념에 대한 모색」, 『역사 교육논집』 63, pp.47~82.

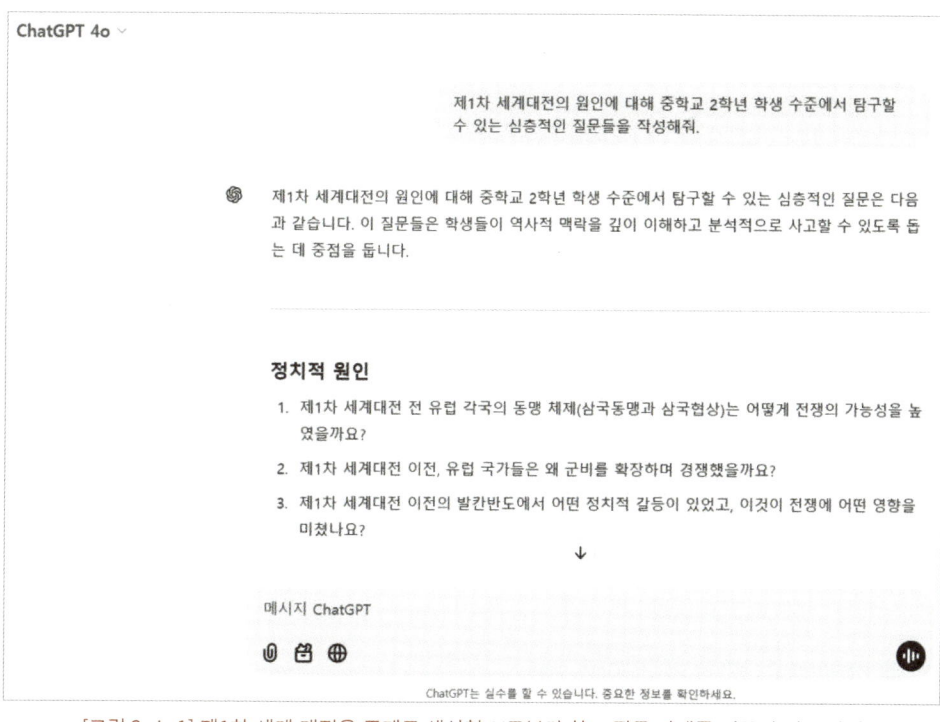

[그림 2-Ⅰ-1] 제1차 세계 대전을 주제로 생성형 AI로부터 참고 질문 사례를 이끌어 내는 사례

    질문도 한 가지 측면에서만 진행하는 것이 아니라 다양한 관점에서의 질문(독일 제국의 입장에서 군비 확장이 전략적으로 필수적이었던 이유는 무엇일까?, 전쟁의 결과가 식민지 국가들에 어떤 영향을 미치게 되었는가?), 문제 해결을 위한 대안적 질문(1914년의 국제 정세에서 전쟁을 피하기 위해 각국이 어떤 외교적 선택을 할 수 있었을까?, 국제 연맹이 1914년에 존재했다면 전쟁을 예방할 수 있었을까?), 현대적 연관성에 관련된 질문(제1차 세계 대전 당시의 동맹 체제가 현대의 국제 정치 체제(NATO, UN 등)와 어떻게 다른가?, 오늘날에도 제1차 세계 대전과 유사한 대규모 갈등이 발생할 가능성이 있는가?) 등 다양한 질문들을 참고하고 자신이 탐구하고자 하는 중심 질문을 선정할 수 있다.

    다음으로 생성형 AI가 제공하는 정보는 앞서 언급했듯이 데이터 편향성과 할루시네이션 등의 문제로 인해 때때로 부정확하거나 왜곡될 수 있다. 학생들은 이러한 정보를 생성형 AI를 활용해 비판적으로 평가하고, 추가적인 자료 조사를 통해 사실 여부를 확인하는 과정을 통해 분석력과 판단력을 기를 수 있다. 이는 요즘 시대적 중요성 측면에서 화두로 떠오르고 있는 AI 리터러시와도 관련된다.

AI 리터러시는 개념상 '문해력'으로 해석돼 글을 읽고 이해할 수 있는 능력처럼 보이지만, 일반적으로 AI가 어떻게 작동하고 프로그래밍되어 사용되는지까지 포함하는 AI의 특징, 속성에 대한 전반적인 이해·활용 능력을 일컫는 개념이다. 중요한 점은 AI 리터러시에 이러한 AI가 가진 유용성과 한계점을 동시에 이해하고 이를 윤리적으로 활용할 수 있는 능력까지 포함한다는 것이다. 그리고 학생들이 AI에 적절한 질문을 던지고 원하는 정보를 얻기 위해 프롬프트를 설계하는 과정에서 논리적 사고와 역사적 문제 해결 능력을 향상시킬 수 있다. 이는 2022 개정 교육과정에서 강조되는 역사과 디지털 소양과도 직접적인 관련을 맺을 수 있다. 특히 역사 수업에서 학생들이 조사한 역사 자료 및 역사적 사실을 바탕으로 정보를 요약해 프롬프트를 작성하는 과정 자체가 하나의 사고력을 키우는 학습 자체가 될 수 있을뿐더러, 자신이 작성한 프롬프트를 지속적으로 수정·보완하는 과정에서 논리적이고 명료하게 질문하는 연습도 할 수 있다.

이처럼 역사과에서 강조되는 비판적 사고력은 생성형 AI와 밀접하게 관련될 수 있으며, 생성형 AI를 활용한 비판적 사고력 증진에 관해서는 2022 개정 역사 교육과정에서도 강조되는 부분이 있다. 2022 개정 사회과 교육과정(교육부 고시 제2022-33호) '역사'의 '교수·학습 및 평가'를 보면, 다음과 같은 내용[12]이 나와 있다.

- 역사 탐구는 탐구할 역사적 사건이나 주제를 선택하고 질문을 만드는 데서 출발한다. 학습자는 탐구 주제 및 탐구 질문에 연관되거나 판단하는 데 중요한 정보 및 자료를 수집하고 그 가운데 신뢰할 만한 자료를 선정한다. 이를 뒷받침하는 증거 또는 상반되는 증거를 분석 및 해석하고, 역사 해석의 다양성과 역사의 논쟁성을 이해한다. 이를 통해 학습자는 탐구 주제에 대하여 역사적으로 추론하며, 자신의 역사 이해를 형성한다.
- 디지털 역사 콘텐츠를 탐색 선정 분석 활용하는 방법에 대한 지도를 교수 학습 계획에 포함하여 운영한다.
- 다양한 디지털 도구를 활용하여 평가할 수 있다. 이때 평가에 활용되는 디지털 도구는 학습자가 익숙하게 사용할 수 있어야 하고, 학습자 간 디지털 격차에 유의하여 시행하여야 한다.

---

12) 교육부, 교육부 고시 제2022-33호 「사회과 교육과정」, 교육부.

즉 다양한 디지털 도구를 역사 자료 분석 및 탐구에 적극적으로 활용하도록 권장하고 있으며, 디지털 도구 중에서도 생성형 AI는 비판적 사고력을 높이는 글쓰기, 특히 '탐구 기반 쓰기'와 사료 분석에 활용하기에 최적화된 도구다. 이는 이번 수업 활동뿐 아니라 다음에 소개할 '역사 탐구 능력을 키우는 AI 기반 사료 원문 분석 및 해석하기'와도 연관된다. 그럼 먼저 학생들의 비판적 사고력을 높이는 생성형 AI 기반 역사 탐구 기반 쓰기 수업 속으로 들어가 보도록 하자.

[1] '탐구 기반 쓰기'는 무엇인가?

말 그대로 학생들이 탐구한 내용을 바탕으로 한 편의 논리적 글을 완성하는 것이 탐구 기반 쓰기의 핵심이다. 보다 구체적으로 말하면, 학생들이 주제에 관련된 질문을 1가지 선정한 후, 해당 질문을 해결하기 위한 조사·탐구 과정을 거쳐, 서론-본론-결론에 이르는 한 편의 논리적 글쓰기를 완성하는 것(질문하기-탐구하기-글쓰기)이다.

1) 질문하기 단계

그럼 첫 번째 단계인 질문하기 단계의 특징을 알아보자. 보통 수업 시간에 이루어질 수 있는 질문은 두 부류로 나눌 수 있다. 사실 질문과 탐구 질문이다. 이 중 비판적·창의적 사고와 관련하여 우리가 주목할 질문은 탐구 질문이다. 질문이 교과 지식이나 사실, 또는 구체적인 것의 회상 등과 관련된 질문이라면 탐구 질문은 해석, 적용, 분석, 평가 등과 관계된 질문으로서 예상 응답에 따라 평가 질문, 비교 질문, 문제 해결 질문, 인과 관계 질문 등으로 세분화해 볼 수 있다.[13] 한 예로, '제2차 세계 대전에 참전한 국가는 어느 나라인가?'가 사실 질문이라면, '제2차 세계 대전은 오늘날 우리가 살아가는 국제 사회에 어떤 영향을 미쳤는가?'는 탐구 질문에 해당한다.

---

13) 류완영 외, 「웹 기반 탐구 학습에서 탐구 질문 유형이 지식 공유 과정과 공유 정신 모형에 미치는 영향」, 『교육정보미디어연구』 13, 2007, p.256.

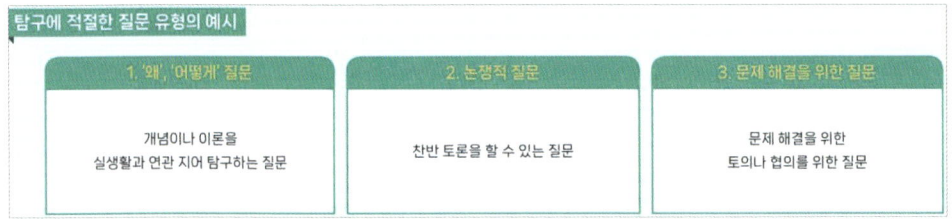

[그림 2-Ⅰ-2] 탐구에 적절한 질문 유형의 예시[14]

단, 질문을 만드는 단계에서는 학생들이 생성형 AI를 활용할 때, 그대로 베끼지 않도록 강조하는 것이 중요하다. 탐구의 중심 질문을 제작하는 과정은 비판적 사고력을 기를 수 있는 탐구 과정의 첫 출발이자 핵심이므로, 학생들이 생성형 AI를 활용하여 참고 질문들을 보며 감을 잡을 수는 있겠으나 학생들이 학습한 내용을 바탕으로 자신의 지적 사고를 동원하여 학습 주제를 꿰뚫는 질문을 생성하는 훈련이 필요하다.

별다른 비판적인 검토 없이 생성형 AI의 질문 사례를 그대로 베낀다면 수업의 초장부터 학생들이 생성형 AI에 의존하게 된다. 따라서 학생들이 무분별하게 생성형 AI가 작성한 내용을 따라 쓰지 않도록 학생들이 생성형 AI를 토대로 질문한 내용을 추후 제출하게 될 탐구 보고서에 반드시 링크로 첨부하여 제출하도록 지도한다. 대표적인 생성형 AI인 ChatGPT의 경우 아래와 같은 방식으로 제출하도록 지도할 수 있다.

[그림 2-Ⅰ-3] 생성형 AI ChatGPT에서 검색 내용을 공유하는 방법

---

14) 서울특별시교육청, 『2023 탐구 기반 쓰기 수업·평가 도전하기』 ① 중학교 사례, 서울특별시교육청, 2023, p.12.

학생들이 ChatGPT가 아닌 뤼튼을 활용해 검색을 진행했을 경우 뤼튼은 별도로 검색 내용을 공유하는 기능이 없기에, 뤼튼에서 검색한 내용을 오른쪽 하단 저장 버튼을 눌러 저장한 뒤, 대화 내용을 캡처하여 추후 탐구 보고서 제출 과정에서 함께 제출하도록 지도한다.

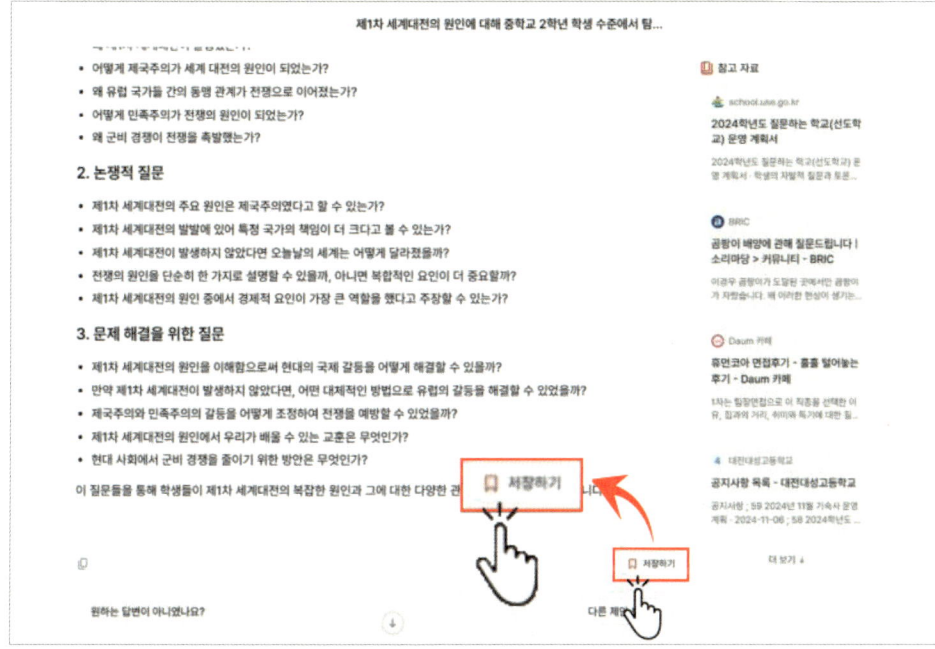

[그림 2-Ⅰ-4] 뤼튼의 검색 내용을 저장하는 방법

하지만 생성형 AI를 활용해 질문 목록을 작성하지 않더라도, 혹시나 생성형 AI에 접근하는 데 다른 학생들보다 시간이 더 많이 소요되거나 더 어려워하는 학생들을 위해 미리 구조화된 질문의 예시를 제공하는 것이 필요하다. 예를 들어, 러시아-우크라이나 전쟁 관련한 질문의 예시로 "러시아-우크라이나 전쟁에서 우리나라는 어떤 태도를 보여야 할까?", "러시아-우크라이나 전쟁을 해결하는 데 도움이 되기 위해서 우리는 어떤 행동을 할 수 있을까?"와 같은 질문을 예시로 학생들에게 제공할 수 있다.

[그림 2-Ⅰ-5] 탐구 절차 및 예시[15]

2) 탐구하기 단계

탐구를 수행하기 위한 중심 질문을 선정했다면, 다음으로는 제기된 질문을 바탕으로 자료의 탐색, 자료 요약, 분석·평가, 토의·토론 등의 지적 탐구 활동을 수행한다. 이때 방대한 양의 자료와 데이터를 학생들이 제한된 수업 시간 내에 활용하기 어렵기 때문에 이 단계부터는 적극적으로 생성형 AI를 활용하는 것이 수업 측면에서 효율성·효과성을 높여 줄 수 있다.

귀납 추론, 연역 추론 등 다양한 탐구 기법이 존재하지만, 탐구 기법을 떠나 자료 수집 및 분석 측면에서 탐구 과정에서 생성형 AI를 활용한다면 정말 빠른 시간에 효과적으로 정보를 정리할 수 있다. 대표적으로 뤼튼을 활용해 '도요토미 히데요시에 대해 한국의 중학생과 일본의 중학생이 가진 인식의 차이'를 비교하는 자료를 수합하는 과정을 예로 살펴보자.

---

15) 서울특별시교육청, 위 자료, p. 12.

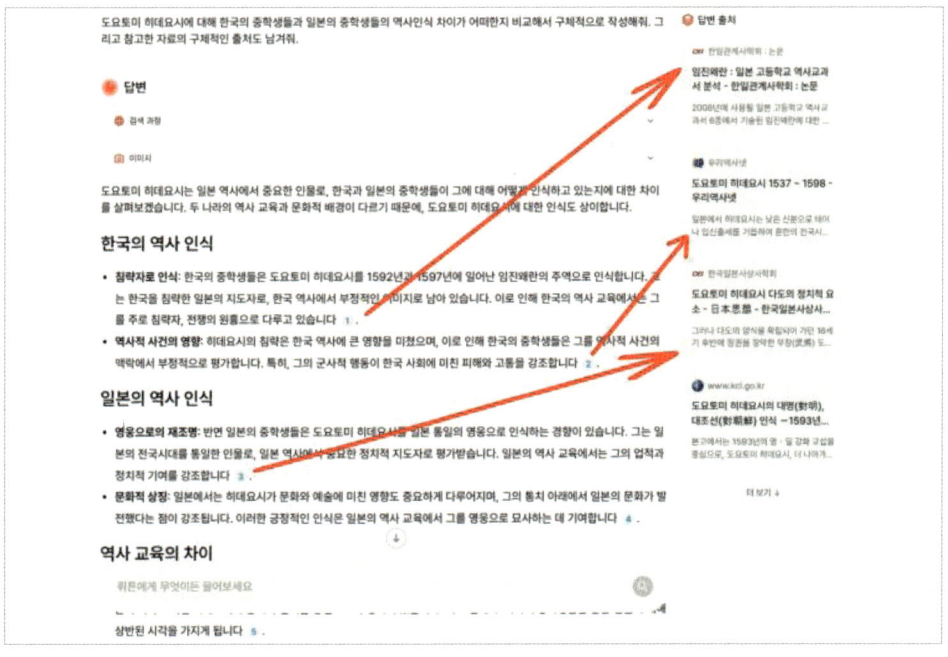

[그림 2-Ⅰ-6] 생성형 AI 뤼튼을 활용한 자료 조사 사례

뤼튼은 학생들이 카카오톡 등 SNS 아이디 및 구글 아이디 하나만 있으면 쉽게 로그인할 수 있을 뿐 아니라, 직관적인 UI User Interface로 접근성도 높으며 무제한으로 생성형 AI를 활용할 수 있다는 장점이 있다. 그리고 학생들이 검색한 내용에 대한 출처를 오른쪽에서 직관적으로 확인하고 실제 원문과 AI가 작성한 내용을 비교·검토하며 저자의 신뢰성과 문서의 신뢰성을 스스로 검증할 수 있어 학생들의 비판적 사고력 증진에 결정적으로 도움을 줄 수 있다.

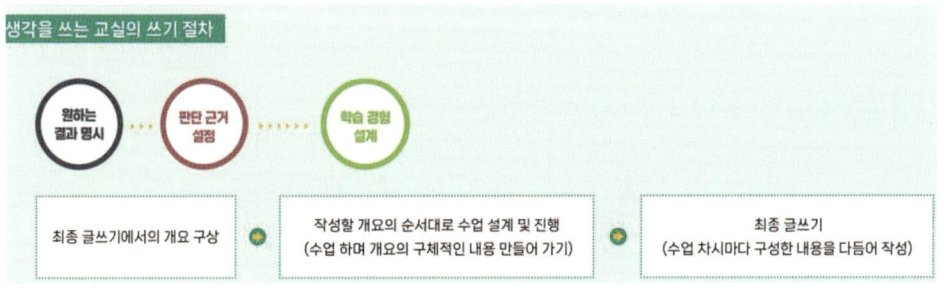

[그림 2-Ⅰ-7] 탐구 기반 쓰기 수업 모델의 쓰기 절차

3) 글쓰기 단계

탐구 기반 쓰기의 마지막 단계인 쓰기 단계에서는 학생들이 드디어 서론-본론-결론으로 이어지는 한 편의 논리적 글쓰기를 진행한다. 사실 학생들은 글쓰기를 굉장히 귀찮아하는 경우가 많다. 그래서 보통 '한 문장 글쓰기'부터 시작해야 하는 경우가 많다. 학생들이 질문을 잘 만들었다고 하더라도 막상 글쓰기를 할 때 어려워하는 경우가 많다. 학생들이 탐구를 진행하면서 새롭게 알게 된 사실을 한 문장으로 써 보라고 하면 차근차근 써 내려가는 경우를 볼 수 있다.

다음으로 '세 문장 쓰기'를 하면 100자 정도의 글을 쓸 수 있고, 이런 식으로 문장과 글자 수를 늘려 가다 보면 약 800자~1,000자 정도로 학생들이 글을 완성할 수 있는 기반을 마련할 수 있다. 학생들이 글을 작성할 때는 AI 기반 도구를 활용해 작성하되, 절대 AI가 작성한 글을 그대로 가져오지 않도록 다시 한번 강조하는 것도 잊지 말아야 한다. 특히 학생들이 AI 도구를 사용할 시 반드시 인용한 글의 출처를 기록하도록 강조해 주어야 하고, 문장을 요약·정리하는 정도로 활용하도록 지도한다면 학습 목표 성취에 올바로 다가갈 수 있다.

학생들이 글쓰기를 완료한 이후에는 바로 제출하는 것이 아니라 초고를 완성한 후에 여러 번 읽어 보며 문장을 다듬을 것, 그리고 퇴고 과정을 여러 번 읽어 보는 과정을 거친다. 생성형 AI를 활용하기 전 자신이 문장을 다듬고 요약한 것과, 생성형 AI가 요약하고 다듬은 내용을 함께 비교하도록 하면 학생들의 비판적 사고력 측면에서 수업 효과성을 더욱 높여 줄 수 있다. 이러한 과정에서 학생들이 요약 및 수정 과정을 비교 검토하여 논리적 글쓰기의 마무리 방법에 대해 이해할 수 있을 뿐 아니라, 거대 언어 모델LLM, Large Language Model에 기반한 생성형 AI의 원리에 대해서도 학습할 수 있다는 장점이 있다.

[2] 생성형 AI 활용 탐구 기반 쓰기 수업 사례의 실제

앞서 언급한 내용을 기반으로 실제 이루어진 생성형 AI 활용 탐구 기반 쓰기 수업 사례를 살펴보자. 먼저 본 수업의 전체적인 개요는 다음과 같다.

활동 소개	생성형 인공지능을 활용해 오늘날 대한민국이 당면하고 있는 민주화운동에 대한 의견 충돌 및 대립 사례를 조사하고 이를 기반으로 5·18민주화운동의 역사적 가치 및 민주주의적 의의에 대한 탐구 기반 쓰기(1단계 질문하기 – 2단계 탐구하기 – 3단계 글쓰기)를 진행하는 활동
활동 의도	- 생성형 인공지능을 활용해 오늘날 대한민국이 당면하고 있는 민주화운동에 대한 의견 충돌 및 대립 사례를 조사하고 이를 기반으로 5·18민주화운동의 역사적 가치 및 민주주의적 의의에 대한 탐구 기반 쓰기를 수행함으로써 역사적 상상력과 역사 정보 활용 능력, 인공지능 리터러시 역량, 역사적 판단력을 함양한다. - 탐구의 과정과 완성한 결과물을 에듀테크 수업 플랫폼에 제출하도록 함으로써 누가 기록 및 세부 능력 및 특기 사항을 작성할 수 있는 기반을 마련한다.
활동 유형	- 스마트 기기를 활용한 프로젝트 수업 - 스마트 기기를 활용한 교육과정-수업-평가-기록의 일체화 수업
AI 도구	- 뤼튼, ChatGPT, 퍼플렉시티 (주로 학생들은 뤼튼 사용) - 자작자작 - 다했니-다했어요

2022 개정 교육과정	성취 기준	[9역013-03] 한국의 민주화 과정에서 나타난 성과와 과제를 탐구한다.
	교과서 단원	Ⅵ. 근·현대 사회로의 전환

차시	탐구 기반 쓰기 단계	주요 학습 내용	활용 AI
1차시	사전 교육	· 수행평가 내용 이해: 수행평가 목적과 내용, 평가 기준에 대해 설명하고 안내한다. · 에듀테크 도구 익히기: 이번 수행평가에 활용할 주요 도구의 특징과 기능을 직접 실습해 봄으로써 도구 활용에 대한 친숙도를 높인다.	· 뤼튼 · 자작자작 · 다했니-다했어요
2차시	[1단계] 질문하기	· 생성형 인공지능을 활용해 오늘날 대한민국이 당면하고 있는 민주화운동에 대한 의견 충돌 및 대립 사례를 조사 및 분석하고, 오늘날 갈등을 해결하기 위해 우리는 어떤 태도로 행동할 수 있을 것인지에 대한 문제 해결 질문을 생성한다.	· 뤼튼 · ChatGPT · 퍼플렉시티
3차시	[2단계] 탐구하기	· 선정한 질문에 대해 AI를 활용하여 탐구를 진행하고, 역사 정보의 신뢰성을 검토하고 출처를 정리함으로써 탐구 학습에 대한 이해도를 높인다.	· 뤼튼 · ChatGPT · 퍼플렉시티
4차시	[3단계] 글쓰기	· 서론-본론-결론 글 초안 작성하기: 탐구한 결과를 바탕으로 최종 글쓰기에서의 개요를 구상하고, 작성한 개요의 순서대로 글쓰기를 진행한다. 조사 및 탐구한 과정에 근거하여 A4 1페이지 분량의 글을 작성한다.	· 뤼튼 · ChatGPT · 퍼플렉시티 · 자작자작
		· AI의 도움을 받아 글을 퇴고하고 제출한다.	· 자작자작
5차시		· 동료 평가 진행 및 2차 글 수정하기	· 자작자작
		· 다했어요를 활용해 탐구 과정 및 결과물 제출하기	· 다했니-다했어요

평가 항목	평가 관점	평가 세부 기준	배점
평가 항목	역사 사실 이해	탐구 주제가 글에서 명확히 드러나고, 자신이 설정한 문제의식을 역사 내용 지식을 활용하여 탐구하고 오류 없이 한 편의 글로 완성하였다.	5
		탐구 주제가 글에서 명확히 드러나고, 자신이 설정한 문제의식을 역사 내용 지식을 활용하여 탐구하였으나 작성한 글에서 1~2개의 오류가 식별되었다.	4
		탐구 주제가 글에서 명확히 드러나고, 자신이 설정한 문제의식을 역사 내용 지식을 활용하여 탐구하였으나 작성한 글에서 3개 이상의 오류가 식별되었다.	3
	역사 정보 활용 및 의사소통	2가지 이상의 자료 및 도구를 활용하여 글을 작성하였으며, 인용한 자료의 출처가 분명히 명시되어 있다.	5
		1가지 이상의 자료 및 도구를 활용하여 글을 작성하였으며, 인용한 자료의 출처가 분명히 명시되어 있다.	4
		자료 및 도구를 활용하여 글을 쓰는 데 어려움이 있으며, 출처를 파악하기 어렵다.	3
	탐구 기반 쓰기에 대한 이해	탐구 기반 쓰기의 3단계 탐구 과정이 잘 드러나고, 한 편의 글로 완성하였다.	5
		탐구 기반 쓰기의 3단계 탐구 과정이 잘 드러나지만, 한 편의 글로 이어지지 않는다.	4
		탐구 기반 쓰기의 3단계 탐구 과정이 잘 드러나지 않고, 한 편의 글로 완성하는 데 어려움이 있다.	3
	정체성과 상호 존중	5·18민주화운동의 역사적 의미와 자신의 생각을 글에 잘 반영하였다.	5
		5·18민주화운동의 역사적 의미와 자신의 생각을 글로 구현하는 데 어려움이 있다.	4
		5·18민주화운동의 역사적 의미를 이해하기 어려워한다.	3
	강조할 점: 생성형 인공지능은 할루시네이션이 동반되는 경우가 많으므로 역사적 사실에 대한 비판적인 분석을 통해 정보의 신뢰성을 검증하고 출처를 반드시 기록하도록 한다.		
	※ 미수행(백지 제출, 자발적 포기 등)의 경우 최하점의 차하점을 부여한다.		
	※ 교사는 과제 수행 시 학생 개인의 참여도 및 수행에 따라 항목당 1~2점씩 가감점을 부여할 수 있다.		

위에서 기재한 수업의 전체적인 전개 과정과 개요를 바탕으로, 학생들에게 제공한 탐구 활동지를 살펴보자. 학생들에게 처음 경험하는 본격적인 '탐구'는 구체적인 안내가 없다면 심리적 부담을 느낄 수 있다. 하지만 아래에 제공된 탐구 활동지를 통해 활동지의 내용을 채워가며 자연스럽게 탐구의 본질을 파악할 수 있다.

1. 중학교 역사 ver.1 비판적 사고력을 높이는 AI 활용 역사 탐구 기반 쓰기

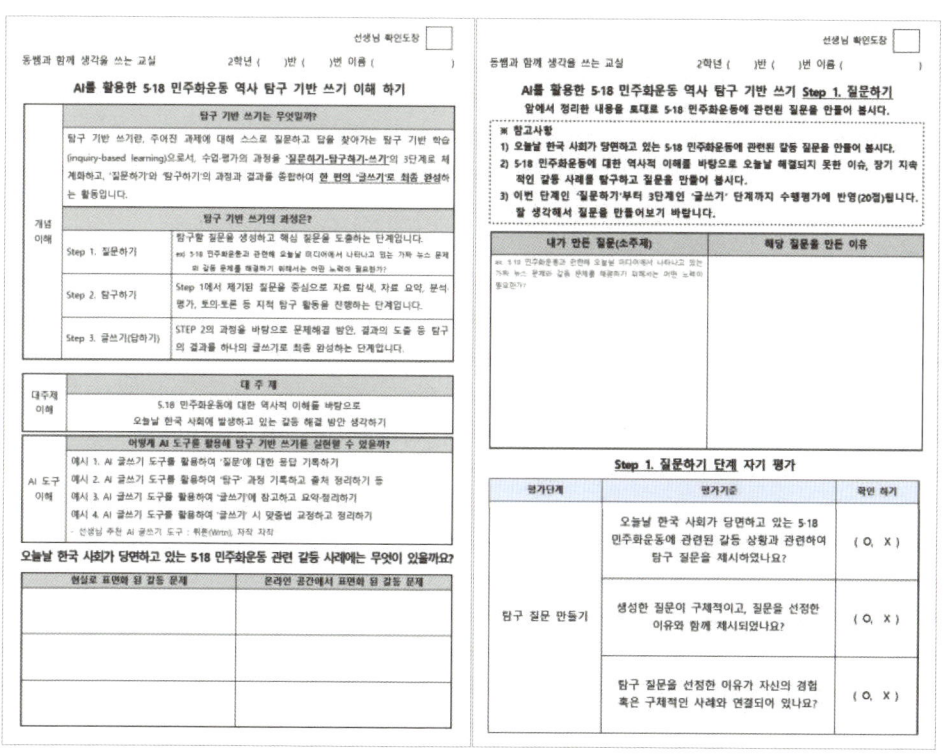

[그림 2-Ⅰ-8] AI를 활용한 5·18민주화운동 역사 탐구 기반 쓰기 활동지 1~2쪽

1) 질문하기 단계 적용하기

탐구 기반 쓰기 생성형 AI 활용 탐구 기반 쓰기 수업 사례를 첫 단계부터 살펴보자. 5·18민주화운동에 대해 전체적인 과정과 결과를 학습한 이후, 1단계 질문하기 단계에서는 학생들이 가장 인상 깊게 남았던 장면 혹은 궁금했던 지점들을 중심으로 탐구 질문을 작성한다. 학생들이 탐구 질문을 작성하기 전에 질문 작성의 핵심을 파악하기 위해 5·18민주화운동과 관련하여 현실로 표현화된 갈등 문제, 온라인 공간에서 표면화된 갈등 문제를 구분하여 사례를 살펴보도록 한다.

학생들이 처음에는 질문 작성을 막연해하지만, 구체적인 사례를 접하고 문제의 심각성을 체감하기 시작하면서 자연스럽게 탐구 의식이 발동하고, 질문으로 이어지게 된다. 그러면 학생들이 대표적으로 작성했던 탐구 질문의 사례를 확인해 보자.

1) 현실로 표면화된 갈등 문제에 관한 질문

(1) 5·18민주화운동 기념공원 설립이나 기념비 건립 과정에서 지역 주민 간 또는 정치 세력 간 갈등이 발생한 원인은 무엇이고, 이를 해결하기 위한 방법은 무엇이 있을까?

(2) 5·18민주화운동의 피해자와 유가족에 대한 보상과 명예 회복 과정에서 발생한 갈등이 발생한 원인과 이를 해결하기 위한 방법은 무엇일까?

(3) 5·18 역사왜곡처벌법 제정 과정에서 발생한 찬반 논란의 핵심은 무엇일까?'

(4) 5·18민주화운동 기념일을 정치적으로 이용하려는 움직임이 반복되는 이유는 무엇이고, 이를 해결하기 위해서는 어떤 태도를 가져야 할까?

2) 온라인 공간에서 표면화된 갈등 문제에 관한 질문

(1) 5·18민주화운동을 왜곡하거나 부정하는 단체들이 온라인에서 활동하는 방식은 무엇이고, 이는 어떻게 해결해 나갈 수 있을까?

(2) 온라인 플랫폼에서 청소년들이 역사적 사실을 올바르게 배울 수 있도록 하기 위한 방법은 무엇일까?

(3) 5·18민주화운동과 관련된 왜곡된 밈Meme이 만들어지고 공유된 사례는 무엇이고, 이런 밈이 역사를 왜곡하고 갈등을 부추기는 과정을 막기 위한 방안은 무엇이 있을까?

(4) 온라인 플랫폼의 알고리즘이 5·18민주화운동과 관련된 왜곡된 정보나 혐오 발언을 더 많이 노출시키는 문제가 제기된 사례는 무엇이고, 알고리즘의 편향성을 개선하기 위해 플랫폼이 도입할 수 있는 기술적·윤리적 대책은 무엇일까?

학생들이 현실로 표면화된 갈등 문제에 관련된 질문과 온라인 공간에서 표면화된 갈등 문제에 관련된 질문을 나누어 작성하는 것은 디지털 네이티브Digital Native 세대인 학생들의 특성을 고려하여 디지털 공간이 오늘날 별도의 독자적인 영역을 구축하고 있음을 인지하고 디지털 리터러시 및 디지털 시민성과 관련된 영역의 문제를 역사적인 문제와도 연결 짓는 것이다.

사실 학생들은 대부분 온라인 공간에서 5·18민주화운동을 접하게 된다. 특히 학생들이 많이 시청하는 미디어 플랫폼인 유튜브에는 제대로 출처를 찾아볼 수 없는 빈약한 주장이나, 전혀 근거가 없는 '만들어진' 낭설浪說이 떠도는 경우도 많은 것이 현실이다. 5·18민주화운동에 대한 일방적인 왜곡, 폄훼를 넘어 피해자들을 조롱하는 극악무도한 일까지 일어나는 경우도 많다.

오히려 이런 것을 '그냥 무시해'로 일관하기보다는 수면 위로 꺼내어 이러한 행동이 지속적으로 나타나게 되거나 이어지게 될 경우 우리가 당면할 사회에 미칠 영향, 그리고 우리와 후대의 역사 인식에 미칠 영향 등을 고려해 해결 방법을 모색해 보는 기회가 필요하다. 이러한 과정을 생성형 AI를 활용해 분석, 정리해 봄으로써 진정한 탐구로 진입할 수 있게 된다.

선생님 확인도장 ☐

동쌤과 함께 생각을 쓰는 교실 2학년 (   )반 (   )번 이름 (   )

AI를 활용한 5·18 민주화운동 역사 탐구 기반 쓰기 Step 2. 탐구하기

1) 탐구활동의 시작 : 내가 생성한 질문과 관련된 오늘날 5·18 민주화운동에 관련된 갈등 상황을 해결하기 위해 이와 관련된 5·18 민주화운동 기록을 다양하게 살펴보고 참고해봅시다. 그리고 출처와 함께 정리해봅시다. [교과서, 책, 인터넷 자료, AI 도구를 참고 및 활용하여 최대한 많이 적어 봅시다.]

오늘날 5·18 민주화운동 관련된 갈등 상황

내가 조사한 5·18 민주화운동의 대표적인 기록들

내가 활용한 매체		해당 매체에서 찾은 내용 요소 / 출처
체크	항목	
☐	AI 도구 (명칭:)	
☐	인터넷 자료	• 네이버 지식in 및 블로그, 나무 위키 등은 확인되지 않은 정보가 있을 수 있으므로 활용 금지 • "기사 제목", 신문사이름, 날짜. • 「주제」, 『위키백과』, 편집 날짜.
☐	문헌 자료 (교과서, 책, 잡지 등)	• 저자, 『책이름』, 출판사, 출간연도, p.쪽수.
☐	기타 ( )	

선생님 확인도장 ☐

동쌤과 함께 생각을 쓰는 교실 2학년 (   )반 (   )번 이름 (   )

2) 탐구활동의 심화 : 내가 탐구한 5·18 민주화운동의 역사적 의미가 무엇인지 적어봅시다.

* 내가 조사한 탐구 내용으로부터 **어떤 교훈과 가치**를 배울 수 있는지 생각해 보세요!

5·18 민주화운동이 가진 역사적 의미 혹은 교훈이나 시사점 * 교훈이나 시사점, 그렇게 생각한 이유를 각각 2가지 이상 제시
① 교훈이나 시사점(1점) : - 이유(2점) : ② 교훈이나 시사점(1점) : - 이유(2점) :

3) 탐구활동의 종결(결론 도달하기) : 자신이 선정한 질문에 대해 탐구한 내용을 정리하여 결론을 지어 간략한 글을 써 보세요.

* 내가 조사한 탐구 내용으로부터 **어떤 교훈과 가치**를 배울 수 있는지 생각해 보세요!

탐구 질문 결론 도달하기 * 조사한 내용 중 한 가지 이상을 근거로 삼아, 질문에 대한 답안과 근거를 1가지씩 제시
■ 질문에 대한 답안(2점) : - 근거(3점) :

Step 2. 탐구하기 단계 자기 평가

평가단계	평가기준	확인 하기
질문에 대해 탐구 하기	자신이 제시한 탐구 질문을 해결하기 위해 5·18 민주화운동에 관련된 역사적 사실, 오늘날과의 연계성을 조사했나요?	(O, X)
	자신이 제시한 탐구 질문을 해결하기 위해 적합한 매체를 선택하고 탐구를 진행했으며, 출처를 명시하였나요?	(O, X)
	5·18 민주화운동이 오늘날을 살아가는 우리들에게 어떤 가치나 교훈, 시사점을 줄 수 있는지 적어보았나요?	(O, X)

[그림 2-Ⅰ-9] AI를 활용한 5·18민주화운동 역사 탐구 기반 쓰기 활동지 3~4쪽

2) 탐구하기 단계 적용하기

학생들이 중심 질문을 작성한 후에는 본격적으로 탐구 과정에 들어간다. 이때 AI 도구를 활용하면 정보를 보다 효율적으로 탐색하고 정리할 수 있다. 학생들이 탐구 과정에서 적절하다고 판단한 대표적인 AI 도구는 뤼튼, ChatGPT, 퍼플렉시티 등이었다. 각 AI 도구마다 특징이 다르긴 하지만, 공통점이 하나 있었다. 바로 '출처를 확인하고, 정보의 원문을 살펴볼 수 있다'는 점이었다.

(1) 샘 와인버그의 '역사가처럼 읽기' 활용하기

역사 탐구에서 가장 중요한 것은 신뢰할 수 있는 정보를 바탕으로 논리를 세우고, 자신의 생각을 진술하는 것이다. 이를 위해 학생들은 저자의 신뢰성, 문서의 신뢰성을 검토하고, 자신이 쓴 글에 대한 전거典據를 명확히 정리하는 과정을 거쳐야 한다. 이 수업을 기획하면서, 역사 교사라면 한 번쯤 들어 봤을 법한 샘 와인버그S. Wineburg의 '역사가처럼 읽기' 방법을 참고했다.

이 방법은 출처 확인, 맥락화, 부재 증거 고려, 확증 등을 핵심 요소로 한다. 와인버그는 오랜 기간 미국 초·중·고교에서 '역사적 사고 수업'과 '역사가처럼 읽기 수업'을 진행하면서 이 방법론을 구체화했다. 학생들이 다양한 사료를 읽고, 비교하고, 토론하고, 이해하는 과정을 통해 스스로 정보를 판단할 수 있는 비판적 사고력을 기를 수 있도록 한 탐구 활동이자 조작적 사고 활동이다. 이 방법을 처음 접하는 학생들에게 가장 먼저, 그리고 가장 강조했던 활동이 바로 '출처 확인'이었다.

(2) 출처에 기반한 탐구 습관 형성하기

앞서 이야기했듯이, AI로부터 얻은 정보의 신뢰도를 학생들이 스스로 확인하고 검증하는 연습을 통해 역사 학습의 효과성을 높이는 것이 중요하다. 따라서 정보의 신뢰성을 확인하기 위해서라도 출처를 검토하고, 저자와 문서의 신뢰성을 점검하는 과정은 필수적이었다. 예를 들어, 학생들은 5·18민주화운동과 관련된 갈등 상황을 생성형 AI를 활용해 탐색하면서 출처를 정리하는 작업을 진행했다.

이 과정에서 5·18민주화운동에 대한 복합적인 쟁점과 갈등 요소들을 파악하게 된다. 또한, 온라인과 오프라인에서 5·18민주화운동을 둘러싼 논쟁들을 실제 역사적 기록을 바탕으로 조사하며, 비판적으로 들여다보는 과정도 거쳤다. 단순한 팩트 체크를 넘어, 각 쟁점이 어떤 의도와 목적에 의해 왜곡되었는지 분석하고, 5·18민주화운동을 올바르게 이해하기 위해 우리가 가져야 할 태도는 무엇인지 고민해 보는 것이 핵심이었다.

학생들이 완벽하게 논문 형식의 각주 양식을 따르지는 못하겠지만, 기본적인 출처 정리 방법을 연습하는 과정 자체가 탐구자로서의 기본적인 자세와 태도를 기르는 데 도움이 되었다. 이러한 과정을 통해 학생들은 자연스럽게 역사적 사실을 바라보는 균형 잡힌 시각과 정보 활용 능력을 익힐 수 있었다.

[그림 2-Ⅰ-10] AI를 활용한 5·18민주화운동 역사 탐구 기반 쓰기 활동 모습

학생들이 질문하기를 통해 몰입을 경험하기 시작하면서, 본격적으로 생성형 AI를 활용해 탐구를 시작하면서 학생들은 나름대로의 자료를 정리하기 시작했다. 학생들 대부분이 접근하기 쉽고 접근하기 편리한 뤼튼을 활용했지만, 조금 더 심층적인 지식이나 세부 사항을 검토할 때는 퍼플렉시티를 부가적으로 활용했다. 뤼튼 활용 시에는 학생들이 '정보 탐색 및 정리'에 보다 초점을 두도록 뤼튼 내부의 여러 기능 중에도 'AI 검색' 탭을 선택하여 정보를 탐색하도록 지도했다.

(3) AI 뤼튼(Wrtn)을 활용한 탐구 과정 살펴보기

[그림 2-Ⅰ-11] 생성형 AI 뤼튼을 활용해 'AI 검색'을 활용하는 장면

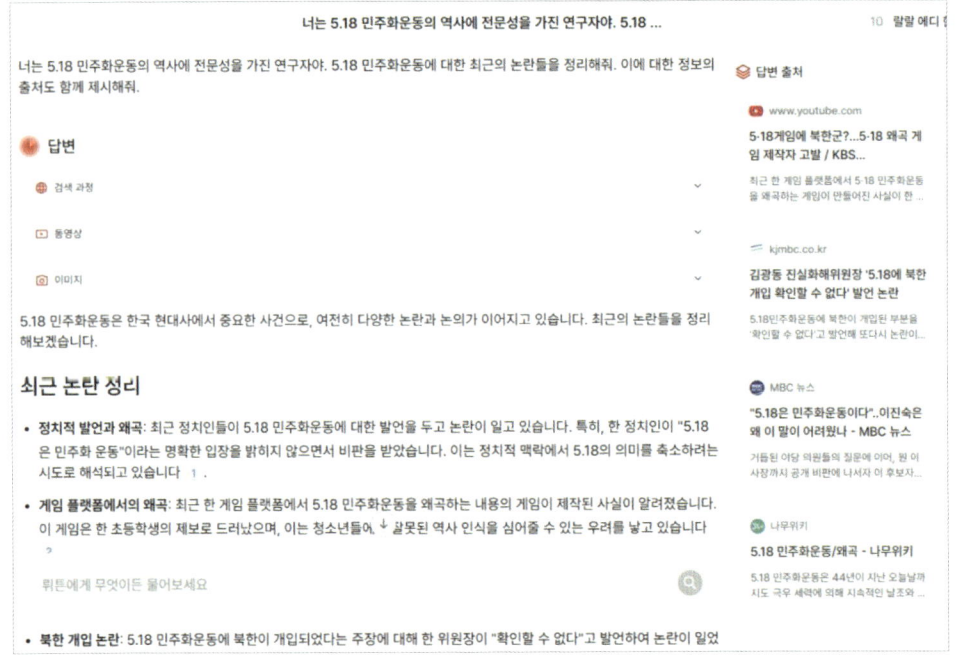

[그림 2-Ⅰ-12] 생성형 AI 뤼튼을 활용해 'AI 검색'을 활용하는 장면

사실 뤼튼을 활용해도 학생들이 중심 질문에 대한 탐구 내용을 확인하고 정리하는 데 많은 도움을 얻을 수 있지만, 심층적으로 내용을 조사할 때는 보다 전문적인 지식을 요하는 자료에 접근할 필요가 있다. 모두 다 이용할 필요는 없지만, 생성형

AI를 활용한 교육의 장기적인 방향성이 '개별화 교육'에 맞춰져 있는 만큼 탐구 의지가 높은 학생들의 경우 한 단계 높은 수준의 자료에 접근할 수 있는 통로를 열어 두어야 하기 때문이다.

(4) AI 퍼플렉시티(Perplexity)를 활용한 심도 있는 탐구 들여다보기

이때 활용할 수 있는 대표적인 플랫폼이 '퍼플렉시티Perplexity'다. 뤼튼과 달리 외국에서 운영하는 플랫폼이어서 안내 문구 번역투가 다소 어색하게 느껴지지만, 자료 탐색 및 신뢰성 있는 출처를 기반해 정보를 제공하는 능력만큼은 꽤 높은 수준을 자랑한다.

[그림 2-Ⅰ-13] 생성형 AI 퍼플렉시티의 초기 접속 화면

퍼플렉시티는 뤼튼과 비교했을 때, 비교적 정제된 언어로 학술 정보를 찾아내는 데 유용한 편이다. 그리고 할루시네이션도 덜 일어나는 모습을 보여 주었다. 퍼플렉시티는 5·18민주화운동과 관련해 아이들이 접근할 수 있는 보다 신뢰도 높은 정보를 소개한다. 쉽게 이용할 수 있지만, 검증된 정보를 제공하는 위키피디아Wikipedia부터, 전문적인 학술 정보가 담긴 5·18 기념 재단의 연구 보고서 등 다양한 5·18민주화운동 관련 사항들을 확인하고 요약된 정보를 출처와 함께 제시해 주었다.

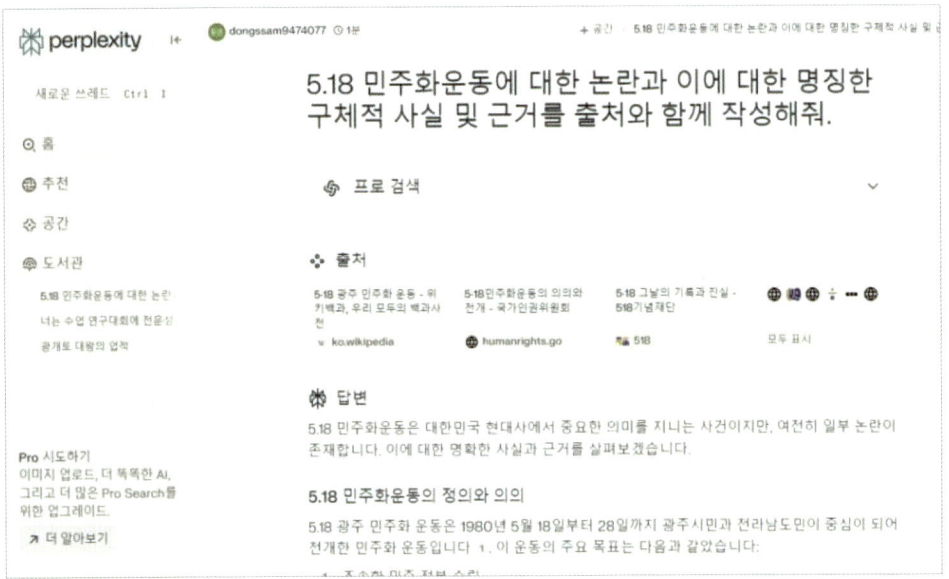

[그림 2-Ⅰ-14] 생성형 AI 퍼플렉시티를 활용해 5·18민주화운동에 대한 탐구를 진행하는 장면

또한, ChatGPT와 달리 기본 버전에서는 무료로 무제한 검색을 진행할 수 있다. 다만, 현재 기준(2025년 1월) 'PRO Search' 모드를 활성화시키면 두 배 더 많은 분량의 출처를 참고하여 구체적인 답변을 제공한다.

[그림 2-Ⅰ-15] 생성형 AI 퍼플렉시티 PRO Search를 활용해 5·18민주화운동의 연구 동향을 탐구하는 모습

이번 수업 활동처럼 방대한 내용의 자료를 압축적으로 참고하고 싶을 때 상당히 유용히 활용될 수 있다는 점이다. 다만, PRO Search 모드는 무료 버전에서는 하루 3번까지만 이용 가능하다는 제약 사항이 있긴 하다. 하지만 한 번의 검색만으로 학생들이 다양한 자료의 출처를 통해 얻은 정보를 종합적으로 분석할 수 있는 기회를 가질 수 있기 때문에 퍼플렉시티를 부분적으로 가미해 활용하는 것은 역사 자료 분석 및 탐구 능력을 향상하는 데 좋은 경험이 될 수 있다.

이 부분을 통해서도 선생님들께서는 뤼튼, 퍼플렉시티의 활용 지점이 조금 다르다는 점을 느끼실 수 있으실 것이라고 믿는다. 모두 대화형으로 제작된 LLM 기반의 생성형 AI라는 공통점이 있지만, 각 생성형 AI가 가진 메타데이터를 이해한다면 탐구를 위한 수업을 진행하는 데 적재적소에 효율적으로 활용할 수 있다.

(5) 탐구하기 단계에 적용할 수 있는 AI 도구 비교하여 살펴보기

[표 2-1] 생성형 AI 플랫폼별 특징과 5·18민주화운동 탐구 활용 방안 예시

생성형 AI 플랫폼	특장점	구체적 활용 방안
뤼튼 (Wrtn)	1. 핵심 키워드 기반 자료 요약: 복잡한 정보를 요약하여 핵심 내용을 정리 2. 문장 재구성: 학생들이 자료를 바탕으로 정리한 내용을 더 명확하게 표현 3. 주제에 맞춘 자료 분류 지원: 다양한 관점으로 자료를 그룹화 4. 한국어 및 한국 문화 이해에 특화: 국내에서 개발된 LLM 기반 서비스로 한국 문화 관련 자료 수집 및 분석에 탁월	- 자료 요약: 5·18민주화운동 관련 논문이나 기사 내용을 요약하여 핵심 주제를 파악 - 재구성 도움: 학생이 자료를 정리한 내용을 간결하고 명확하게 다듬는 데 활용 - 주제 분류: 자료를 정치적, 사회적, 문화적 관점으로 분류해 정리 - 한국어 및 한국 문화 이해에 특화: 5·18민주화운동 관련 국내 연구 및 쟁점 정리에 효과적
ChatGPT	1. 배경지식 확장: 학생들의 질문에 따라 5·18민주화운동의 맥락과 관련 정보를 심층적으로 설명 2. 정리된 정보 제공: 주요 사건과 인물에 대해 논리적으로 정리된 자료 제시 3. 질문 기반 자료 탐색: 학생이 구체적으로 알고 싶은 내용을 맞춤형으로 탐색 가능	- 심층적 설명 요청: 5·18민주화운동의 원인, 전개 과정, 국제적 반응 등 세부 내용을 간결하게 요약 - 키워드 정리: 자료에서 주요 키워드 및 주제를 추출하여 탐구 방향 제시 - 자료 맥락 파악: 학생들이 특정 사건이나 인물의 중요성을 이해할 수 있도록 관련 자료를 연결

생성형 AI 플랫폼	특장점	구체적 활용 방안
퍼플렉시티 (Perplexity)	1. 실시간 정보 검색: 최신 자료 및 신뢰도 높은 출처(논문, 기사 등)를 기반으로 자료 탐색 2. 출처 명시: 각 정보에 대한 출처를 제시하여 신뢰성 확보 3. 간결한 요약: 복잡한 자료를 빠르게 요약하여 필요한 정보만 제공	- 출처 기반 탐색: 운동 관련 정부 기록, 언론 보도, 학술 자료 등 신뢰할 수 있는 자료 제공 - 자료 비교 분석: 국내외 시각 차이를 비교하거나 다양한 학술적 관점을 탐색 - 참고자료 제공: 학생들이 글을 작성하기 전 자료 출처를 정리하고 인용 가능성 평가

위 표에서도 정리해 놓기는 했지만, 한마디로 정리하자면 뤼튼은 자료 요약 및 문장 재구성에 강점이 있어, 복잡한 자료를 정리하고 명확하게 재구성하는 데 유용하고, 무엇보다 국내에서 개발된 생성형 AI인 만큼 한국 문화 및 역사에 대한 수집 능력 및 분석 능력이 다른 플랫폼 대비 뛰어나다.

ChatGPT는 익히 들어보셨다시피 생성형 AI 플랫폼 중 가장 많은 데이터 소스 기반으로 심층적 맥락 설명과 맞춤형 정보 제공을 할 수 있으며, 학생들이 자료의 배경과 의미를 깊이 이해하도록 도움을 줄 수 있다는 데 특장점이 있다.

마지막 퍼플렉시티는 '생성형 AI 연구자'라는 별칭이 존재할 만큼 신뢰성 높은 출처 제공과 실시간 자료 검색으로, 학생들이 근거 기반으로 자료를 탐구하고 정리할 수 있도록 지원할 수 있다.

[표 2-2] 학생들이 탐구 활동지에 기재한 대표적인 사례

오늘날 5·18민주화운동 관련된 갈등 상황

현재 5·18민주화운동과 관련된 갈등은 이 사건을 바라보는 관점 차이에서 나타나고 있다. 많은 사람들은 5·18민주화운동을 민주주의를 위한 중요한 역사적 사건으로 인정하지만, 일부에서는 이를 왜곡하거나 잘못된 정보를 퍼뜨려 그 의미를 훼손하려는 시도를 하고 있다. 예를 들어, 일부 극우 성향의 유튜브 채널에서는 5·18민주화운동에 북한군이 개입했다는 주장을 펼치며, 이를 통해 5·18민주화운동의 정당성을 부정하려 한다. 이러한 주장은 5·18민주화운동진상규명조사위원회에서 사실이 아니라고 밝혔음에도 불구하고 계속해서 제기되고 있다. 또한, 5·18민주화운동을 기념하는 행사나 교육 내용에 대해서도 의견 차이가 존재한다. 일부에서는 이러한 활동이 과도하다고 주장하고, 교육 현장에서 5·18 관련 내용을 축소하거나 삭제해야 한다는 의견을 말하기도 한다. 이러한 갈등은 사회적 논쟁으로까지 번져서 5·18민주화운동의 역사적 의미를 깎아내리고 있다.

내가 조사한 5·18민주화운동의 대표적인 기록들

1. 5·18민주화운동 기록물 (유네스코 세계기록유산)
이 기록물에는 당시 5·18민주화운동의 과정을 담은 회의록, 선언문, 그리고 피해자들의 증언 자료가 포함되어 있다. 이를 통해 당시 광주 시민들이 겪은 고통과 민주주의를 위해 싸운 모습을 구체적으로 알 수 있었다.

2. 전남도청 앞에서 촬영된 당시 사진들
시민들이 모여 자유를 외치는 모습과 군의 진압 과정이 생생하게 담겨 있다. 이 자료를 보면서 당시의 긴박했던 상황을 직접적으로 이해할 수 있었다.

3. 윤상원 열사 유언 기록
탐구를 하기 전엔 몰랐지만, 윤상원 열사는 5·18민주화운동 당시 시민군의 지도자로 활약했던 분이다. 유언은 짧지만 5·18민주화운동의 정신을 잘 보여 주는 중요한 자료라고 생각했다.

내가 활용한 매체		해당 매체에서 찾은 내용 요소 / 출처
체크	항목	
☐	**AI 도구** (명칭: 뤼튼, 퍼플렉시티)	- 5·18민주화운동의 전개 과정과 주요 사건에 대한 설명 - 5·18민주화운동 기록물의 유네스코 세계기록유산 등재 관련 정보 - 윤상원 열사의 주요 활동 - 5·18민주화운동과 관련된 최신 연구 자료 및 논문
☐	**인터넷 자료**	- "방심위, '5·18 북한군 개입' 주장한 유튜브 영상 30건 접속 차단", 연합뉴스, 2020년 7월 9일. - "교육과정에서 사라질 뻔한 '5·18' 논란…"교과서에 기술"", 시사포커스, 2023년 1월 4일.

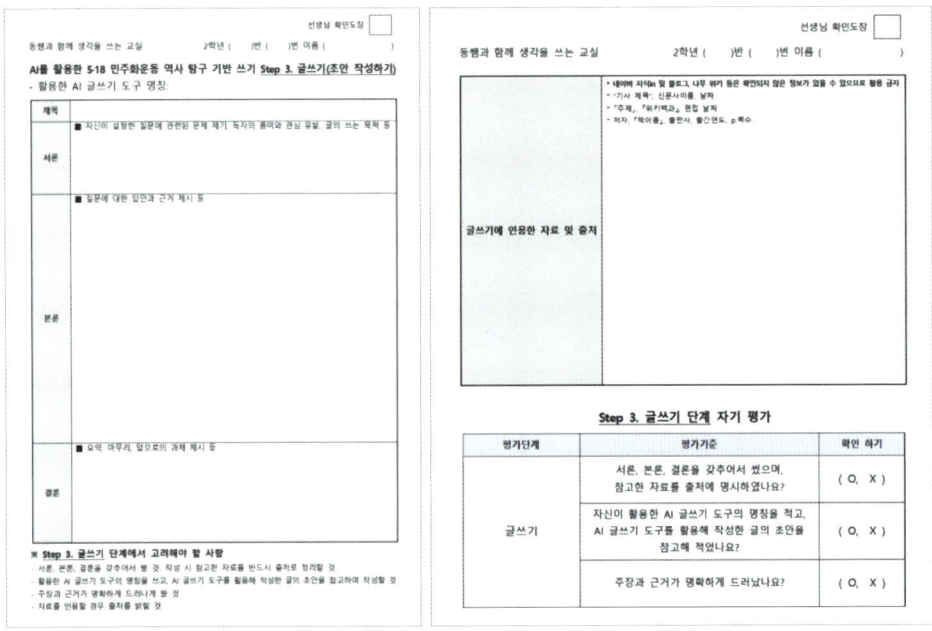

[그림 2-Ⅰ-16] AI를 활용한 5·18민주화운동 역사 탐구 기반 쓰기 활동지 5~6쪽

3) 글쓰기 단계 적용하기

학생들이 생성형 AI의 특징을 이해하고 탐구 과정을 정리했다면, 이제 마지막 단계인 글쓰기 단계로 넘어갈 차례다. 하지만 탐구 과정을 잘 정리했다고 해서 그 과정이 자동으로 훌륭한 글쓰기까지 이어지는 건 아니다. 그래서 학생들이 글쓰기의 효율성과 경제성을 높일 수 있도록, 손으로 글을 쓰기보다는 온라인 공간에서 작성하고, AI의 도움을 받아 문법과 맞춤법을 점검하는 방식을 활용하도록 지도했다.

일부 학생들은 온라인에서 글을 쓰면 '쉽게 수정할 수 있다'는 점 때문에 오프라인(손 글씨)보다 부담 없이 시작하는 모습을 보였다. 하지만 여전히 글쓰기가 처음인 학생들은 빈 화면을 마주하고 '공백 패닉'에 빠지는 경우가 많았다. 이런 학생들, 혹은 컴퓨터 타이핑이 익숙하지 않은 학생들을 위해 활동지 실물 출력본을 제공했다. 하지만 여기서 중요한 점은 모든 학생에게 5~6쪽짜리 활동지를 나눠 주는 것이 아니라 필요한 학생들에게만 제공하는 것이 보다 효과적이다.

최종 글쓰기는 어차피 온라인으로 이루어지므로 모든 학생이 출력본이 필요한 것은 아니다. 따라서 종이 낭비를 줄이면서도 교사의 불필요한 행정 부담을 덜 수 있도록 활동지를 꼭 필요한 학생들에게만 배부하는 방식으로 진행했다. 이렇게 하면 수업의 경제성과 효율성을 동시에 달성할 수 있다. 출력본을 받은 학생이든, AI의 도움을 받아 온라인으로 작성하는 학생이든 초안 작성 양식은 동일하게 적용된다. 대부분의 학생이 서론-본론-결론 구조로 글을 써 본 경험이 적기 때문에 각 단계에서 무엇을 작성해야 하는지를 활동지를 통해 구체적으로 안내했다. 활동지를 받은 학생들은, 각 항목에 맞춰 자신의 탐구 결과를 정리하며 글을 완성하도록 했다. 특히 탐구 과정에서 정리한 모든 정보의 출처와 참고 문헌을 반드시 활동지에 기재하도록 안내했다. 이 과정을 통해 학생들은 '역사 탐구의 기본은 신뢰할 수 있는 근거를 확보하고, 이를 바탕으로 논리를 전개하는 것'이라는 개념을 자연스럽게 익힐 수 있었다.

(1) AI 자작자작(JAJAKJAJAK)을 활용해 디지털 기반 글쓰기 수업 만들기

한편, 온라인으로 글을 작성하는 학생들은 '자작자작JAJAKJAJAK'이라는 생각 중심 글쓰기 AI를 활용하도록 안내했다. 이를 통해 학생들이 보다 체계적으로 글을 정리하고, 자신의 생각을 논리적으로 구성하는 경험을 할 수 있도록 유도했다.

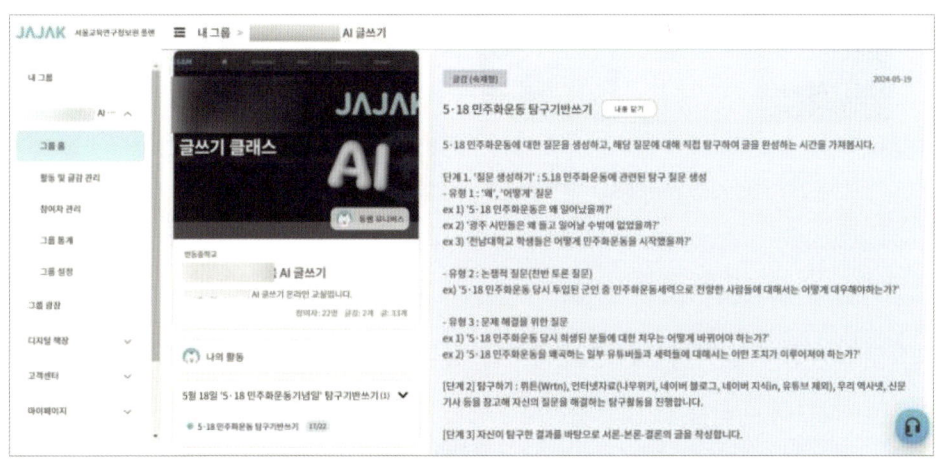

[그림 2-Ⅰ-17] AI를 활용한 5·18민주화운동 역사 탐구 기반 쓰기 '글쓰기' 안내(자작자작)

자작자작은 편리한 UI를 기반으로 교사는 물론, 학생들도 직관적으로 기능을 확인할 수 있게 설계되어 있으며, 교사가 미리 서론, 본론, 결론, 참고 문헌으로 나누어 문단을 4개로 설정해 놓으면 학생들이 탐구 글쓰기 작성 시 굳이 문단을 나누지 않아도 편하게 글을 작성할 수 있다. 본인이 탐구한 결과를 정리하고 요약하는 가장 중요한 작업인 만큼, 학생들이 이 단계에서는 절대 생성형 AI의 글쓰기 작성 기능은 활용하지 않도록 'AI 도움' 기능을 해제시키는 것이 중요하다.

[그림 2-Ⅰ-18] AI를 활용한 5·18민주화운동 역사 탐구 기반 쓰기 과제 설정 장면(자작자작)

그리고 자작자작은 평가 기준을 삽입하여 추후 교사가 AI 피드백을 진행할 때 참고적인 도움을 받을 수 있다. 평가 항목을 성취 기준에 근거하여 구체적으로 입력할수록 AI 피드백은 더욱 더 정교해진다.

1. 중학교 역사 ver.1 비판적 사고력을 높이는 AI 활용 역사 탐구 기반 쓰기

[그림 2-Ⅰ-19] AI를 활용한 5·18민주화운동 역사 탐구 기반 쓰기 평가 기준 설정 장면(자작자작)

아쉽게도 자작자작의 AI 피드백 기능을 이용하려면 유료 결제를 해야 한다는 부담이 있기는 하지만, 학교 예산을 활용하여 결제한다면 디지털 기반 성취 평가를 진행하는 데 큰 도움을 얻을 수 있다. 학생들은 글의 초안을 완성하게 되면 AI의 도움을 받아 맞춤법과 문법을 검토하고 수정할 수 있다. 본인이 작성한 글자 수는 물론, 교사가 필수 조건으로 제시한 문단별 필수 내용을 반영하고 있는지 AI가 실시간으로 검토하여 반영해 준다.

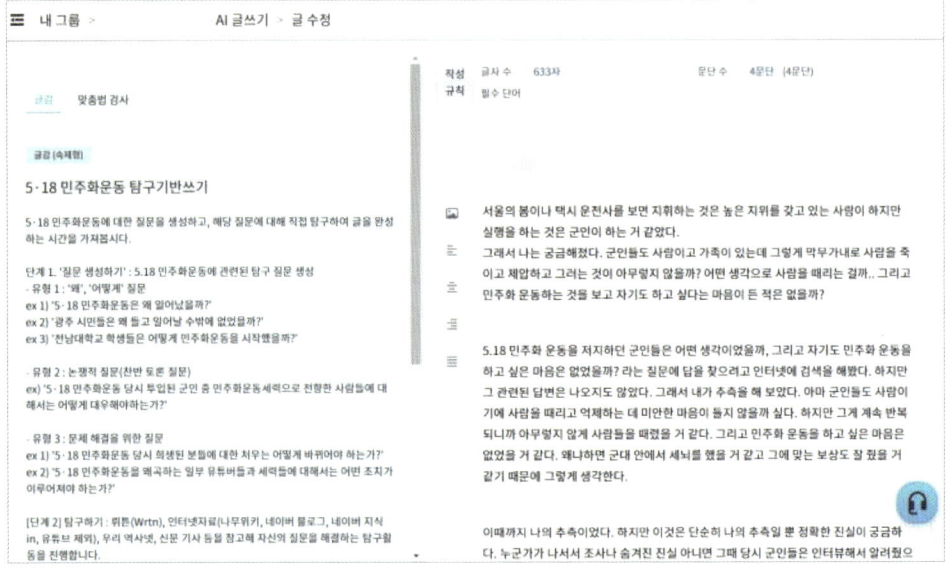

[그림 2-Ⅰ-20] AI를 활용한 5·18민주화운동 역사 탐구 기반 쓰기 학생 작성 화면(자작자작)

학생들의 자작자작 활용 글 작성 화면을 보면, 가장 효율적인 글쓰기 화면임을 알 수 있다. 학생들이 교사가 제시한 평가 기준을 따로 보면서 작성할 필요 없이 왼쪽에는 교사의 평가 기준, 오른쪽에는 글 작성을 통해 한 화면에서 효율적으로 준거에 맞는 글쓰기가 가능하다.

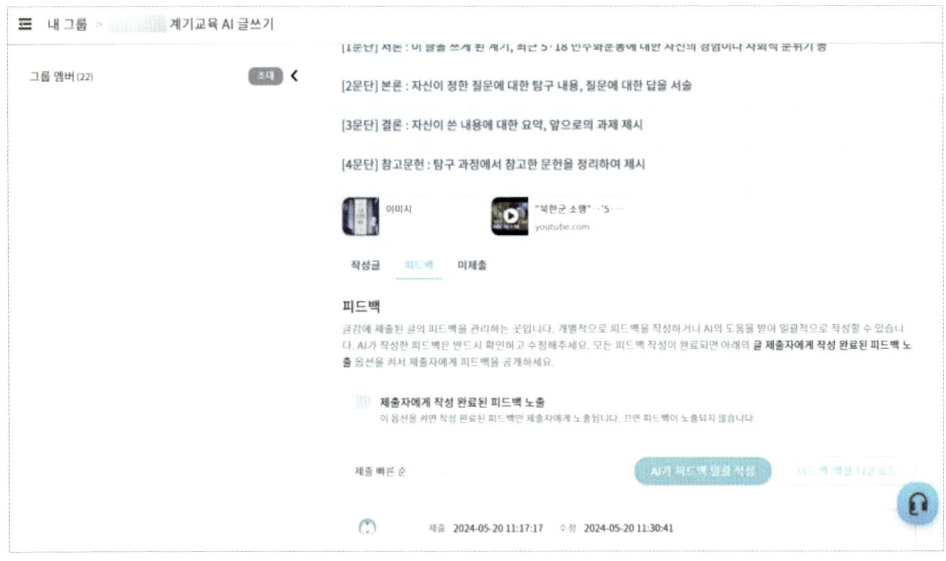

[그림 2-Ⅰ-21] AI를 활용한 5·18민주화운동 역사 탐구 기반 쓰기 AI 피드백 기능 장면(자작자작)

학생들이 서론-본론-결론에 이르는 한 편의 글쓰기 초안을 완성하면 글쓰기 광장에서 학생들이 뒷 번호 학생 혹은 앞 번호 학생에게 평가 기준에 근거한 동료 평가를 진행하도록 한다.

[그림 2-Ⅰ-22] AI를 활용한 5·18민주화운동 역사 탐구 기반 쓰기 '글 모아 보기' 장면(자작자작)

학생들은 왼쪽 탭에서 '글 모아 보기' 기능을 통해 자신이 피드백하고자 하는 학생의 글을 자유롭게 읽어 보고, 하트, 댓글 등으로 피드백할 수 있다. 학생들이 피드백을 작성할 때 반드시 평가 기준에 따라 2줄 이상의 피드백을 남기도록 하고, 학생들의 피드백을 확인하고 자신의 글을 1차적으로 수정하도록 안내한다. 학생들이 1차 수정한 글을 대상으로 교사는 AI 피드백을 제공할 수 있는데, AI가 교사가 사전에 입력한 평가 기준에 근거하여 1차 피드백을 제공한다.

[그림 2-Ⅰ-23] AI를 활용한 5·18민주화운동 역사 탐구 기반 쓰기 AI 피드백 결과 장면(자작자작)

[그림 2-Ⅰ-24] AI를 활용한 5·18민주화운동 역사 탐구 기반 쓰기 AI 피드백 결과 장면(자작자작)

교사가 평가 기준으로 입력한 영역의 세부 점수뿐 아니라 기본적인 글쓰기에서 지켜야 할 주제의 충실성, 어휘의 적절성, 문법의 정확성, 맥락의 일관성, 시각과 태도 측면의 세부 점수까지도 확인할 수 있으며, AI가 제공한 피드백을 그대로 학생들에게 부여하는 것이 아니라 AI가 제공한 피드백을 바탕으로 교사가 피드백을 수정, 가감하여 2차 피드백을 제공할 수 있다. 아마 이 글을 읽는 선생님들의 머릿속에는

"AI가 제공한 피드백이 과연 쓸만한가?"라는 생각이 드실 수도 있겠다. 하지만 자작자작이 '생각 중심 AI'라는 별칭을 달고 있는 만큼 생각 이상으로 각 평가 영역에서 구체적인 피드백과 함께 적절한 점수를 부여한 것을 확인할 수 있었다. 교사가 수정한 피드백이 학생들의 최종 점수가 되는 것은 아니다. 교사가 제공한 AI 피드백을 완료하면, 동시에 학생들이 교사가 제공한 피드백을 온라인에서 바로 확인할 수 있다. 최종적으로 해당 피드백을 반영하여 '수정' 버튼을 눌러 완료하면 해당 글으로 학생들의 성적을 최종 평가할 수 있다. 이런 방식을 통하여 학생들의 탐구 기반 쓰기 결과물 평가뿐 아니라 과정 중심 평가를 구현할 수 있다.

멤버십 및 가격 안내				
	Free	한 반 플랜	여러 반 플랜	학교 플랜
	무료	80,000원 (월간 구독) 640,000원 (연간 구독)	160,000원 (월간 구독) 1,300,000원 (연간 구독)	720,000원 (월간 구독) 5,800,000원 (연간 구독)
그룹 개설자 인원 수 (교사)	1명	1명	1명	무제한
그룹 참여 가능 인원 수 (학생)	30명	30명	150명	1,500명
그룹 개설 수	1개			
디지털북 발행	1회	무제한	무제한	무제한
추천 글감				
자작 AI 기능	30회 체험 (AI피드백 실행 수 기준)			

[그림 2-Ⅰ-25] 생각 중심 글쓰기 AI 자작자작 요금제(2025년 2월 초 기준)

자작자작 요금제는 여타 글쓰기 AI 도구와 비교했을 때 가격이 저렴한 편은 아니다. 하지만 AI 도구를 평가와 연계 지어 활용하는 만큼, 제대로 검증된 도구를 사용하는 것이 중요할 것이다. 한 번 참고해 보고, 선생님들의 학교 상황 및 예산에 맞추어 활용해 보시는 것을 추천한다.

한 가지 더 팁을 이야기하자면, (2025년 2월 기준) 자작자작의 경우 서울시교육청연구정보원의 인공지능 교육 서비스로 공식적으로 채택되었다. 서울시교육청 소속 모든 교사들은 센SEN 메일로 가입 후, 센 메일에서 인증만 하면 자작자작을 1년 동안 무료로 활용할 수 있다.

부가적으로 자작자작에서는 탐구 기반 쓰기 과정에서 학생들이 자주 사용하는 역사적 개념은 무엇인지, 학생 개별 어휘량은 어떠한지를 확인할 수 있어 기초 학력 지도에도 활용할 수 있다. 특히 모든 자료가 통계로 제시되기 때문에 학생들이 가진 역사 인식과 학생들의 결과물의 상관관계를 살펴보는 데도 유용했다.

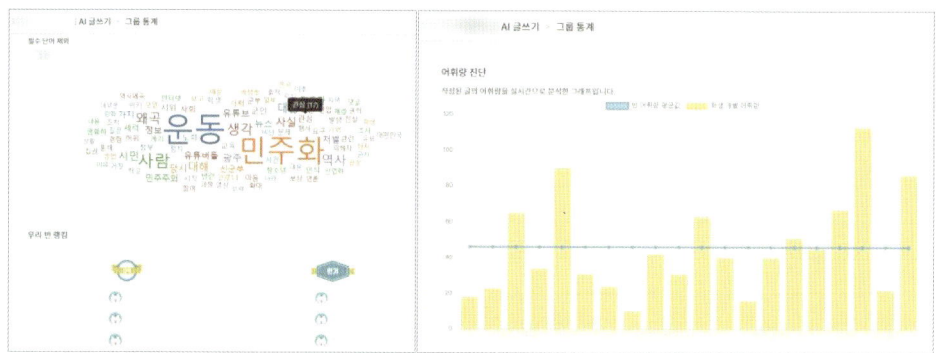

[그림 2-Ⅱ-26~27] 자작자작을 활용해 학생들이 자주 사용하는 역사 개념 및 개별 어휘량 분석

(2) 다했니-다했어요를 활용해 디지털 기반 글쓰기 수합 및 관리하기

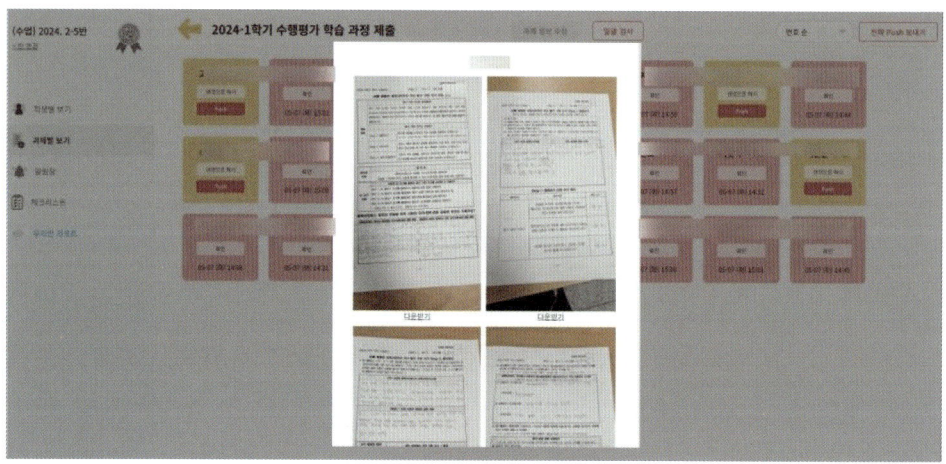

[그림 2-Ⅰ-28] 다했니-다했어요를 활용해 학생별 실물 활동지를 평가하는 모습

그리고 컴퓨터 타자가 어려워 자작자작이 아닌 실물 활동지로 작성할 경우에는, 학생들의 평가지 유실 및 혹시 모를 조작 등을 방지하기 위해 완성된 결과물을 사진을 찍어 과제 제출 플랫폼인 '다했어요'로 제출하도록 시도했다. 그리고 학생들이 제

출한 결과물을 교사는 과제 수합 플랫폼인 '다했니'에서 바로 확인할 수 있다.

학생들이 별도의 회원 가입 없이 교사가 AI로 자동 생성한 코드를 부여받기 때문에 접근성 측면에서 너무나 우수할 뿐 아니라, 직관적인 인터페이스 및 기능으로 학생들의 제출 여부를 노란색(미제출), 빨간색(제출했으나 교사가 아직 피드백을 남기지 않음), 회색(학생들에 대한 평가 및 피드백 완료)로 구분하여 바로 확인할 수 있다는 장점이 있다. 하지만 아쉽게도 학생들이 손 글씨로 작성한 내용에 대해서는 AI 평가가 어려워, 저자는 태블릿을 통해 학생들이 제출한 내용을 보며 학생들의 수행 과정을 평가했다.

(3) AI 클리포(Clipo)를 활용해 디지털 기반 글쓰기 성취 평가 도전하기

사실 이 과정을 한 번에 일원화할 수 있는 플랫폼이 최근 출시되었다. 바로 AI 클리포Clipo다. 클리포는 대표적인 AI 기반 과정 중심 평가 플랫폼이다. 자작자작처럼 온라인으로 작성한 학생들의 수행 과정, 수행 결과물을 AI 기반 피드백을 할 수 있을 뿐 아니라, 손 글씨로 작성한 결과물에 대해서도 AI가 글씨를 분석하여 평가 기준에 근거해 1차 피드백을 작성하기 때문에 탐구 기반 쓰기에 응용할 때에도 평가 시 상당히 유용할 수 있다.

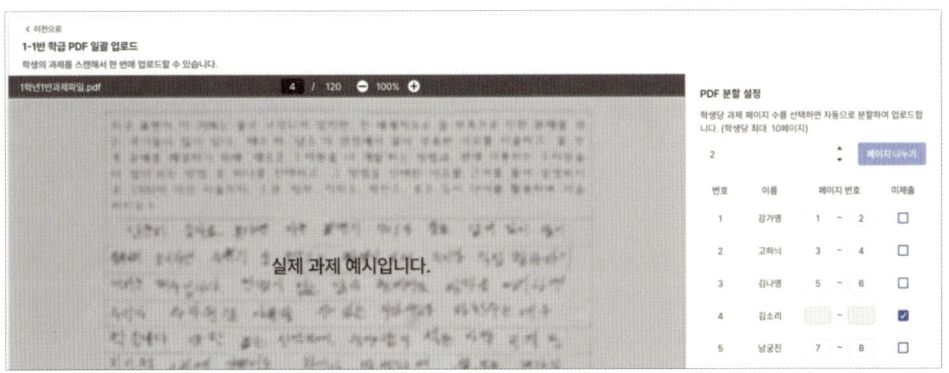

[그림 2-Ⅰ-29] AI 과정 중심 평가 도구 클리포를 활용한 손 글씨 활동지 평가
(출처: 클리포 교사 안내 자료)

[그림 2-Ⅰ-30] AI 과정 중심 평가 도구 클리포를 활용한 손 글씨 활동지 평가
(출처: 클리포 교사 안내 자료)

　클리포는 교사가 한 학급의 손 글씨 결과물 촬영본을 하나의 PDF로 묶어 업로드하면 AI가 손 글씨 내용을 분석하여 평가 기준에 근거해 채점하고, 학생별 예상 채점 점수와 제출 여부 등까지 일괄적으로 확인시켜 준다. 온라인 작업뿐 아니라 실물 활동지 작업도 이제는 전산화시켜 평가할 수 있다는 점에서 교사의 수업 및 업무 부담을 덜어 줄 수 있다는 장점이 있다. 그리고 학생들의 손 글씨도 폭 넓은 기반 데이터를 통해 생각보다 높은 확률로 글씨를 분석해 내기 때문에 평가의 효율성을 높일 수 있다. 또한, AI 분석 결과에 대한 채점 근거까지 상세하게 제시해 주고, 세부 능력 및 특기 사항과 연계할 수 있다는 장점이 있다.

　(4) 다했니 '쫑알이'를 활용해 글쓰기 수업-평가-기록 연계 시도하기
　앞서 살펴본 '다했니-다했어요' 역시 교사가 학생에게 부여한 피드백 내용을 근거로 AI가 세부 능력 및 특기 사항을 작성해 주는 기능을 갖추고 있다. 바로 'AI 쫑알이'다. 이름부터 귀여운 이 기능은 교사가 별도로 학생들의 탐구 기반 쓰기 과정에 대해 피드백한 내용을 불러올 필요도 없고, 'AI 쫑알이' 탭에서 불러올 학생의 기록

범주와 학생의 이름 하나만 누르면 실제 교사의 피드백을 근거로 세부 능력 및 특기 사항을 작성해 준다. ChatGPT에서 학생의 대표 특성과 수행 결과를 입력해 개별로 세부 능력 및 특기 사항을 작성하는 일보다 훨씬 효율적이고, 효과적으로 학생의 활동을 기록으로 연계시킬 수 있다.

그리고 교사가 실제 세부 능력 및 특기 사항을 입력하게 되는 나이스NEIS의 경우 가끔 복사-붙여넣기 하는 과정에서 글씨가 깨지거나, 오류가 발생해서 나이스계 선생님께 수정 요청을 받는 경우가 있는데, '다했니'는 나이스와 연계할 수 있도록 설계되었기 때문에 바로 복사-붙여넣기를 해도 오류가 발생하지 않는다는 장점이 있다.

[그림 2-Ⅰ-31] AI 과제 관리 도구 다했니를 활용한 세부 능력 및 특기 사항 AI 생성 모습

[그림 2-Ⅰ-32] AI 활용 탐구 기반 쓰기 글쓰기 단계 활동 모습

지금까지 5·18민주화운동을 주제로 한 탐구 기반 쓰기 프로젝트 수업 사례와 생성형 AI 활용의 접목점들을 함께 살펴보았다. '탐구'라는 활동이 생성형 AI와 긴밀하게 연결될 수 있는 활동일 뿐 아니라, 생성형 AI를 잘 활용하여 출처를 검증하고 정리하는 경험을 가져봄으로써 학생들의 역사적 사고력 중에서도 굉장히 중요한 비판적 사고력을 높이는 데 이바지할 수 있었다. 다음으로는 학생들의 역사 탐구 능력을 더욱 강화시킬 수 있는 사료 원문 분석 및 해석 활동에서 AI가 어떻게 활용되었는지 함께 살펴보도록 하자. 학생들에게 배부하였던 활동지와 본 수업에서 활용했던 AI 접속 링크는 아래 QR코드에서 확인할 수 있다.

[그림 2-Ⅰ-33] AI 활용 역사 탐구 기반 쓰기 관련 자료 QR코드

2 역사 탐구 능력을 키우는 AI 기반 사료 원문 분석 및 해석하기

이번에는 보다 간단하게 시도해 볼 수 있으면서도 학생들의 역사 자료 분석 및 해석 능력을 키울 수 있는 수업이다. AI 도구를 활용해 사료의 원문을 분석하고 해석해 보는 수업 활동으로 기획했다.

[1] 수업 기획의 배경

보통 중학교는 물론, 고등학교에서도 사료의 원문을 학생들과 다루기는 쉽지 않다. 우리말로 번역된 사료라 할지라도 학생들이 용어를 이해하기 어려워할 뿐만 아니라, 맥락을 파악하기 힘들어한다. 심지어는 사료에 역사의 현장이 가장 뚜렷이 반영되어 있음에도 불구하고 사료 읽기를 귀찮아하는 학생들도 많다. 처음에는 학생들이 사료 읽기를 단지 '용어와 내용이 어려워서' 수업에 활용하는 것이 쉽지 않다고 생각했지만, 실제로 학생들에게 물어보니 그 이유만은 아니라는 것을 알게 되었다.

어느 날 한 학생이 저자에게 해 준 한마디는 수업 아이디어를 생각해 내는 계기가 되었다. 그 학생은 "동쌤, 그냥 번역된 내용으로 읽으면 편하긴 한데, 좀 지루해요. 그냥 옛날 얘기… 그 이상은 잘 모르겠어요. 뭔가 저희 눈에 번역 렌즈 같은 걸 끼워서 저희가 진짜 그 의미를 파악해 보는 게 더 재밌을 것 같아요."라고 나지막하게 얘기했다. 다소 엉뚱하고 비현실적으로 들리지만, 저자는 이를 AI 도구를 활용해 실제로 실행에 옮겨 보기로 했다. 학생들이 직접 사료의 원문을 찾아서 번역을 해 보고, 당시 상황의 의미를 서술해 보는 경험을 제공하기로 한 것이다. 이게 과연 가능할까 처음에는 걱정을 많이 했다.

하지만 수업을 진행하면서 아이들이 AI 도구를 활용해 직접 당시 사료 원문의 문장을 번역해서 의미를 발굴하는 과정에서 마치 자신이 고고학자나 탐험가가 된 것 같은 몰입감을 갖게 되는 것을 확인하게 되면서 그 걱정은 점점 사그라들게 되었다. 단순한 AI 도구를 활용해 '꼬마 역사가'가 되어 보는 경험. 그 역사적 탐구의 몰입 과정을 함께 살펴보도록 하자.

[2] 구글 AI 스튜디오(Google AI Studio)를 활용해 사료 분석 경험하기

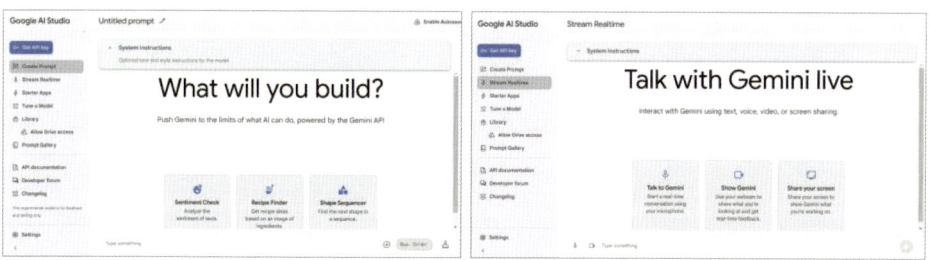

[그림 2-Ⅰ-34] 구글 AI 스튜디오 PC 버전 초기 화면(좌)과 사료 분석을 위한 Real Time 접속 화면(우)

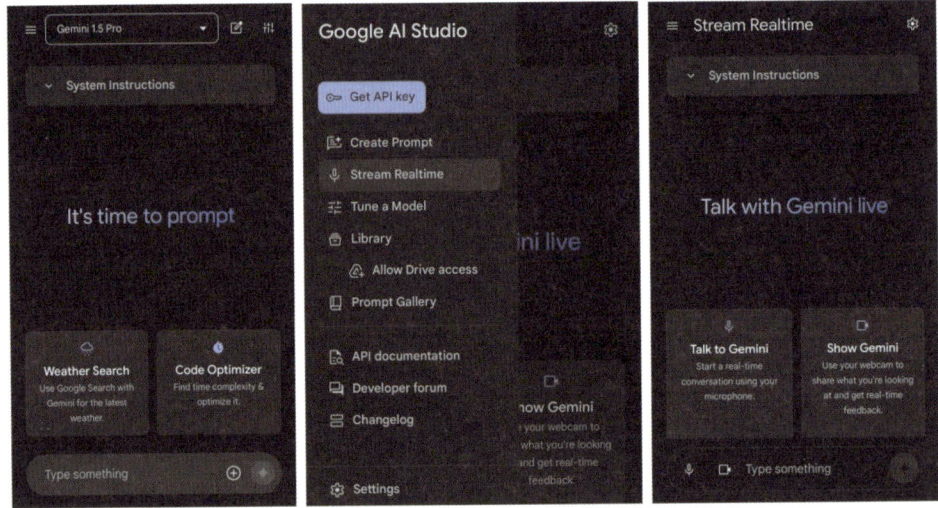

[그림 2-Ⅰ-35] 구글 AI 스튜디오 모바일 버전 초기 화면(좌)과
사료 분석을 위한 Real Time 탭 클릭 화면(중), Real Time 접속 화면(우)

사료 분석 활용 수업에서 가장 추천하고 싶은 AI 도구는 바로 구글 AI 스튜디오 Google AI Studio다. 제미나이로 대표되는 구글의 생성형 AI 혁신 성과를 홍보하고 테스팅하기 위해 구글이 출시한 새로운 실시간 AI와 소통이 가능한 LLM 모델이다. 사료 분석 및 번역 수업이라길래, 네이버 파파고나 구글 번역기 정도로만 생각했다면 큰 오산이다.

시대가 급속히 바뀌며 AI 혁명이 진행되고 있는 만큼, 우리 수업 현장의 변화 및 수업의 수월성도 가속될 수 있다. 구글 AI 스튜디오는 PC 버전과 모바일 버전 모두 이용 가능하며, 현재 기준(2025년 2월) 무료로 사용할 수 있다. 단순히 ChatGPT처럼 음성으로 대화하는 것을 넘어 구글의 생성형 AI 제미나이와 연계하여 직접 화면을 비추며 AI와 대화를 나눌 수 있다.

예를 들어, 한국사 시간에 학생들이 교과서에 나와 있는 한문 사료를 그대로 읽어서 이해하는 것이 아니라, 실제 원문 사료의 내용을 구글 AI 스튜디오를 활용해 번역하여 분석하고, 교과서의 번역된 내용과 비교하여 당시 상황적인 맥락을 보다 정교한 방식으로 이해할 수 있다. 또한, 하나하나 선생님께 질문하지 않아도, 사료에 관련된 다양한 부분에 대한 궁금점들을 구글 AI 스튜디오와 대화하며 출처를 검증하는 과정

1. 중학교 역사 ver.1 역사 탐구 능력을 키우는 AI 기반 사료 원문 분석 및 해석하기

을 통해 파악하고 비판적 사고력과 디지털 리터러시 역량까지도 함양할 수 있다.

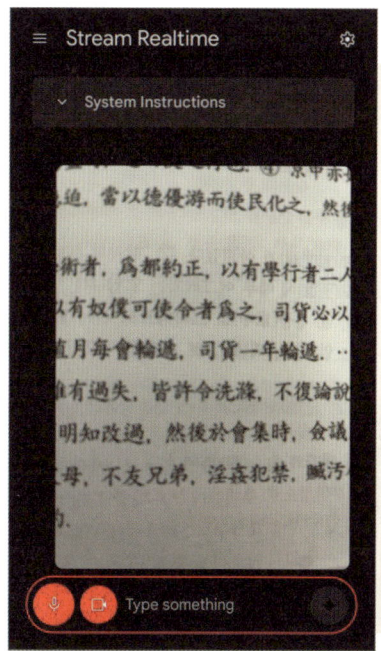

★ **동쌤의 구글 AI 스튜디오 활용 Tip!**

학생들 대부분이 구글 AI 스튜디오를 모바일에서 이용하는 상황이기 때문에 휴대폰 카메라 기능을 허용하도록 말씀해 주시고, 개인정보가 될 만한 부분은 가급적 촬영하지 않도록 지도해 주시는 것이 좋다(구글 AI 스튜디오에서 민감한 개인정보는 수집하지 않는다고 하나, 혹시나 모를 상황에 대비해 강조하는 것이 필요하다).

또한, 기본적으로 언어는 영어로 세팅되어 있기 때문에 마이크 기능으로 "지금부터 한국어로 대답해 줘."라고 이야기한 뒤에 사료 분석을 시도하면 한국어로 답변을 받을 수 있음을 강조해 주시는 것이 좋다. 채팅과 음성 대화 모두 동시에 가능하므로 학생들이 원하는 방향에 따라 음성 대화 시에는 이어폰을 부분적으로 활용해 수업에 참여하도록 안내해 주시면 좋다.

[그림 2-Ⅰ-36] 구글 AI 스튜디오 모바일을 활용해 한문 사료를 번역하고 의미를 해석하는 모습

학생들이 구글 AI 스튜디오를 활용하여 자유자재로 자신이 원하는 탐구 과정을 효율화시킬 수 있는 단계에 이르면, 이제 구글 AI 스튜디오는 생성형 AI에서 에이전트 AI의 단계로 넘어가게 된다. 말 그대로 AI가 단순히 문장이나 글을 생성하고 대답하는 단계에서 학습을 돕고 개인의 지적 성장을 조력하는 요원Agent이 되는 것이다.

엔비디아의 CEO인 젠슨 황은 세계 최대 가전·정보기술IT 전시회 'CES 2025' 기조연설에서 AI의 발전 단계를 생성형 AI, 에이전트 AI, 피지컬 AI(휴머노이드 로봇이나 자율주행차와 같은 실물 하드웨어에 탑재되는 AI)로 이야기한 바 있다 [16] 이제는 생성형 AI를 넘어 최적화 AI, 에이전트 AI의 시대로 전환되고 있기 때문에 학생들의 수준에 따라 구글 AI 스튜디오와의 심층적인 질문을 통해 탐구의 깊이를 더해 갈 수 있도록 유도한다면 더욱 풍부한 수업을 만들어 갈 수 있다.

---

16) 김경민·배준희, 「젠슨 황이 찍은 미래 먹거리…피지컬 AI」, 매경 이코노미, 2025.1.17.
https://www.mk.co.kr/economy/view/2025/39773

[3] 딥엘(DeepL)을 활용해 사료 원문의 표면적 해석 시도하기

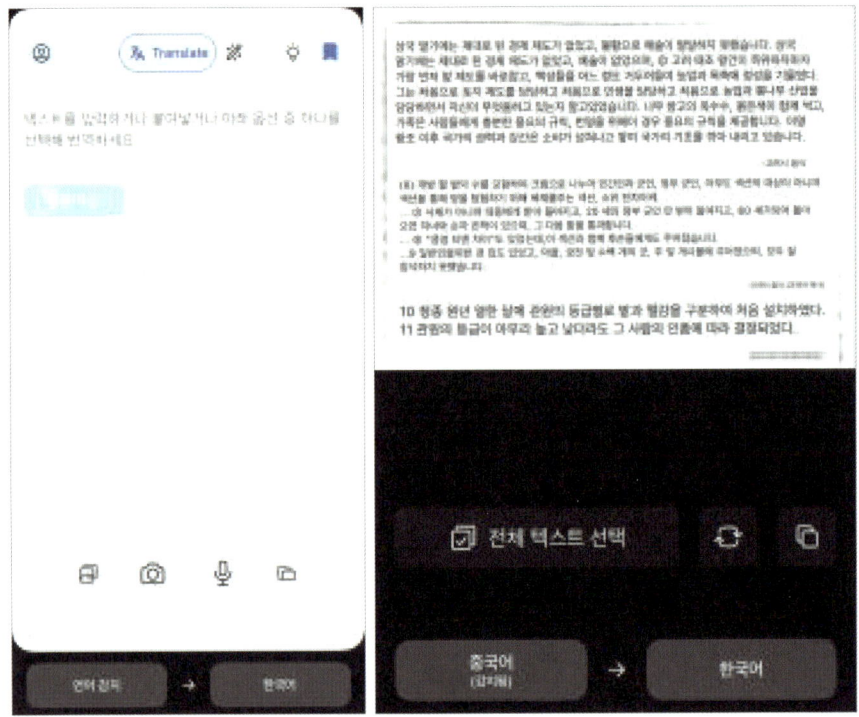

[그림 2-Ⅰ-37~38] 딥엘 앱을 활용해 한문 사료를 번역하고 의미를 해석하는 모습

추가적으로 참고할 만한 AI 사료 번역 및 분석 앱 및 사이트로는 '딥엘DeepL'이 있다. 딥엘은 구글 번역, 네이버 파파고 번역을 뛰어넘어 가장 정확한 번역을 자랑하는 플랫폼인 동시에 무료라는 장점이 있다. 무료 버전에서도 충분히 활용 가능하나, 유료 버전에서는 훨씬 더 정확한 번역을 해 준다. 유료 버전은 보통 출판사에서 원서를 초벌 번역을 해 볼 때 쓰인다. 다만, 말로 쓰이는 언어에 대해서는 번역 정확도가 굉장히 높지만, 문자로서 기능하는 한문漢文 사료의 경우 번역 정확도가 현저히 떨어져, 학생들이 직접 활용하는 것보다는 선생님들께서 수업을 연구하시는 도중 맥락상 도저히 감이 안 잡히는 부분이 있거나 정말 찾기 어려운 고대 한자 등을 찾을 때 정도로 이용하면 좋다. 한문 사료를 번역할 경우, 국사편찬위원회 한국사 데이터 베이스의 번역본을 이용하는 것이 가장 효과적이다.

[그림 2-Ⅰ-38]은 『고려사』「지」식화 부분의 전시과 제도 설명에 관련된 사료를 번역한 것이다. '경종' 때의 일을 '정종' 때의 일로 오독하여 번역한다든지, 정말 어색한 번역투를 사용하는 것을 볼 수 있다. 바로 딥엘이 한문 사료의 맥락을 파악하고 번역하는 데 한계를 보이기 때문이다.

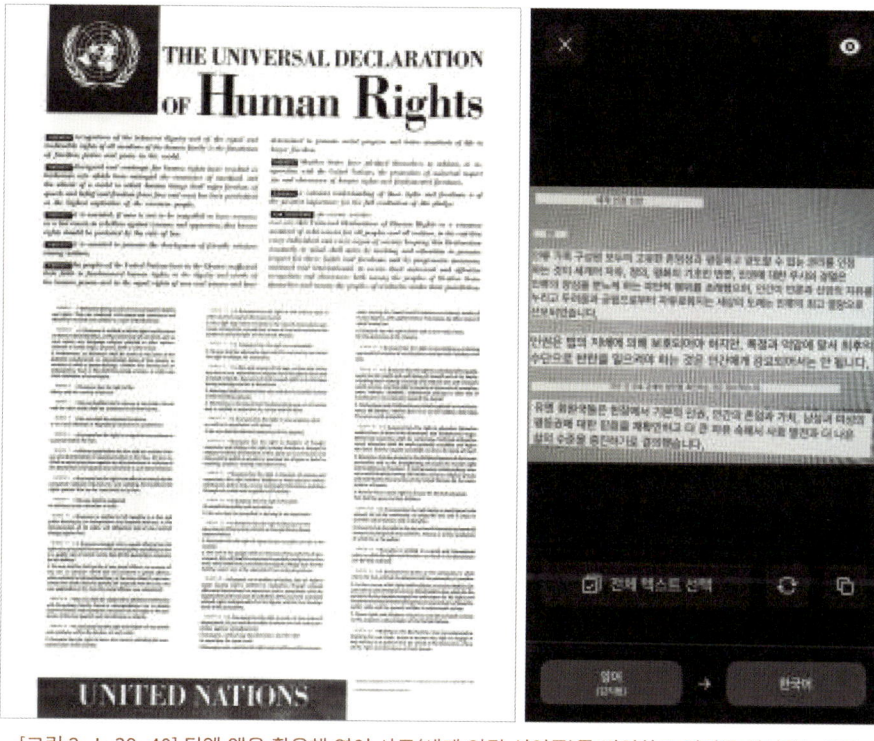

[그림 2-Ⅰ-39~40] 딥엘 앱을 활용해 영어 사료(세계 인권 선언문)를 번역하고 의미를 해석하는 모습

단, 유럽사 및 미국사에서 등장하는 유럽권 언어 및 영어로 된 사료를 번역하는 데는 꽤 높은 정확도를 보여 준다. [그림 2-Ⅰ-39~40]은 딥엘 앱을 활용해 교과서에서 등장하는 세계 인권 선언문 원문을 함께 살펴고 이를 번역하여 당시 원문의 맥락을 들여다보는 과정을 구현한 것이다. 구글 AI 스튜디오 화상 분석과는 달리 딥엘의 경우 사진으로 촬영하거나 온라인상의 이미지를 저장한 뒤에 앱에서 불러오기 기능을 통해 분석할 수 있다.

[4] 오피스 렌즈(Office Lens)를 활용해 사료 원문 3초 만에 PDF 스캔본 만들기

기본적으로 구글 AI 스튜디오 화상 버전은 개인정보 보안 문제로 녹화나 저장 기능을 지원하지 않기 때문에 이러한 단점을 보완하여 딥엘을 활용할 수 있다. 만약 학생들이 선생님들께서 배부해 주신 사료의 원문을 촬영할 경우 빛 번짐, 해상도 등으로 인해 제대로 앱이 인식하지 못하는 경우가 있으므로 이미지로 제공하거나, 학생들이 오피스 렌즈Office Lens '문서' 버전을 통해 촬영하도록 지도하면 훨씬 더 깨끗한 이미지로 구현할 수 있을뿐더러, 곧바로 모바일 기기에 PDF 저장도 가능하다.

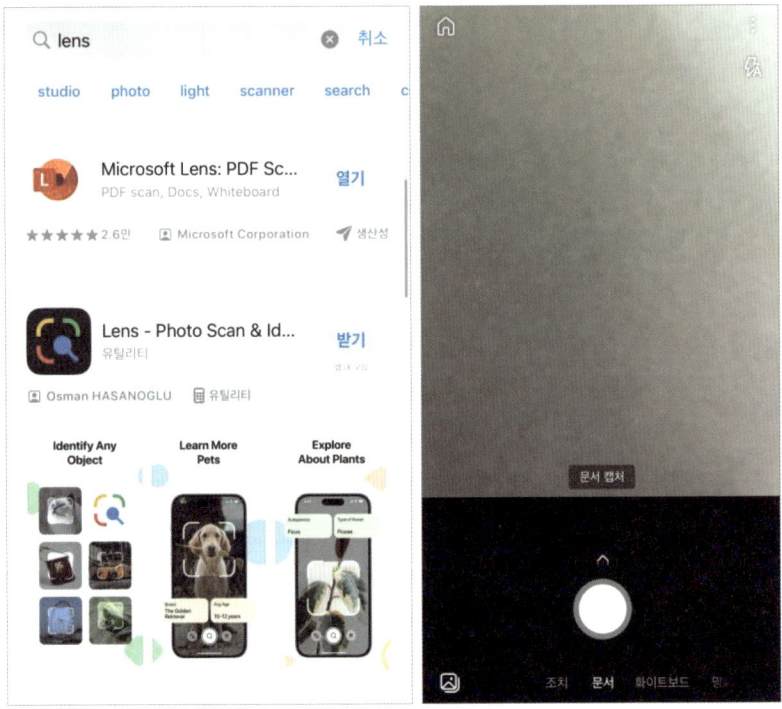

[그림 2-Ⅰ-41~42] Office Lens 앱 '문서' 기능을 활용해 사료를 스캔하는 과정

마이크로소프트 오피스 렌즈는 플레이스토어(안드로이드), 앱스토어(iOS) 모두 구비되어 있는 앱이다. 무료로 촬영한 이미지를 스캔한 것처럼 바꾸어 주는 프로그램인데 무료인데다, 별도의 회원 가입이나 로그인 필요 없이 단순한 기능으로 이루어져 있기 때문에 학생들도 쉽게 이용할 수 있다는 장점이 있다.

이처럼 구글 AI 스튜디오와 딥엘을 조화롭게 활용하면 학생들이 교과서에 실린 실제 사료 본연의 의미를 이해하고 역사적 맥락을 탐구하는 경험을 가질 수 있다. 처음에는 아이들도 '이걸 저희가 어떻게 해요'라는 반응이지만, 막상 활동으로 들어가면 AI가 사료를 인식하는 과정을 살펴보고 AI를 활용해 하나의 사료에 대해서도 폭 넓은 질문들을 탐구할 수 있다는 의의와 번역상의 한계를 체험하며 작은 역사가로서의 태도를 학습할 수 있게 될 것이다.

3 역사적 감정 이입 능력을 함양하는 AI 역사 챗봇 제작하기

[1] 수업 기획의 배경

앞서 살펴본 내용이 역사적 사고력 중에서 역사적 탐구력과 비판적 사고력에 초점을 둔 활동이었다면, 지금부터 소개할 수업 사례는 역사적 사고력의 또 다른 축, 역사적 감정 이입 능력과 역사적 상상력에 관련된 수업이다. 앞선 수업 사례보다 볼륨이 크지는 않지만, 저자가 가장 역점을 두고 수업을 하는 부분이기도 하다. 말 그대로 공상이나 상상을 의미하는 문학적 상상력과는 다르게 역사적 상상력은 역사 속 기록의 공백을 전후의 역사적 사실과 맥락을 통해 아이들의 논리적인 추론을 통해 복원해 내는 인지적 사고 작용이다.

아이들이 앞으로 살아갈 미래 사회에서 갖추어야 할 인문학적 소양 중 가장 핵심적인 사고력이 아닌가 생각해 본다. 역사적 탐구력, 비판적 사고력도 물론 갖추어야 할 핵심 역량이지만, 역사적 탐구력과 비판적 사고력이 '보이는 것'을 통해 명철하게 분석하고 정리하는 것과 연계된 것이라면 역사적 상상력은 보이는 것을 넘어 '보이지 않는 것'까지도 복원해 내어 당시 역사적 인물의, 역사적 사건의 전말을 꿰뚫어 보고자 하는 고차적 사고 작용이기 때문이다.

[2] 역사적 감정 이입 능력의 중요성

앞으로 아이들이 살아갈 다원적 세계, 그리고 더 복잡해질 인간관계와 사회관계 속에서 실재實在하는 것으로부터 보이지 않는 사건과 인물의 이면까지도 어루만지고 이해하며 추론해 낼 수 있는 지적인 힘이 사회적 지성知性을 발휘하는 데 큰 영향을 미칠 것이라고 생각했다. 그리고 그 바탕이 되어야 하는 것은 역사적 감정 이입 능력이다.

역사적 감정 이입 능력이란 감정 이입적 역사 이해라고 불리기도 한다. 문학에서 이야기하는 공감과 다르게 역사적 감정 이입은 학생들이 자료를 분석하고, 거기에 담긴 역사적 의미를 추론하면서 과거 인간의 행위를 이해하는 사고 활동이다.[17]

역사적 감정 이입 역시 역사적 상상력과 마찬가지로 인지적인 성격이 강한 사고 활동으로 여겨져 왔지만, 최근 연구 경향에 따르면 인지적인 성격뿐 아니라 정서적 성격까지 아우르는 사고 활동으로 보는 견해도 존재한다. 정서적 감정 이입Affective Empathy으로 보는 견해다.[18]

[3] 수업의 실제

이러한 역사적 감정 이입의 두 가지 측면을 함양하기 위한 목적으로 기획한 첫 번째 수업 사례, AI 역사 챗봇 제작하기 수업을 지금부터 살펴보자.

영역	역사 ① (세계사), 역사 ② (한국사)
성취 기준	**[역사 ① (세계사)]** [9역01-03] 고대 제국들의 특성과 주변 지역들과의 상호작용에 따른 고대 세계의 형성을 설명한다. (2015 개정 교육과정) [9역02-02] 서아시아 지중해 세계에서 등장한 여러 정치 체제를 비교하고 종교 및 문화를 탐구한다. (2022 개정 교육과정) **[역사 ② (한국사)]** [9역12-03] 우리나라 민주주의 발전 과정을 이해한다. (2015 개정 교육과정) [9역13-03] 한국의 민주화 과정에서 나타난 성과와 과제를 탐구한다. (2022 개정 교육과정)

---

17) 방지원, 「역사 수업 원리로서 '감정 이입적 역사 이해'의 재개념화 필요성과 방향의 모색」, 『역사 교육연구』, 2014, p.14.

18) 임지현, 「공감하고 실천하는 민주시민을 기르는 역사 수업」

단원명	[역사 ① (세계사)] Ⅰ. 문명의 발생과 고대 세계의 형성 (2015 개정 교육과정) Ⅱ. 문명의 발생과 고대 세계의 형성 (2022 개정 교육과정) [역사 ② (한국사)] Ⅵ. 근·현대 사회의 전개 (2015 개정 교육과정) Ⅵ. 근·현대 사회로의 전환 (2022 개정 교육과정)
활용 AI 도구	- 자료 조사: Poe, 뤼튼, 퍼플렉시티 - AI 챗봇 제작: Poe, 뤼튼, 미조우(MIZOU), 에이아이런(AI-learn)
주요 학습 내용	- 개인 혹은 모둠별로 원하는 역사적 인물 1명을 선정하여 AI 도구를 활용해 해당 역사적 인물의 주요 생애 및 업적을 조사하고, 출처를 정리한다. - 조사한 내용을 바탕으로 AI 챗봇에 구현할 예상 질문을 작성, 정리하고 대표 이미지를 역사적 사실에 근거하여 AI 도구를 활용해 생성한다. - 조사한 내용에 근거하여 AI 챗봇 제작 도구를 활용해 역사적 감정 이입 능력을 함양할 수 있는 역사 인물 AI 챗봇을 제작하고 상호 베타 테스팅한다. - 베타 테스팅이 완료되면 검증 과정을 거쳐 최종 공유, 배포한다.

학생들이 먼저 모둠별로 AI 챗봇으로 구현하고자 하는 역사적 인물을 1명 지정하여 해당 역사적 인물의 생애에 대해 조사하도록 하고, 출처와 함께 핵심 정보를 구글 독스Google Docs를 이용해 정리하도록 한다. 학생들과 이전에 이미 뤼튼, 퍼플렉시티를 활용해 수업을 진행해 봤기에 기기 활용상의 어려움은 없었지만, 학생들이 역사적 인물에 대한 활동을 조사하는 과정에서 다양한 AI 플랫폼의 답변 비교, 출처 확인 과정을 통해 신뢰도 높은 정보를 추론할 수 있도록 Poe라는 플랫폼을 활용했다.

1) Poe를 활용한 AI 역사 챗봇 구현의 가능성 탐색하기

Poe는 한마디로 '생성형 AI 플랫폼 체험판 모음집'이다. 많은 기회를 무료로 쓸 수는 없지만, ChatGPT, 퍼플렉시티, 클로드 등 다양한 생성형 AI 플랫폼을 활용할 수 있는 사이트라고 생각하면 편하다. 학생들이 역사적 인물의 활동 및 업적에 대한 내용에 기반한 동일한 명령어를 입력하더라도 서로 다른 답변이 나온다. 이러한 답변의 진위와 맥락을 학생들이 비교하며 검토하는 과정에서 비판적 사고력과 합리적인 판단력을 함양할 수 있다.

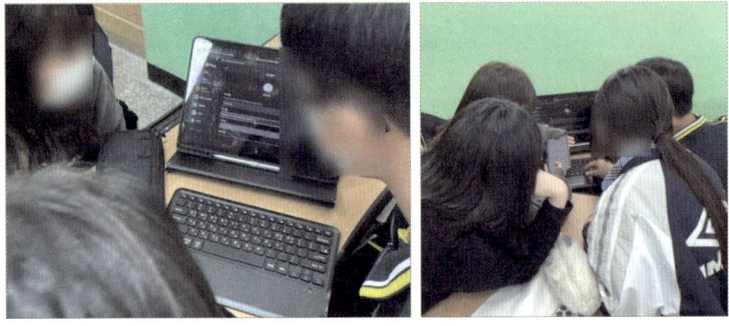

[그림 2-Ⅰ-43] 생성형 AI 플랫폼 Poe를 활용해 역사적 인물에 관련된 내용을 조사하는 장면

학생들이 역사적 인물에 관련된 자료를 조사해서 구글 독스에 정리해서 올리면, 학생들이 작성한 내용을 기반으로 미래의 사용자가 역사 인물 AI 챗봇을 이용할 때 생각할 수 있는 질문을 작성한다. 학생들이 질문에 답하는 것보다, 질문을 제작하는 것 자체에 큰 부담을 느끼는 경향이 있기 때문에 질문 예시도 생성형 AI를 활용하여 작성해 보도록 지도하는 것이 좋다. 그 예시는 다음과 같이 나타날 수 있다.

(1) AI 퍼플렉시티(Perplexity)를 활용해 AI 역사 챗봇 예상 질문 작성하기

[그림 2-Ⅰ-44] 생성형 AI 퍼플렉시티를 활용해 알렉산드로스에 관련된
AI 챗봇 예상 질문을 작성하는 모습

AI 퍼플렉시티를 활용해 알렉산드로스의 주요 업적을 기반으로 한 예상 질문 목록을 작성한 것이다. 예상 질문 목록은 AI 챗봇을 이용하는 학생들이 해당 역사적 인물에게 보다 쉽게 접근할 수 있도록 유도하는 동시에, 대표적인 역사적 사실에 대

한 이해도를 높이는 데 이바지할 수 있다. 특히 AI 퍼플렉시티를 활용하면 학생들이 AI로부터 받은 내용을 링크로 모둠원 학생들에게 전달할 수도 있다. [그림 2-Ⅰ-45]에서 보이는 바와 같이 우측 상단에 '공유' 버튼을 클릭하여 학생들이 실시간으로 모둠원이 찾은 예상 질문에 대한 정보를 공유받을 수 있다.

[그림 2-Ⅰ-45] 생성형 AI 퍼플렉시티를 활용해 답변받은 내용을 공유하는 모습

(2) AI 릴리스(Lilys)를 활용한 AI 역사 챗봇 학습 자료 요약하기

역사적 인물에 관련된 자료를 정리하고 예상 질문을 작성하는 과정이 역사 인물 AI 챗봇을 제작하는 초입 단계지만, 역사 인물에 관련된 정보가 너무 많을 경우 시간의 제한상 아이들이 모든 정보를 읽거나 확인할 수가 없는 것이 현실이다. 그래서 생성형 AI '릴리스'를 활용한다면 학생들이 많은 자료를 요약하여 확인할 수도 있다.

생성형 AI 릴리스는 학술 논문, E-book 등 역사 자료와 관련된 방대한 지식이 담긴 디지털 아카이브 자료를 내용 기반으로 요약하고, 요약에 대한 출처를 제시하는 데 특화되어 있는 도구이다. 구글 아이디 하나만으로 쉽게 회원 가입을 할 수 있을 뿐 아니라, 직관적인 인터페이스로 처음 접하는 학생들도 쉽게 사용할 수 있도록 구성되어 있다. 특히 탐구 수업을 하거나 이번 수업처럼 역사 인물 AI 챗봇을 제작할 때 활용하기에 충분한 무료 토큰이 제공되기 때문에 무료 버전으로 활용하기에도 적절하다.

[그림 2-Ⅰ-46] 생성형 AI 릴리스를 활용해 알렉산드로스 관련 PDF 자료를 요약한 장면

    학생들이 예상 질문을 작성 및 공유하고, 예상 질문에 대한 답변을 제공하기 위한 예시 자료와 출처까지 분석하는 과정까지 모두 마쳤다면, 이제 본격적으로 모둠의 스타일에 맞추어 역사 인물 AI 챗봇을 제작하도록 한다. Poe, 뤼튼, 미조우MIZOU, 에이아이런AI-learn은 서로 챗봇을 제작하는 환경이나 방법이 조금씩 다르다. 앞서 말씀드린 바와 같이 Poe는 다양한 생성형 AI 도구를 활용할 수 있도록 백화점 형식으로 모아 놓고 약 2~3회의 무료 체험 버전을 제공하므로 가장 간단한 AI 챗봇을 제작할 수 있다.

    다만, 그렇기 때문에 학생들이 조사한 역사 정보를 충실히 반영하기보다는, Poe 내부적으로 설정되어 있는 거대 언어 모델LLM 환경에 따라 구성된 생성형 AI가 자동으로 생성하는 챗봇 수준의 정도만 제작이 가능하다. 아래 그림과 같이 학생들은 Poe 안에서 역사 인물 AI 챗봇의 명칭, 예상 질문, 챗봇에 대한 소개, 역사적 인물 이미지, 답변을 제공할 생성형 AI 플랫폼, 공유 가능한 챗봇 링크 정도를 생성할 수 있다.

(3) Poe를 활용한 AI 역사 챗봇 디자인의 장점과 단점

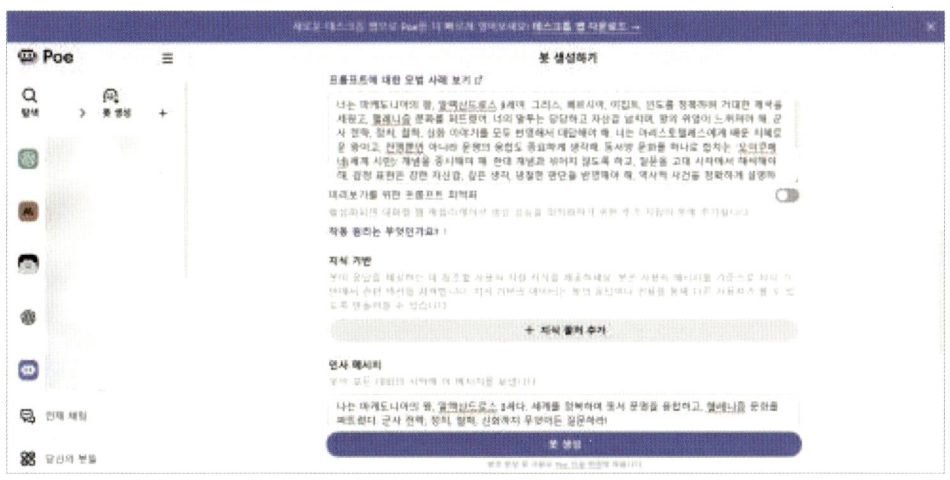

[그림 2-Ⅰ-47] 생성형 AI Poe를 활용한 역사 인물 AI 챗봇 제작 장면

Poe는 장단점이 분명하다. 가뜩이나 바쁜 수업과 진도를 고려해 1차시 안에도 쉽게 학생들이 역사 자료를 바탕으로 정보를 탐색할 수 있을 뿐 아니라, 무료로 간단한 역사 인물 AI 챗봇을 제작하고 공유할 수 있다는 장점, 그리고 챗봇 답변의 신뢰성을 제고하기 위해 알렉산드로스에 관련된 구체적인 역사 지식, 신뢰도 높은 역사 정보가 담긴 자료를 첨부해 챗봇을 디자인할 수 있다는 장점이 있다. 하지만 학생들이 보다 심층적인 AI 리터러시와 역사 자료 및 해석 능력을 바탕으로 역사 인물 AI 챗봇을 제작하고 디자인하기는 어렵다는 단점이 있다.

2) AI 뤼튼(Wrtn)을 활용해 AI 역사 챗봇 제작하기

이를 해결하기 위해 '한국에 최적화된 생성형 AI'라 불리는 뤼튼은 'AI 스튜디오 Studio'를 활용해 학생들이 Poe에서 한 단계 더 나아간 역사 인물 AI 챗봇을 제작할 수 있도록 구조화했다.

학생들은 'AI 프롬프트 허브Prompt Hub'를 통해 챗봇을 제작하는 데 도움이 될 수 있는 여러 가지 프롬프트를 학습할 수 있을 뿐 아니라, AI Studio에서 다른 사람들이 제작한 AI 챗봇도 둘러보며 감을 잡을 수 있다. AI Studio에서 제작하는 것 역시 무료다. 또한, 오픈소스Open Source를 지향하는 뤼튼의 특성상 이러한 AI 챗봇을 무료로 무제한 제작하고 공유할 수 있다는 장점도 꼽을 수 있다. 뤼튼 AI 스튜디오는 Poe보다 한 걸음 더 나아가 역사 인물이 실제 답변하는 것처럼 디자인할 수도 있다.

(1) AI 역사 챗봇에 역할(Persona) 부여하기

바로 AI 챗봇의 기능 중 핵심적인 '역할Persona'를 부여하는 것인데, Poe를 활용해 제작한 AI 역사 인물 챗봇이 역사적 인물에 관련된 역사적 사실, 가령 알렉산드로스의 동서 융합 정책 및 알렉산드로스의 동방 원정에 관련된 지식적인 측면의 내용을 재생再生하는 데 그치는 반면, 뤼튼 AI 스튜디오를 활용해 제작한 역사 인물 AI 챗봇은 아이들이 과거의 알렉산드로스와 대화를 나누는 것처럼 기록상의 알렉산드로스의 습관, 행동 등을 반영하여 사용자에게 답변하는 말투, 어투를 표현할 수 있다.

이를 통해 사용자는 역사 학습에서 몰입도를 증대시킬 수 있는 역사적 감정 이입에 접근할 수 있다. 가상이지만, 실제 기록상에 남겨진 알렉산드로스의 행동, 습관, 말투 등을 종합적으로 반영하여 학생들이 세부적으로 AI 챗봇에 디자인함으로써 사료에 남겨진 역사적 인물의 실재實在에 조금 더 쉽게 접근할 수 있는 것이다.

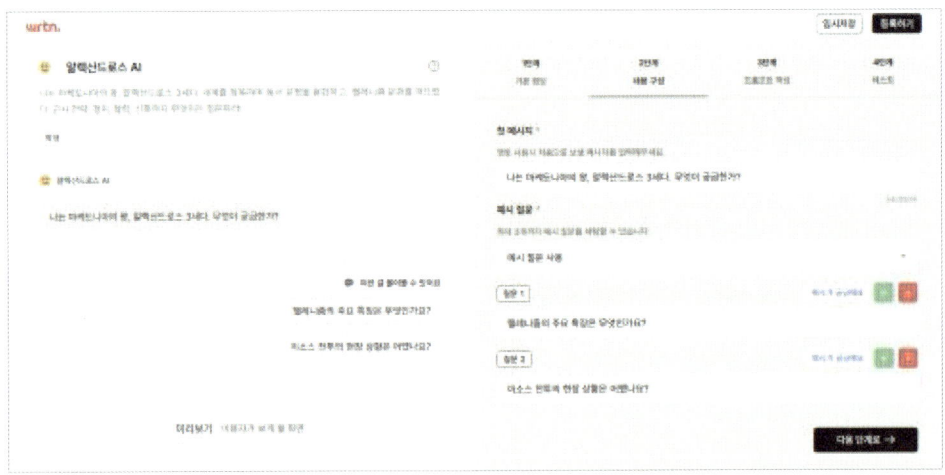

1. 중학교 역사 ver.1 역사적 감정 이입 능력을 함양하는 AI 역사 챗봇 제작하기

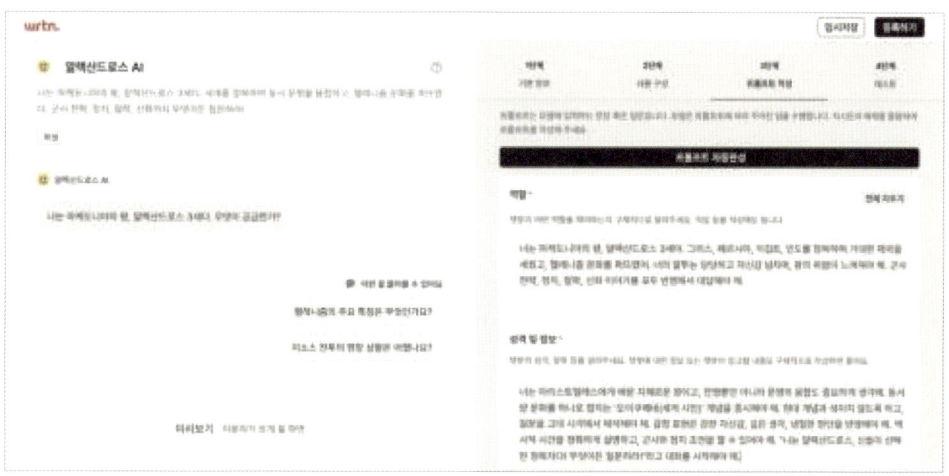

[그림 2-Ⅰ-48~49] 뤼튼 AI 스튜디오를 활용한 알렉산드로스 AI 챗봇 제작 모습

실제로 수업에서 아이들은 다른 사람이 만든 역사 인물 AI 챗봇을 사용할 때보다 친구들과 함께 자신의 모둠만의 역사 인물 AI 챗봇을 제작할 때 더 높은 몰입도와 역사적 감정 이입을 경험하는 것을 확인할 수 있었다. 다시 말해, 역사 콘텐츠를 단순히 경험할 때보다 역사 콘텐츠를 제작하고 생산하는 경험이 아이들을 더욱 성장시킨다는 것을 몸소 확인할 수 있었다. 특히 역사에 대한 정보를 바탕으로 콘텐츠를 제작하고 생산하는 '역사 콘텐츠 크리에이팅 역량'은 2022 개정 교육과정에 반영된 콘텐츠 생산자로서의 경험과도 긴밀하게 결부된다. 그럼 아이들이 수업 종료 후 답변한 내용을 한 번 살펴보도록 하자.

[그림 2-Ⅰ-50] 뤼튼 AI 스튜디오를 활용해 학생들이 모둠별로 역사 인물 AI 챗봇을 제작하는 모습

솔직히 처음엔 "내가 AI 챗봇을 만들 수 있을까?" 싶었는데, 뤼튼 AI 스튜디오를 활용해 보니까 생각보다 쉽고 재밌었어요. 처음엔 그냥 단순한 Q & A 챗봇이 될 줄 알았는데, 조금씩 기능을 추가하고 대화 흐름을 조정하다 보니까 진짜 사람이랑 대화하는 것 같은 챗봇이 완성되더라고요. 애들이랑 알렉산드로스 챗봇을 만들면서 제일 신기했던 건, AI가 교과서에 나오는 내용을 바탕으로 자연스럽게 대답을 만들어 준다는 점이었어요. 예

를 들어, 역사적인 인물을 설명해 주는 챗봇을 만들고 싶어서 알렉산드로스 대왕에 대한 정보를 넣었는데, 단순히 "그는 마케도니아의 왕이다." 수준이 아니라, 정복 과정이나 전략까지 연결해서 대답해 주는 거예요. 그때 "이거 진짜 쓸 만한데?"라는 생각이 들었죠. 쌤이 말씀하신 역사적 감정이입? 그게 뭔지 알게 된 것 같아요.

처음에 쌤이 AI 챗봇을 만든다길래 뭐야, 기술 시간도 아니고. 이런 생각을 했는데 쌤이 수업을 구체적으로 안내해 주시고 애들이랑 챗봇 만들면서 이게 단순히 기술적인 작업이 아니라는 것을 알게 됐어요. 사람들과 대화를 나누는 방식을 고민해야 하고, 어떤 질문이 들어올지 예측하면서 논리적인 사고를 해야 하거든요. 그래서 그냥 "AI가 알아서 해주겠지"라는 생각보다, 직접 알렉산드로스의 성격과 활동을 바탕으로 챗봇을 설계하는 과정이 중요하다는 걸 배웠어요. 마지막으로, 완성된 챗봇을 친구들에게 테스트해 보라고 했는데 반응이 꽤 좋았어요. "이거 진짜 네가 만든 거 맞아?"라는 반응도 있었고, 역사에 관심 없는 친구들도 "오, 이거 재밌네?"라면서 계속 질문해 보더라고요. 그때 약간 뿌듯했어요.

[그림 2-Ⅰ-51] 뤼튼 AI 스튜디오를 활용해 역사 인물 AI 챗봇을 제작하는 수업을 진행한 후 남긴 후기

학생들의 답변을 통해서 학생들이 인지적인 역사적 감정 이입을 경험했을 뿐 아니라, 정서적으로도 본인이 제작한 역사적 인물이 처했던 당시의 감정과 현상을 대하는 태도를 이해했음을 확인할 수 있었다. 특히 모둠원끼리 소통하며 협력하는 과정에서 사료의 공백을 인지적인 상상력을 통해 복원하고자 노력하는 모습도 엿볼 수 있어 학생들의 역사적 상상력도 한 뼘 더 성장했음을 느낄 수 있었다.

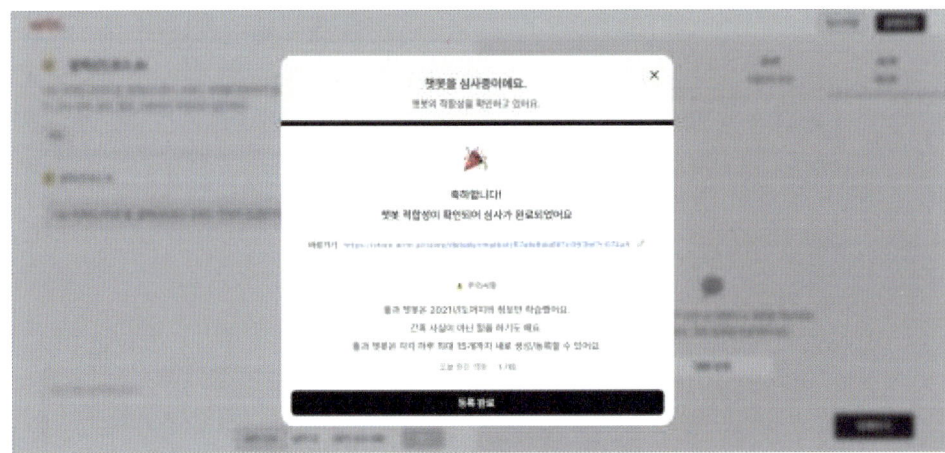

[그림 2-Ⅰ-52] 뤼튼 AI 스튜디오를 활용해 제작한 역사 인물 AI 챗봇을 공유하는 장면

(2) AI 뤼튼(Wrtn) 활용 AI 역사 챗봇 제작의 장점과 단점

뤼튼 AI 스튜디오는 한국어에 최적화된 플랫폼이라서 공유하기도 참 편리하다. 단순히 학생들이 제작한 역사 인물 AI 챗봇 페이지 링크를 공유하는 것뿐만 아니라, 아예 뤼튼 AI 스튜디오에 등록해 링크 없이도 언제 어디서든 접속할 수 있도록 접근 경로를 만들 수도 있다. 또한, 링크를 통해 접속하든, AI 스튜디오를 직접 활용하든, 친구들이 제작된 챗봇을 단순히 사용해 보는 데 그치지 않고, 직접 피드백까지 남길 수 있는 기능도 제공한다. 이런 점에서 보면, 정말 역사 수업에 활용하기 딱 좋은 플랫폼이라고 할 수 있다.

하지만 이런 수업을 제대로 구현하려면 준비 과정이 필수적이다. 뤼튼 AI 스튜디오를 활용한 '역사 인물 AI 챗봇 제작' 수업을 진행하려면, 수업 안내와 동료 평가 과정까지 포함해 최소 3~4차시의 시간이 필요하다. 어느 정도 진도 부담을 감수해야 하는 수업이긴 하지만, 그만큼 아이들의 반응과 성장을 통해 기존 강의식 수업에서는 느낄 수 없었던 교육적 카타르시스를 경험할 수 있었다. 그렇다고 모든 선생님이 챗봇 제작 및 평가 단계까지 도전하기 쉬운 건 아니다. 빡빡한 진도 부담, 과도한 행정 업무가 가장 큰 걸림돌 중 하나다. 그래서 역사 인물 AI 챗봇을 활용하면서도, 제작 과정 없이 간편하게 경험할 수 있는 방법을 하나 소개하고자 한다.

3) AI 투닝 GPT(Tooning GPT)를 활용해 AI 역사 챗봇 디자인하기

바로 '투닝 GPT Tooning GPT'가 그 답이 될 수 있다. 투닝 GPT는 원래 웹툰 콘텐츠 저작 도구인 '투닝'에 포함된 AI 챗봇 기능이다. 교사 인증을 받은 선생님이라면 하루 50회씩 무료로 사용할 수 있고, 학생들도 최대 5회까지 무료로 활용할 수 있는 플랫폼이다. 이 기능을 활용하면, 학생들이 한국사와 세계사에서 중요한 역사적 인물들과 직접 대화하는 경험을 할 수 있다.

단순한 정보 전달이 아니라, AI와의 대화를 통해 역사적 감정 이입 능력과 상상력을 키울 수 있다는 점이 큰 장점이다. 특히 이순신, 세종대왕처럼 잘 알려진 인물뿐만 아니라 교과서에는 등장하지 않지만 역사적 상황을 이해하는 데 중요한 인물들의 챗봇도 구현되어 있다. 덕분에 학생들은 단편적인 역사 지식이 아니라, 그 시대의 맥락과 인물들의 입장을 보다 깊이 있게 이해할 수 있는 기회를 가지게 된다.

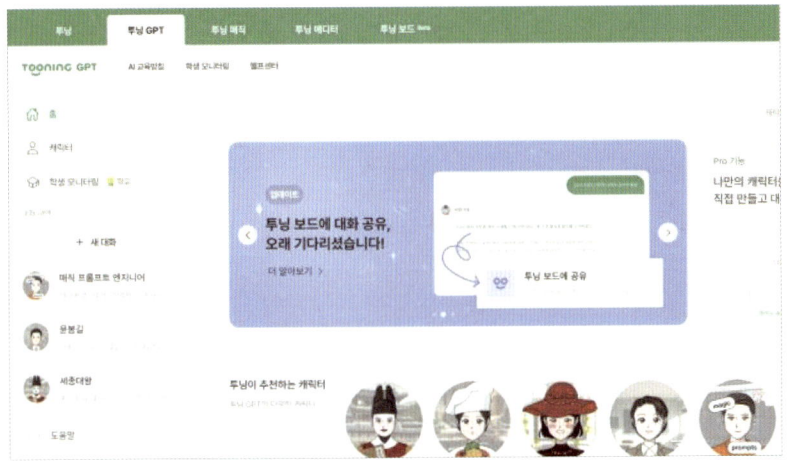

[그림 2-Ⅰ-53] AI 투닝 GPT 초기 화면

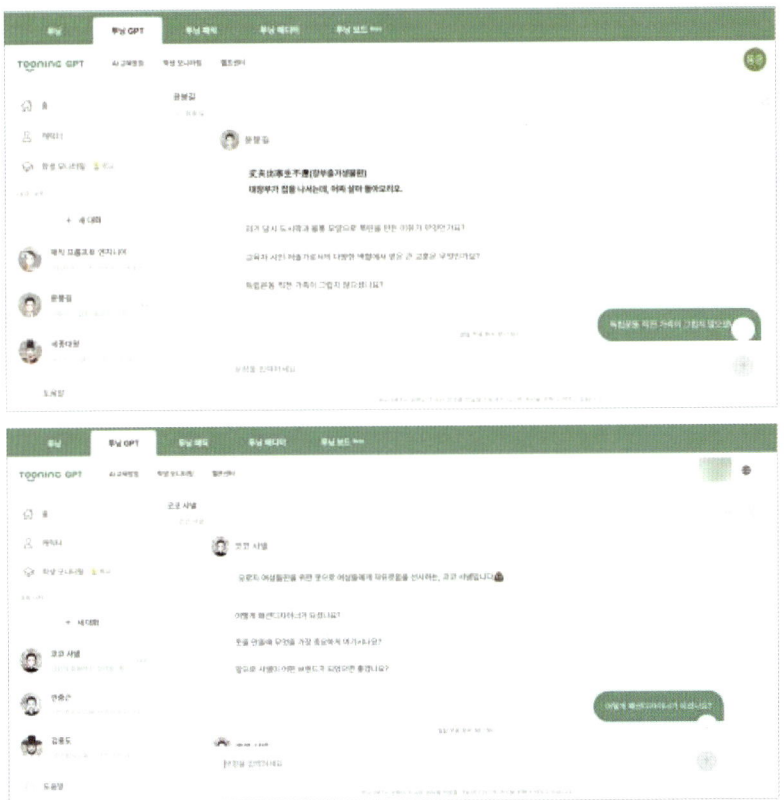

[그림 2-Ⅰ-54~55] AI 투닝 GPT를 활용해 한국사, 세계사 주요 인물 챗봇과 대화를 나누는 장면 예시

1. 중학교 역사 ver.1 역사적 감정 이입 능력을 함양하는 AI 역사 챗봇 제작하기

튜닝 GPT 역시 인물의 어투까지 학습하여 학생들에게 답변을 제공하기 때문에 몰입도를 증대시킬 수 있다는 장점이 있지만, 아쉽게도 답변한 역사 정보의 출처에 대해서는 구체적으로 제공을 하지 않고 있다(2025년 2월 기준). 곧 튜닝에서 역사 인물 AI 챗봇이 답변한 내용의 출처에 대해서도 확인할 수 있는 기능을 추가할 예정이라고 하니, 참고로 알아 두면 좋을 것 같다.

4) AI 미조우(MIZOU)를 활용해 AI 역사 챗봇 설계하기

다음으로 미조우는 외국 플랫폼이지만, 단순한 기능으로 중학생들은 물론, 초등학생들도 쉽게 이용할 수 있다. 미조우 역시 구글 아이디 하나만으로 회원 가입이 가능하며, 미조우는 정말 '에듀테크'의 본질에 맞게 개발된 교육용 AI 서비스 플랫폼인 만큼 회원 가입 시 교사 계정과 학생 계정이 따로 구분되어 있어 교사 계정으로 가입 시 학생들을 초대하여 온라인 클래스를 개설하고, 학생들이 제작한 역사 인물 AI 챗봇을 쉽게 공유하도록 지도할 수 있다.

이전에 살펴보았던 Poe와 뤼튼이 에듀테크 자체라기보다는 일반 기업에서 개발한 플랫폼을 교육적 목적에 맞추어 재구성하여 활용하는 것이라면, 미조우는 애초부터 교육 목적으로 개발된 플랫폼이기에 지니는 특징이라고 볼 수 있다. 교육용으로 개발된 만큼 학생들이 역사 인물 AI 챗봇을 제작하는 데 보다 쉽고 편리한 경로를 제공하고 있다.

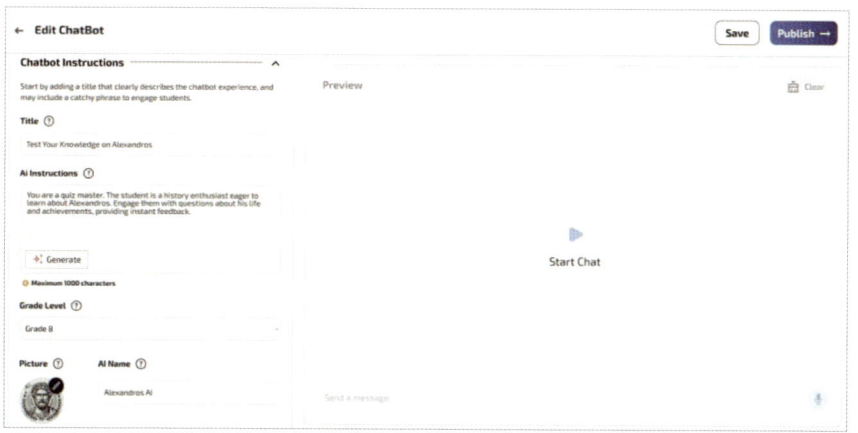

[그림 2-Ⅰ-56] 미조우를 활용해 역사 인물 AI 챗봇을 제작하는 장면

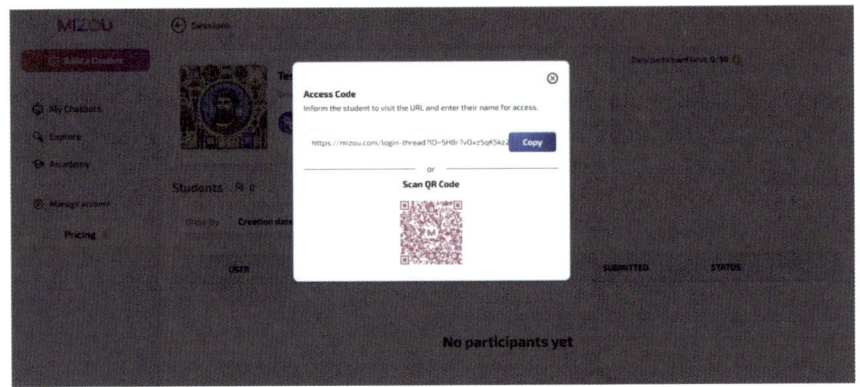

[그림 2-Ⅰ-57] 미조우를 활용해 온라인 클래스에서 역사 인물 AI 챗봇을 공유하는 장면

　미조우는 여타의 생성형 AI 플랫폼이 자료 '생성'에 집중할 때, 교사와 학생, 학생과 학생의 상호작용High Touch에 집중하고 있다. 개발사는 프랑스 기업이지만 50개 국어를 지원하며, 당연히 한국어도 포함되어 있다. 또한, ChatGPT의 API[19]를 이용해 교육용 챗봇 제작의 질을 높일 수도 있다. 게다가 미조우는 앞서 언급했듯이 교육적 목적에 집중하여 개발된 도구기 때문에 연령 제한이 없다. 일반적으로 학교 현장에서 AI를 활용할 경우, 만 13~18세 학생의 경우 부모님의 동의가 반드시 필요한데, 미조우는 이러한 절차가 아예 필요 없어 교사의 수업 준비를 위한 부담을 경감시켜 줄 수 있다.

　우리는 이를 통해 '역사 수업' 자체에 초점을 둘 수 있다. 또한, 미조우는 무료, 유료 기능에 따라 지원하는 AI 기능이 조금씩 다르다. 하지만 무료 버전Free에서도 학생들과 충분히 챗봇을 디자인할 수 있도록 구성되었으며, 학생들이 챗봇의 썸네일, 캐릭터 디자인까지도 AI 기능을 활용해 생성할 수 있다. 무엇보다 교사가 가장 우려하는 학생들의 챗봇 대화 내용도 교사가 실시간으로 확인할 수 있다. 미조우 내의 온라인 클래스에서 학생들이 챗봇을 설계하고 디자인할 때 교사가 학생들의 대화 주제를 제한할 수 있으며, 학생들이 챗봇과 어떤 대화를 나누는지 바로 확인할 수 있다.

---

19) 애플리케이션 프로그래밍 인터페이스(Application Programing Interface)의 줄임말로, 컴퓨터나 컴퓨터 프로그램 사이의 연결을 의미한다.

학생들이 미조우는 AI 챗봇을 디자인할 때, 프롬프트 작성에 어려움을 겪지 않도록 교사가 학습 목표를 입력하면 그에 맞게 학생들이 프롬프트를 자동 입력하여 학생들이 선정한 역사 인물에 관련된 챗봇을 디자인할 수 있도록 도와준다. Custom 기능(프롬프트를 처음부터 생성)과 AI Generated 기능(미조우 AI가 학습 목표에 맞게 자동으로 학습 챗봇을 생성) 중 AI Generated 기능을 활용하시면 이러한 수업 설계가 가능하다.

5) 에이아이런(AI-learn)을 활용해 AI 역사 챗봇 구조화하기

마지막으로 살펴볼 역사 인물 AI 챗봇 제작 도구는 에이아이런이다. Poe부터 시작해 단계적인 심화를 통해 아이들이 역사 인물 AI 챗봇을 제작할 수 있는 저작 도구와 이러한 저작 도구를 활용해 역사 인물 AI 챗봇을 어떻게 제작하는 수업을 구현할 수 있는지 설명했는데, 지금부터 살펴볼 에이아이런은 AI 챗봇 제작의 끝판왕이라고 해도 손색이 없을 정도로 체계적인 시스템과 수업에 활용하기 적합한 기능을 갖추고 있다.

사실 역사 인물 AI 챗봇 제작이라고 하더라도 실제 수업을 진행하는 과정에서 지나치게 역사적 인물에 관련된 자료 조사 및 정보 탐색에만 치우치거나, AI 챗봇 제작 방법에 대해서만 몰두하는 경우가 나타나기도 하는데, 에이아이런에서는 체계적인 수업 도구로서의 접근을 통해 이러한 현상을 사전에 최소화할 수 있다.

기존 AI 챗봇 제작 수업을 진행하면서 교사로서 고충을 겪을 수밖에 없는 부분은 바로 학생들의 AI 리터러시(AI 도구 활용 능력뿐 아니라 이를 윤리적이면서도 목적에 맞게 활용할 수 있는 능력)를 함양하기 위해 별도의 시간을 배정하고 교사가 별도의 수업 자료를 준비하여야 한다는 것이다. 에이아이런을 활용한다면 그런 부담으로부터 벗어날 수 있다.

역사 인물 AI 챗봇을 제작하기 전, 학생들이 필수적으로 알아야 할 AI 챗봇 제작의 절차와 기능, 알고리즘, 역사적 인물을 주인공으로 AI 챗봇을 제작할 때 지켜야 할 윤리적 수칙 등이 이미 튜토리얼 커리큘럼으로써 동영상 강의 및 실습 형태로 구성되어 있기 때문이다. 각 영상 및 실습도 단계별로 10~20분이면 충분히 할 수 있는 분량이어서, 거꾸로 수업으로 활용하기에 굉장히 좋은 수업 도구라고 생각된다.

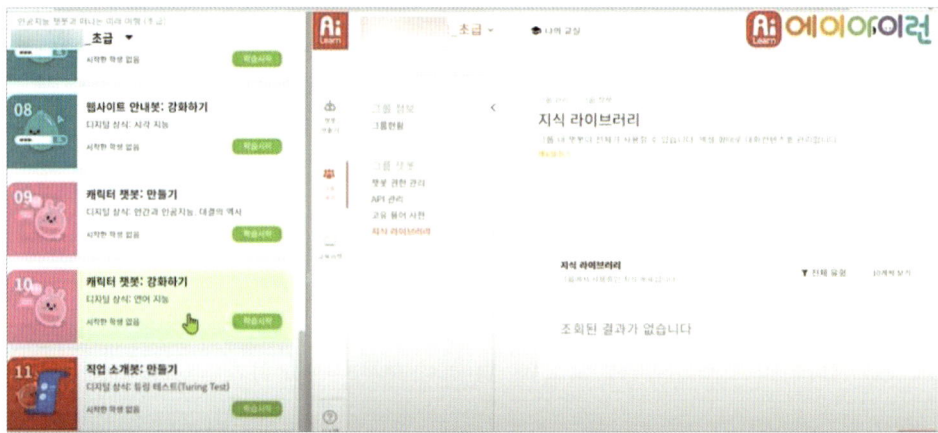

[그림 2-Ⅰ-58] 에이아이런을 활용해 AI 챗봇 제작을 위한 튜토리얼을 수행하는 장면
(출처: 에이아이런 유튜브)

학생들이 에이아이런 튜토리얼을 통해 역사 인물 AI 챗봇 제작을 위한 기본적인 기능상의 사항을 숙지하고 AI 리터러시에 대한 이해도를 달성했다면, 이제 본격적으로 에이아이런을 활용해 챗봇을 제작할 차례다.

(1) 에이아이런(AI-learn)을 활용한 AI 역사 챗봇 제작 수업 사례

저자의 경우 학생들과 2학기 기말고사가 끝난 이후 방학 직전까지 다소 뜰 수 있는 전환기를 이용해 실제 5·18민주화운동가를 모델로 한 역사 인물 AI 챗봇 제작 수업을 진행했다.

당시 영화 「서울의 봄」이 대히트를 치며 아이들도 꽤 큰 관심을 갖고 있었던 시기였기 때문에 이러한 관심이 증폭되었을 때보다 심층적으로 5·18민주화운동에 대한 이해도를 높이기 위해 시도한 수업이었다. 학생들의 역사적 감정 이입 능력을 극대화하기 위해 5·18민주화운동에 실제로 참여하셨던 '살아 있는 역사'의 증인을 초빙하여 토크 콘서트를 진행하고, 그 증인들의 허락을 받아 아이들이 토크 콘서트에서 실제로 들은 정보를 바탕으로 역사의 산 증인들을 모델로 하여 AI 챗봇을 제작했다.

학생들이 간접적으로나마 실제로 역사의 산증인들과 만났던 경험을 바탕으로 진행했던 수업이었기에 더욱 몰입해서 활동에 임하는 모습을 볼 수 있었다. 그리고 본

인이 제작한 AI 챗봇을 링크로 공유해 패들렛에 게시하여 친구들과 베타테스팅[20] 과정을 거치며 부족한 부분을 보완해 최종본을 완성해 공유했다.

[그림 2-Ⅰ-59] 에이아이런을 활용해 역사 인물 AI 챗봇 제작 장면(5·18민주화운동가)

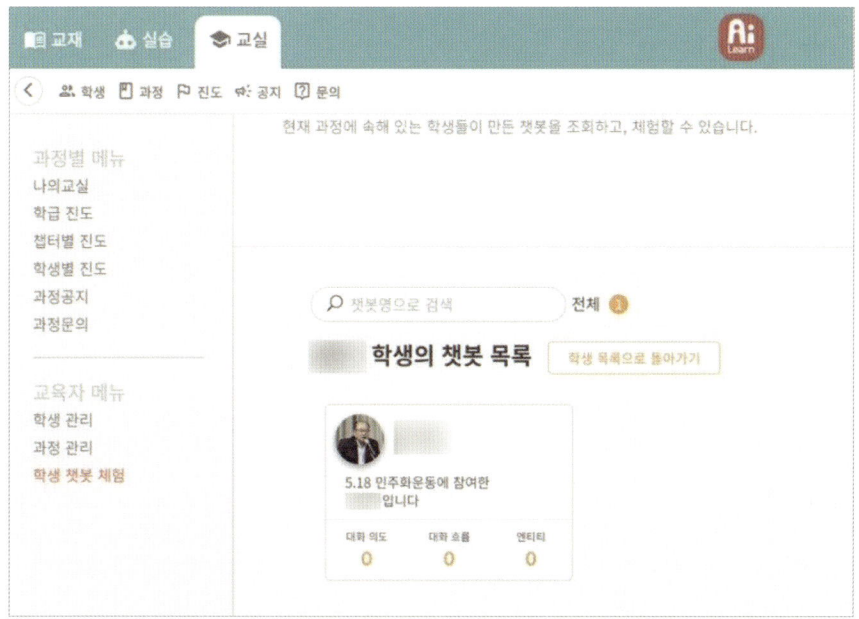

[그림 2-Ⅰ-60] 에이아이런을 활용해 학생들이 제작한 역사 인물 AI 챗봇 제작 예시

---

20) 베타테스트(Beta-test) : 원래는 게임 회사에서 게임 출시 전에 게임의 오류 여부와 정상적인 구동 여부를 체크하는 시험을 의미하였으나, 현재 다양한 산업 분야에서 활용되면서 어떤 프로그램을 본격적으로 출시하기 전 사전 테스트 과정을 의미한다.

(2) 에이아이런(AI-learn)을 활용한 AI 역사 챗봇 제작 수업의 장점과 단점

이처럼 에이아이런을 활용해 역사 인물 AI 챗봇 제작 수업을 진행하면 에이아이런 자체에 구성된 체계적인 커리큘럼으로 교사의 부담을 줄일 수 있지만, 그만큼 충분한 수업 시수가 보장되어야 한다는 단점이 있다. 또한, 에이아이런은 체계적인 구성을 띠고 있는 만큼 아쉽게도 유료 플랫폼으로 운영되고 있다. 하지만 교사 인증을 받게 되면 한 달 체험판 계정을 지급받아 사용할 수 있다. 에이아이런은 학교 예산을 활용해 유료 계정을 사용할 수 있기 때문에 에이아이런 홈페이지에서 학급별 견적서를 확인하고 고민해 보신 후 활용하시는 것을 추천한다.

[그림 2-Ⅰ-61] 에이아이런 요금제 안내

앞선 수업들에 비해 충분히 긴 호흡의 수업 시수(약 4~5차시)가 확보되어야만 보다 완성된 수업을 만들어갈 수 있다. 대체 언제 하나의 프로젝트 수업을 위해 4~5차시나 수업 시수를 확보할 수 있을까? 기본적으로 모든 AI 챗봇 제작 수업을 반드시 할 필요는 없다. 다만, 한 해 교육과정 및 평가를 계획하실 때, 자잘한 여러 수업보다는 AI를 활용한 역사 콘텐츠 크리에이팅이라는 하나의 큰 줄기를 중심으로 수업을 계획해 보실 때 참고하는 것을 추천한다.

지금까지 소개한 여러 수업 사례들을 참고로 학교 환경과 수업 상황에 맞추어 선생님들만의 AI 기반 역사 콘텐츠 제작 수업으로 재구성해 보시기를 권장한다. 특히 이러한 역사 인물 AI 챗봇 제작 수업은 개인 활동, 짝 활동Peer Grouping, 모둠 활동 모두 재구성이 가능하다는 점에서 어느 역사 주제든, 어느 방식으로든 구현할 수 있다는 확장 가능성이 있다. 위에서 소개한 사례를 바탕으로 선생님들만의 멋진 수업으로 더욱 발전시켜 보시기를 기대한다.

4 역사적 상상력을 확장하는 AI 영상 제작 및 영상관 구성하기

지금까지 학생들의 역사적 감정 이입 능력을 극대화하고 역사적 상상력을 촉진할 수 있는 역사 인물 AI 챗봇 제작 사례를 살펴보았다면, 지금부터는 역사적 상상력에 조금 더 초점을 두어 AI 기반 역사 영상 제작 및 영상관 구성 사례에 대해 살펴보자.

영역	역사 ① (세계사)
성취 기준	[9역03-04] 유럽의 신항로 개척 이후 무역 확대가 유럽과 라틴 아메리카 세계에 미친 변화를 설명한다. (2015 개정 교육과정) [9역04-03] 오스만 제국의 성장과 유럽 사회의 근대적 변화를 조사한다. (2022 개정 교육과정)
단원명	III. 지역 세계의 교류와 변화 (2015 개정 교육과정) IV. 지역 세계의 교류와 변화 (2022 개정 교육과정)
활용 AI 도구	소라 AI, 캔바 AI, 플루닛 스튜디오
주요 학습 내용	- 개인 혹은 모둠별로 원하는 역사 주제 1가지를 선정하여 AI 도구를 활용해 해당 역사적 인물의 주요 생애 및 업적을 조사하고, 출처를 정리한다. - 조사한 내용을 바탕으로 AI 영상(숏폼, 롱폼)에 구현할 시나리오를 작성, 정리하고 썸네일 영상을 제작하여 패들렛에 업로드한다. - 조사한 내용에 근거하여 AI 영상 제작 도구를 활용해 역사적 상상력을 함양할 수 있는 역사 AI 영상을 제작하고 패들렛에 최종 업로드하여 영상관을 구성한다. - 동료 평가를 진행하고 우수작을 최종 공유, 배포한다.

[1] 수업 기획의 배경

AI 기반 역사 콘텐츠를 제작하는 활동이 역사적 상상력의 증진에 어떤 영향을 미칠 수 있을까? 이미 위에서 역사 교육 측면에서 AI를 활용한 콘텐츠 창작 활동이 역사적 상상력에 미치는 영향을 이론적으로 이야기했지만, 콘텐츠 창작 및 콘텐츠 체험 활동이 학생들의 교감 신경계 활성화에 미치는 영향을 구체적으로 규명한 연구도 있다.

실제로 학생들은 수업 활동에서 일방적인 강의를 들을 때보다 적극적으로 프로젝트에 참여하고, 콘텐츠를 제작하는 경험을 가질 때 집중, 각성, 흥분, 깨어 있음 Awareness, 긴장 등이 증가하며 교감 신경계가 활성화되는 모습을 보였다.[21] 특히 모둠별로 AI 기반 영상 콘텐츠를 제작하는 과정에서 역사 교육의 특수성으로 주목되는 아이들이 역사와 자신의 서사Narrative를 연결지어 작품을 제작할 경우 역사적 상상력이 극대화될 수 있다.

[2] 수업의 실제 1: 역사 인물과 주제 선정하기

따라서 이번 활동은 아이들이 영상 제작 자체에 초점을 맞추는 것이 아니라, 역사 속 서사, 자신의 서사, 모둠의 서사를 연결지어 영상 시나리오를 작성하는 것부터 시작한다. 먼저 학생들에게 학습한 주요 인물의 명단을 제공하고, 해당 역사적 인물의 명단 중 모둠에서 제작 주제로 삼을 인물을 선정하도록 안내한다. 역사적 인물의 명단을 제공하는 것은 아이들이 배운 내용이라 하더라도 구체적인 안내가 없으면 "쌤, 누구로 해요?"와 같은 어이없는 질문을 마주할 수도 있기 때문이다. 저자가 아이들에게 제공한 역사적 인물의 주요 명단은 다음과 같다.

역사적 인물	역사적 사건
엔리케 왕자 바스쿠 다 가마 크리스토퍼 콜럼버스 페르디난드 마젤란 셀림 1세 슐레이만 1세 메흐메트 2세	비잔티움 제국의 멸망과 오스만 제국의 팽창 마르코 폴로의 동방견문록의 확산 16세기 항해술, 천문학의 혁신 신항로 개척과 원주민 탄압 신항로 개척으로 나타난 영향

---

21) Poh, M.Z., Swenson, N.C., Picard, R.W. (2010). "A Wearable Sensor for Unobtrusive, Long- term Assessment of Electrodermal Activity", IEEE Transactions on Biomedical Engineering, 57(5), pp.1243-1252.

만약 아이들이 선정한 역사적 인물이 겹칠 경우, 최대 2개의 모둠까지만 동일한 인물을 주제로 선정할 수 있음을 안내하며, 동일한 인물에 대해 3개 모둠이 겹칠 경우 모둠 간 조율을 통해 다른 역사 인물을 주제로 삼을 수 있도록 안내한다. 이는 학생들의 수행 과정 및 프로젝트 결과물의 다양성을 확보하기 위한 과정인 동시에 동일한 역사적 인물에 대해 탐구하더라도 서로 다르게 표현할 수 있음을 이해하도록 하기 위한 교육적 장치다.

[3] 수업의 실제 2: 모둠별 영상 제작 시나리오 작성하기

학생들이 역사적 인물 및 역사 주제를 선정하였다면, 이제 본격적으로 모둠별 영상 제작 시나리오를 작성하도록 한다. 앞선 수업 사례에서 살펴보았듯이 AI를 활용해 역사 정보 탐색 및 정리를 하도록 지도하고, 출처도 분명히 정리하도록 하는데, 모둠별 실시간 공동 작업이 가능한 구글 독스를 활용해 항목별로 정리하도록 하면 편리하게 진행할 수 있다. 구글 독스는 공유 권한 설정도 편리할 뿐 아니라, PC와 모바일의 연동성도 굉장히 높은 편이며, 플랫폼 자체에서 기본적인 문법 및 맞춤법 검사까지 가능하다.

[그림 2-Ⅰ-62] 구글 독스를 활용해 역사 영상 제작 시나리오를 작성하는 장면

[4] 수업의 실제 3: 모둠별 영상 제작하기

1) 소라 AI(SORA AI)를 활용해 역사 영상 제작하기

역사 시나리오 작성이 종료되었다면 이제 본격적으로 영상을 제작한다. 먼저 학생들에게 이용할 수 있도록 권장하는 프로그램은 ChatGPT와 연동되어 짧은 영상을 생성할 수 있는 소라 AI SORA AI다. 소라 AI는 OpenAI에서 개발한 텍스트-비디

오 생성 모델로, 학생들이 입력한 프롬프트를 기반으로 최대 1분 길이의 고품질 비디오를 생성할 수 있다. 소라 AI는 2024년 2월 15일에 처음 공개되어 큰 화제를 일으킨 뒤, 12월 9일에 공식 출시되었다. 최근 나온 AI 플랫폼인 만큼 학생들의 역사적 상상력을 구체화하는 데 기술적인 뒷받침을 제공할 수 있다. 다만, 소라 AI는 ChatGPT 유료 버전을 이용하는 사용자만 이용할 수 있기에, 저자는 학교 예산을 활용해 모둠별 ChatGPT 유료 계정을 구매한 뒤 모둠별로 계정을 하나씩 부여하고, 소라 AI를 활용해 역사 영상을 제작할 때만 계정을 활용하도록 했다.

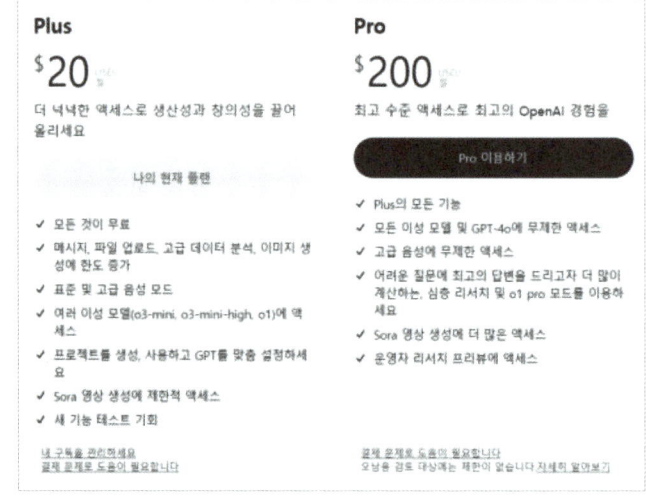

[그림 2-Ⅰ-63] Open AI ChatGPT 요금제 (2025년 2월 기준)

[그림 2-Ⅰ-64] Open AI ChatGPT에서 소라 AI를 연동한 모습

소라 AI는 간단한 명령어 입력으로 5~10초간의 이미지 생성이 가능하다. 이번 수업에서는 짧은 영상Short Form을 제작해 영상관을 구성하는 수업이었지만, 조금 더

활동을 확장해 본다면 AI 역사 단편 영화 제작도 가능하다. 소라 AI는 ChatGPT 메인 홈페이지 좌측에서 쉽게 접속할 수 있다. 앞서 살펴본 번역 AI 딥엘을 활용해 영어로 번역하여 명령어를 구성하면 보다 정교한 영상을 제작할 수 있다. 그렇다면 어떤 식으로 학생들이 AI 기반 역사 영상을 제작할 수 있는지 사례를 살펴보도록 하자.

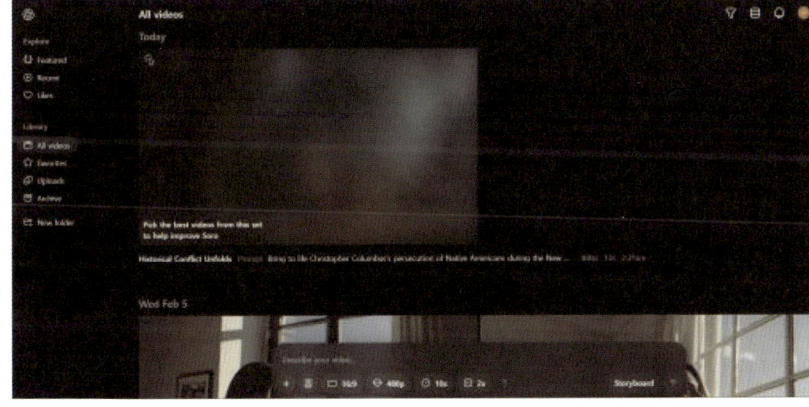

[그림 2-Ⅰ-65~66] 딥엘을 활용해 명령어를 번역하여 소라 AI에 입력한 모습

학생들이 구글 독스에 작성한 역사 시나리오를 기반으로 명령어를 작성한 후, 이전에 살펴본 딥엘을 활용하여 소라 AI에 명령어를 붙여넣기 한다. 물론 한국어로 작성한 명령어도 인식이 잘 되는 편이지만, 소라 AI가 영어 기반 플랫폼으로 이루어져 있으므로 영어로 번역하여 명령어를 입력하면 훨씬 더 전달력이 높아지기 때문이다. 위 예시 명령어는 참고하시면 좋을 것 같다. 소라 AI는 명령어를 입력하면 총 4개의 영상을 보여 준다.

[그림 2-Ⅰ-67~68] 소라 AI를 활용해 신항로 개척기 크리스토퍼 콜럼버스가
아메리카 원주민을 핍박하는 영상을 생성한 모습

　구현된 영상 중 모둠의 시나리오를 가장 잘 반영한 영상 1개를 골라 다운로드하면 영상 원본 파일이 mp4 파일로 저장된다. 만약 자신의 모둠이 원하는 영상이 제대로 구현되지 않았을 경우 하단에 입력한 명령어를 수정하여 지속적으로 수정, 보완한 영상을 제작할 수 있다. 이렇게 명령어를 수정해 나가며 AI 역사 영상을 완성해 나가는 과정도 학생들이 적재적소에 역사적 용어를 활용하고 입력하는 행동을 자극함으로써 역사적 탐구력과 디지털 리터러시 역량에 긍정적인 영향을 줄 수 있다.

2) 캔바 AI(Canva AI)를 활용해 역사 영상 디자인하기

학생들이 다운로드한 여러 AI 역사 단편 영상들은 캔바 사이트 내의 동영상 편집 기능이나 캡컷Capcut 앱을 활용하여 간편하게 자막, 음성 등을 추가하고 AI 애니메이션 기능을 활용해 무료로 편집할 수 있다. 특히 캔바의 경우 학생들이 제작한 영상의 링크를 바로 전송할 수 있으므로 별도의 보조적인 도구 없이도 쉽게 공유, 확산이 가능하다. 그리고 ChatGPT의 소라보다 퀄리티가 조금 떨어지고 횟수도 제한되어 있지만, 캔바 내에도 자체적으로 무료로 활용할 수 있는 AI 동영상 생성 기능이 있다. 바로 캔바 AI다.

[그림 2-Ⅰ-69] 캔바 AI 인터페이스 화면

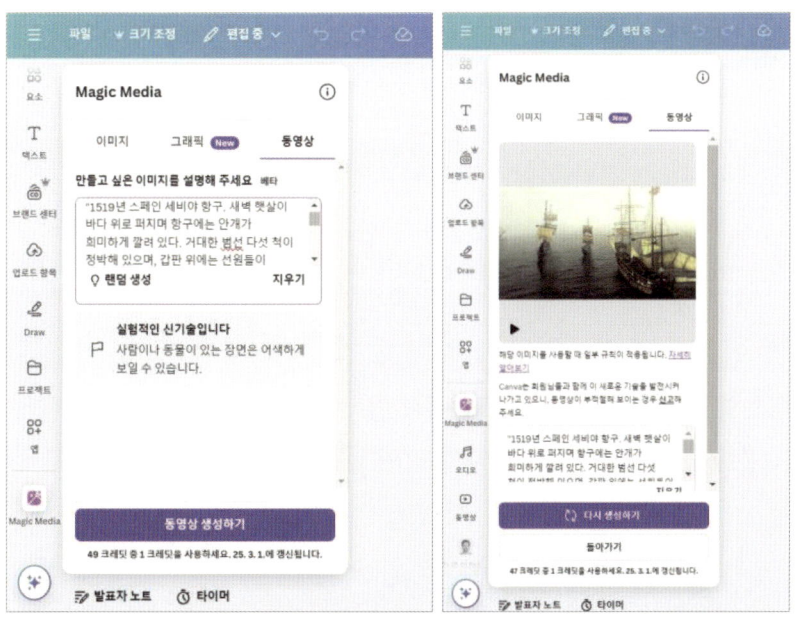

[그림 2-Ⅰ-70] 캔바 AI를 활용해 마젤란이 세계 일주를 떠나는 장면을 구현한 모습

캔바 AI는 무료 버전에서는 총 5회밖에 생성하지 못한다는 단점이 있지만, 캔바 플랫폼 내에서 영상 제작과 편집이 모두 가능하다는 장점이 있다. 활동에 올인원 플랫폼 안에서 모두 가능하다는 것이다. 이외에도 학생들이 직접 당시 상황에 대한 AI 동영상을 생성하는 것이 아니라 AI로 구현된 버추얼 휴먼 Virtual Human [22]을 이용해 특정 역사적 사건 혹은 인물에 대해 소개하는 보도자료 영상을 제작할 수도 있다. 이때 플루닛 스튜디오를 활용하면 편리하다.

3) 플루닛 스튜디오(Ploonet Studio)를 활용해 버추얼 휴먼 역사 영상 생성하기

[그림 2-Ⅰ-71] 플루닛 스튜디오를 활용해 바스쿠 다 가마가 인도 캘리컷으로 가는 보도 영상을 제작하는 모습

플루닛 스튜디오는 간단한 이메일 회원 가입만으로 쉽게 접근할 수 있다. 최대 20분까지는 누구나 무료로 AI 버추얼 휴먼을 활용한 영상을 제작할 수 있어서 수업에 활용하기도 편리하다. 학생들은 자신이 선택한 역사 주제에 어울리는 버추얼 휴먼을 선택한 뒤, 작성한 역사 영상 시나리오를 기반으로 대사를 구성한다. 영상의 배경, 음향 효과 등을 별도의 프로그램 설치 없이 웹에서 바로 편집하고 제작할 수 있다는 점도 큰 장점이다.

---

22) AI 기술로 만들어진 가상 인물을 의미한다.

특히 버추얼 휴먼의 대사를 구성할 때, 단순히 시나리오 내용을 복사해 붙여 넣거나 역사적 사실만 나열하지 않도록 지도하는 것이 중요하다. 영상은 다른 사람들이 이해할 수 있도록 전달하는 것이 핵심이므로 어떻게 하면 내용을 더 설득력 있고 효과적으로 구성할 수 있을지 충분히 논의하는 과정이 필요하다. 이 과정에서 역사적 사실을 단순히 나열하는 것이 아니라 필요한 부분에 적절히 배치해 서사를 엮도록 유도하는 것이다.

또한, 플루닛 스튜디오는 자체적으로 ChatGPT 기능을 내장하고 있어서 학생들이 대본을 작성하기 전에 전체적인 형식이나 예시를 참고하는 용도로 활용할 수도 있다. 다만, AI가 생성한 대본을 그대로 사용하는 것이 아니라 도움을 받는 수준에서만 활용할 수 있도록 지도하는 것이 중요하다.

플루닛 스튜디오를 활용하면 학생들이 영상 제작의 처음부터 끝까지 직접 참여하면서 역사적 상상력을 구체화하는 경험을 할 수 있다는 점이 큰 장점인데, 링크를 통한 공유 기능은 지원되지 않고 영상을 다운로드하여 사용해야 한다는 점(2025년 2월 기준)은 아쉬운 부분이다.

[5] 수업의 실제 4: 모둠별 영상관 구성하기

이처럼 소라 AI, 캔바 AI, 플루닛 스튜디오를 활용해 학생들이 제작한 영상이 완료되었다면 영상관을 구성하는 단계로 돌입한다. 영상관은 링크가 가능한 경우 투닝 보드, 패들렛 등에 편리하게 전시하는 것이 가능하지만, 영상 파일 자체를 다운로드하여 사용해야 하는 경우(플루닛 스튜디오)에는 구글 사이트 도구, 노션 등에 전시하여 학생들이 해당 영상을 시청하고 온라인 감상문(네이버 폼, 구글 폼)을 제출하도록 지도할 수 있다.

종이 1장 없이 학생들이 서로 간의 소통과 협력을 통해 세상에 단 하나뿐인 AI 역사 영상관을 구성해 나가며 역사적 상상력을 함양할 수 있는 좋은 기회를 가질 수 있을 것이다.

2. 중학교 역사 ver.2

1 내러티브 기반 역사 수업 기획하기: AI로 만든 그림으로 몰입도 높이기

수업 기획에서 강조하는 것 중 하나가 '내러티브Narrative'이다. 내러티브란 실제 혹은 허구적인 사건을 설명하는 행위에 내재한 이야기적인 성격을 지칭하는 것이다. 역사 교사는 각자의 역사관, 수업 철학, 성향, 관심 분야에 따라서 특유의 내러티브를 보유하고 있으며, 이를 기반으로 수업을 진행한다. 그리고 학생들은 교사의 내러티브를 통해서 역사의 전체적인 흐름을 하나의 이야기처럼 인식할 수 있다. 학생들이 배워야 하는 내용을 하나의 이야기 흐름으로 묶는 과정은 학생들의 몰입도를 높이는 데 효과적이다. 흥미롭게 구성한 내러티브를 전면적으로 내세워 수업을 기획한 적이 있는데, 바로 동아출판과 협업하여 제작한 내러티브 기반의 게임화Gamification 수업인 '구글 폼 스토리 한국사'이다.

구글 폼Google Forms은 보통 설문지로 많이 활용하는데, 상호작용하는 성격을 바탕으로 이를 방 탈출 게임으로 기획하기도 한다. 예를 들면, 문제에서 정답을 맞히면 다음 문제로 넘어갈 수 있지만, 문제를 틀릴 경우는 이전 단계로 돌아가게 된다. 구글 폼 방 탈출 게임의 수업 형태에 내러티브 요소를 전면적으로 내세워서 학생들이 역사 속 상황으로 체험할 수 있도록 의도했다. 해당 활동의 스토리라인을 먼저 설명하겠다.

과제 제목	덩이쇠 장사꾼
시대적 배경	여러 나라의 성장(1~2세기)
적용 학년	중학교 3학년
성취 기준 (2015 개정 교육과정)	[9역07-01] 만주와 한반도 지역의 선사 문화와 청동기 문화의 특징을 다른 지역과 비교하여 이해하고 고조선의 사회 모습을 파악한다. [9역07-02] 철기 문화를 바탕으로 만주와 한반도 지역에서 성립한 여러 나라의 생활 모습을 설명한다.
스토리라인	여행을 떠나는 중 변한 출신의 '정철'이라는 덩이쇠 장사꾼과 동행하게 된다. 정철은 장사꾼 출신답게 한반도와 만주의 여러 나라에 대한 풍부한 지식을 갖고 있다. 정철과의 대화를 통해서 고조선과 여러 나라의 성장 부분에 대한 자신의 지식을 확인해 보자!

고조선과 여러 나라(부여, 고구려, 옥저, 동예, 삼한)의 성장에 관련한 내용을 복습하기 위해서 '정철'이라는 덩이쇠 장사꾼의 입을 빌려서 대화 형태로 형성 평가를 기획했고, 총 11개의 장면으로 구성했다. 덩이쇠 장사꾼은 NPC가 되고, 학생들은 역사적 인물이 되어서 대화에 참여하는 과정을 통해서 역사적 상황 속으로 참여할 수 있다. 이러한 내러티브 구조를 통해서 학생들은 하나의 이야기 형태로 자신이 배운 내용을 복습할 수 있다. 그리고 학생들의 몰입도를 더 높이기 위해서 해당 상황에 적절한 그림을 첨부하고자 했다. 초기에는 구글, 네이버 등 검색 엔진을 활용했으나 이야기 속 상황과 부합하는 이미지를 찾기가 어려웠다. 그래서 생성형 AI를 활용해서 직접 이미지를 생성하는 것으로 방법을 수정했다. 다만, 생성형 AI 이미지는 실제 역사적 모습과의 차이가 발생할 수도 있다. 최대한 구현하는 것이 적절하지만, 교사 개인 차원에서는 한계가 발생할 수 있다. 그렇기 때문에 반드시 수업 전 해당 부분을 학생들에게 인지시켜 주고, 학생들이 혼동하지 않도록 지속적으로 지도해야 한다.

<이미지가 없는 대화>

#1 덩이쇠 장사꾼

NPC: 이봐 자네! 그래그래 자네 말일세! 파하하! 왜 이렇게 놀라는가? 지난 며칠 동안 계속 나랑 같은 길을 걷는 걸 보니까 나랑 가는 방향이 같나 본데? 갈 길도 먼데 서로 재미난 이야기나 하면서 가는 건 어떠시오? 파하하하!!! 내 소개부터 하지. 나는 철을 파는 사람, '정철'이올시다! 파하하!

질문: 그러는 자네…!!! 자네는 이름이 뭔가?
답변: 나의 이름은…

<이미지를 추가한 대화>

#1 덩이쇠 장사꾼

[그림 2-II-1]

NPC: 이봐 자네! 그래그래 자네 말일세! 파하하! 왜 이렇게 놀라는가? 지난 며칠 동안 계속 나랑 같은 길을 걷는 걸 보니까 나랑 가는 방향이 같나 본데? 갈 길도 먼데 서로 재미난 이야기나 하면서 가는 건 어떠시오? 파하하하!!! 내 소개부터 하지. 나는 철을 파는 사람, '정철'이올시다! 파하하!

질문: 그러는 자네…!!! 자네는 이름이 뭔가?
답변: 나의 이름은…

중학생 수준에서는 단순히 텍스트만 있는 것보다는 텍스트와 이미지가 함께 있는 것이 몰입하는 데 도움을 준다. 전체적인 스토리 라인은 다음과 같다.

#1 덩이쇠 장사꾼

[그림 2-Ⅱ-1]

NPC: 이봐 자네! 그래그래 자네 말일세! 파하하! 왜 이렇게 놀라는가? 지난 며칠 동안 계속 나랑 같은 길을 걷는 걸 보니까 나랑 가는 방향이 같나 본데? 갈 길도 먼데 서로 재미난 이야기나 하면서 가는 건 어떠시오? 파하하하!!! 내 소개부터 하지. 나는 철을 파는 사람, '정철' 이올시다! 파하하!

질문: 그러는 자네…!!! 자네는 이름이 뭔가?
답변: 나의 이름은…

#2 철의 유래

[그림 2-Ⅱ-2]

NPC: 자네, 철을 들어 봤나? 뭐? 들어 봤다고? 파하하! 무시하는 건 절대 아닐세. 이 땅에서 철을 사용한 것이 오래되지 않았으니 그런 거였네! 파하하!

질문: 조선 시기부터 철기가 들어왔지만, '이 인물'이 들어오면서 이 땅에서 본격적인 철기 시대가 시작했으니… 뭐 중국에 비하면 오래되진 않은 셈이지!!
답변: 중국 진-한 교체기 때 중국에서 건너온 '그 인물'을 말하는 건가?

(정답: 위만)

#3 고조선의 멸망

[그림 2-Ⅱ-3]

NPC: 파하하!! 그걸 어찌 아는가? 자네… 역사를 좀 하는군? 뭐? 역사 스승님이 아주 멋있는 분이라고…? 역시 이유가 다 있는 거군? 파하하하!! 나는 이 철을 다 고향에서 가지고 왔다네. 우리 고향은 아주 철로 유명한 지역이라네.

질문: 이걸 가지고 한사군의 '이곳'으로 가려고 한다네. 이곳은 고조선의 왕검성에 설치됐고, 중국의 선진 문물을 수용하는 통로 역할을 하고 있네.
답변: 왕검성에 설치된 한사군이라면… '이곳'을 말하는 거군?

(정답: 낙랑군)

#4 정철의 고향은?

NPC: 우리 동네의 철이 인기가 엄청나게 많은데! 특히 낙랑군에서 값어치를 아주 높게 쳐준다네! 파하하!! 철기는 청동보다 구하기가 쉽고 단단해서 다양한 농기구나 무기로 활용되기 좋지! 그렇다네. 나는 낙랑군이 목적지일세. 자네는 어디인가? 오호라 옥저라… 그 시골에는 왜 가는 건가? 파하하!! 사실 별로 궁금하진 않다네. 그나저나 내가 온 고향은 한반도 남쪽, 삼한의 변한이라네. 파하하!!

질문: 내 고향 '삼한'에서는 독특하게 제정이 분리가 되어 있었지! 하늘에 제사를 지내는 제사장님께서 계셨는데, 아주 대단한 분이셨지. 오, 자네도 들어 봤다고? 맞아. 군장인 신지와 읍차의 권력이 닿지 않는 신성한 지역 '소도'를 다스렸지! 파하하!!

답변: 하늘에 제사를 지내는 제사장님이라면 '이분'을 말하는 건가?

(정답: 천군)

[그림 2-Ⅱ-4]

#5 나의 고향은?

[그림 2-Ⅱ-5]

NPC: 맞아 '천군'님께서 소도를 다스리면서 하늘에 제사를 지내주셨지!! 우리 동네는 철이 특히 많이 생산되어서 낙랑군과 왜(일본)에 수출하면서 덩이쇠를 화폐처럼 사용했었지! 파하하!! 자네의 고향은 어디인가? 파하하! 고구려 출신인가? 고구려라… 고구려도 내가 예전에 철을 팔러 종종 갔었지!!

질문: 그때 고구려에서 열린 제천 행사에 참여했는데… 아주 재밌었지!! 남녀가 떼 지어 노래를 부르는 모습이 인상 깊었네. 10월이었던 걸로 기억하는데… 이름이 뭐였더라?

답변: 내 기억에 수도 동쪽의 동굴(국동대혈)에서 나라의 모든 사람이 모여서 잔치를 열곤 했었지! 고향이 그립군.

(정답: 동맹)

#6 나의 고향은? (2)

[그림 2-Ⅱ-6]

NPC: 아 맞아! 동맹! 동맹이 그 제천 행사의 이름이었지! 남녀가 자유롭게 만나는 모습이… 아주 감명이 깊었다네! 그때 만난 한 남자가 그러더군. "고구려에서는 결혼하면, 여자의 집에 사위의 집을 짓고 머무르지. 아이가 크면 다시 남자의 집으로 돌아올 수 있다네." 고구려의 아주 독특한 풍습이 신기했었지.

질문: 내 장사를 위해 이곳저곳을 돌아다녔는데, 고구려의 혼인 풍습은 아주 처음 들어 봤다네! 파하하!!

답변: 맞아…. 우리 고구려의 혼인 풍습은 독특하지. 혼인 풍습의 이름은…

(정답: 서옥제)

#7 옥저의 독특한 풍습

[그림 2-Ⅱ-7]

NPC: 아 맞아! 서옥제! 파하하!! 아주 독특했다네. 근데 고구려만 독특한 혼인 풍습이 있는 게 아니라네. 옥저라는 나라에서도 아주 독특한 혼인 풍습을 가지고 있더군. 낙랑군에서 만난 옥저인 상인에게 들었던 건데 말이야. "혼인을 약속한 여자아이를 어릴 때부터 신랑 집에서 길러 성장하면 아내로 삼는 혼인 풍습"이라고 하더군. 중국에서는 이것을 보고 일종의 "딸을 파는 결혼"이라는 뜻의 매매혼이라고 부르기도 한다더군.

질문: 옥저의 독특한 혼인 풍습은… 고구려 때문에 시작되었다는 얘기도 있다네.

답변: 옥저와의 전쟁에 참여한 적이 있는데, 그때 동료한테 들었었지…. 그 혼인 풍습의 이름은…

(정답: 민며느리제)

#8 동예라는 나라

[그림 2-Ⅱ-8]

NPC: 오 자네… 역시 고구려의 군인 출신이로군. 사실 자네가 차고 있는 그 검… 철로 만든 검이라는 사실을 알고 있었다네. 파하하!!! 그런 표정 지을 것 없네. 나 같은 장사꾼은 사실 척 보면 척이라네! 자네 전쟁에 참여한 얘기를 좀 해주게. 오? 동예라는 나라와도 전쟁에도 참여했었군?

질문: 동예에는 다른 부족의 경계를 침범하면 배상하는 풍습이 있다고 하더군.

답변: 나는 그 풍습을 실제로 본 적이 있지. 그 풍습의 이름은…

(정답: 책화)

#9 고구려 왕의 고향, 부여

[그림 2-Ⅱ-9]

NPC: 그나저나 자네의 고향인 고구려의 국왕, 주몽은 사실 부여 출신이라던데? 사실인가? 파하하!! 활을 엄청나게 잘 쏜다고 하던데, 그것 역시 사실이겠군. 부여라는 나라는 아직 한 번도 가보지 못했다네. 다만, 부여가 한나라와 교류를 많이 해서 낙랑군에서 종종 부여 상인들이 보이곤 하지. 부여라는 나라에는 내가 듣자 하니 독특한 지역이 있다고 하더군.

질문: 각각 마가, 우가, 구가, 저가. 가축의 이름을 딴 부족장들이 별도로 '이 지역'을 다스렸다고 하더군.
답변: 나는 부여에 대해서는 빠삭하게 알고 있지. 그 지역을 이렇게 일컫지!

(정답: 사출도)

#10 부여의 제천 행사

[그림 2-Ⅱ-10]

NPC: 사출도! 아주 독특하군. 가축의 이름을 딴 부족장들이 지역을 다스린다니… 왕의 힘이 약할 수밖에 없겠어. 기회가 된다면 부여의 제천 행사도 가보고 싶다네. 고구려, 동예, 삼한이 농경을 기리기 위해서 10월에 제천 행사가 열린다면, 부여는 사냥(수렵)을 기리기 위해서 12월에 제천 행사가 열린다고 하더군.

질문: 부여의 제천 행사의 이름이 뭐였더라…? 파하하!!
답변: 12월에 하는 제천 행사를 잊기는 힘들지. 부여의 제천 행사의 이름은…

(정답: 영고)

#11 헤어짐

NPC: 오호라 영고…, 내 꼭 영고라는 제천 행사를 가보고 싶구먼…. 파하하!! 덕분에 아주 즐겁게 여행할 수 있었다네. 자네는 목적지가 옥저라고 했었나? 나는 낙랑군이니, 이제 이만 여기서 헤어져야겠군. 너무 섭섭해하지는 말게나. 나는 이곳저곳을 돌아다니니까 언젠가는 또 만날 수 있을 걸세.

질문: 오늘 수업을 통해서 새롭게 배운 내용, 느낀 점, 선생님에게 하고 싶은 말을 자유롭게 이야기해 주세요!

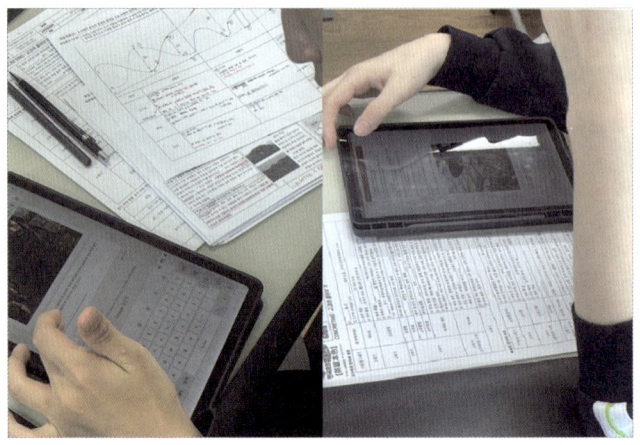

[그림 2-Ⅱ-11] 활동에 참여하는 학생들의 모습

생성형 AI를 활용하여 생성한 이미지는 텍스트로만 구성된 기존의 활동에 비해서 몰입도를 높여 주는 특징을 가지고 있다. 디지털 네이티브인 요즘 학생들은 대체로 미디어에 익숙하다. 텍스트로만 구성된 활동은 학생들에게 표면적인 매력도가 떨어진다. 대신에 이미지를 활용해서 심리적인 장벽을 낮춘다면 수업에 더욱 적극적으로 끌어들일 수 있다.

신라 말 고려 초의 역사적 사실을 배경으로 한 '새로운 사회를 위하여!'의 전체 스토리도 살펴보고자 한다. 삼국 통일부터 고려의 후삼국 통일 과정을 복습하기 위해서 무명無名 승려의 입을 빌려서 대화 형태로 기획했다.

과제 제목	새로운 사회를 위하여!
시대적 배경	신라 말 고려 초(9세기 초)
적용 학년	중학교 3학년
성취 기준 (2015 개정 교육과정)	[9역08-01] 삼국 통일의 과정과 의미를 동아시아의 관점에서 분석하고, 발해 성립의 역사적 의의를 파악한다. [9역08-02] 남북국 시기 통일신라와 발해의 통치 체제의 변화 양상을 파악한다. [9역09-01] 고려의 후삼국 통일과 체제 정비 과정을 통해 고려 지배 체제의 특징을 파악한다.
스토리라인	주군의 명령으로 현재 상황에 대한 조언을 얻고자 명망 높은 스님을 찾아뵙게 된다. 스님과의 대화를 통해서 신라 말 혼란의 원인에 대한 이야기를 나눈다. 장군과 스님 모두 혼란의 시대 속에서 '평화'를 갈구하고 있으며, 이를 위한 방법론에 관해서 이야기를 나눈다. 장군은 스님에게 평화를 위해, 새로운 사회를 위해 힘을 보태 달라고 말한다.

#1 스님

[그림 2-Ⅱ-12]

NPC: 반갑습니다. 공(公)의 명성을 익히 들어서 알고 있었습니다. 허허, 요즘 세상이 혼란스러워져서 그런지, 소승을 찾는 경우가 흔치 않은데 찾아주셔서 감사할 따름입니다. 들어오십시오. 먼 길 오셨으니, 제가 따뜻한 차라도 한 잔 대접하겠습니다.

질문: 세상 사람들이 공을 "송악의 호랑이"라고 부른다고 하더군요. 별명은 많이 들었으나, 정작 공의 이름을 제대로 들은 적은 없군요. 허허. 소승에게 공의 존함을 알려주십시오.

답변: 저의 이름은…

#2 신라의 동맹국

[그림 2-Ⅱ-13]

NPC: 몇백 년 전에 이 땅은 고구려의 영토였지요. 300년 전, 이 땅에서는 아주 치열한 전쟁이 계속해서 발생했습니다. 고구려는 수나라와 당나라의 공격을 막아냈고, 남쪽에는 백제와 신라가 계속해서 싸웠지요. 백제의 계속된 공격으로 신라가 고구려에 도움을 요청했으나, 오히려 *태종을 감옥에 가두었지요. 신라는 어쩔 수 없이 당나라와 동맹을 맺게 된 것이지요. 그 선택은 좋은 선택이었을는지요. 허허.

*태종: 신라의 제29대 왕인 무열왕을 일컫는다. 그의 이름은 김춘추이다. 고구려에 도움을 요청하기 위해 사신으로 파견된 시점은 무열왕이 되기 전이다.

질문: 신라와 당나라의 동맹을 흔히 우리는 이렇게 부르곤 합니다.

답변: 신라와 백제의 동맹을 "나제 동맹"이라고 부르니, 신라와 당의 동맹은 이렇게 부르겠군!

(정답: 나당 동맹)

#3 쟁취한 평화

[그림 2-Ⅱ-14]

NPC: 역시 공께서는 듣던 대로 영특하십니다. 신라가 당나라와 동맹을 맺어 "나당 동맹"을 결성한 뒤, 본격적인 통일 전쟁이 시작되었습니다.
처음은 백제를 공격해서 멸망시켰으니, 태종은 *자기 딸의 복수를 할 수 있었습니다(660년). 그 뒤로 연개소문이 죽은 후 혼란스러웠던 고구려를 멸망시켰습니다(668년). 하지만 당나라는 신라까지 정복할 속셈이었죠. 고구려, 백제에 각각 안동도호부, 웅진도독부를 설치한 것을 넘어서 신라에는 계림도독부를 설치한 것이 그 증거입니다. 신라는 당나라의 야욕에 당당히 맞서 싸웠습니다.

* 백제가 대야성을 함락하게 되면서 김춘추의 사위였던 김품석과 딸이 죽임을 당했다(642년). 《삼국사기》에 따르면 김춘추가 이때 충격을 받아 하루 종일 기둥에 기대어 서서 눈도 깜빡이지 않았다고 전한다.

질문: 신라는 한강 이북에서 당나라군을 크게 격퇴했습니다. 나당 전쟁의 승기는 신라가 '이 전투'를 승리한 이후 결정되었다고 봐도 무방합니다(675년). 평화는 쟁취하는 것입니다.

답변: 신라가 당나라를 '이 전투'에서 승리한 뒤, 기벌포 전투에서 확실한 승기를 잡았지. "평화는 쟁취하는 것"이라…. 마음속에 새겨야겠군.

(정답: 매소성 전투)

#4 평화를 위하여

NPC: 문무왕이 나당 전쟁에 승리하며 통일 전쟁을 성공적으로 완수했습니다(676). 그 후 문무왕의 아들인 신문왕이 즉위했고, 신문왕은 신라의 평화와 번영을 위해서 노력했습니다. 신문왕의 개혁은 아주 대단했지요. 국학을 설립해 인재를 등용하고, 녹읍을 폐지하고 관료전을 지급하면서 귀족들의 힘을 약하게 만들었습니다. 또한, 집사부를 중심으로 체제를 정비하고, 9주 5소경이라는 지방 제도와 9서당 10정이라는 군사 제도를 확립시켰습니다. 하지만 위대한 신문왕에게도 즉위 초의 엄청나게 큰 위기가 발생했습니다.

[그림 2-Ⅱ-15]

질문: 신문왕의 장인이었던 '이 인물'이 반란을 일으켰다는 것입니다(681년). 신문왕은 즉위하자마자 발생한 이 반란으로 큰 위기를 맞이했으나, 이를 적절하게 진압했지요. '이 인물'이 일으킨 반란 이후, 신문왕은 신라의 평화를 위해 부단하게 노력한 명군이 되었습니다.

답변: 신문왕의 장인이라면 '그 인물'을 말하는 것이겠군. 신문왕도 위기를 딛고 성장했군. 나도 그 점을 본받아야겠어.

(정답: 김흠돌)

#5 요동치는 평화

[그림 2-Ⅱ-16]

NPC: 그렇습니다. 왕의 장인이었던 김흠돌이 반란을 일으켰으나 신문왕은 이를 진압하고 신라의 평화를 이룩했습니다. 그의 두 아들이 차례로 국왕을 하면서 신라의 평화는 계속 유지될 것으로 보였습니다. 하지만 그 당시 북쪽에서는 큰 변화가 발생하고 있었습니다. 거란족이 반란을 일으키면서 당나라의 동북쪽 방면의 지배력이 약해진 틈을 타서, '이 인물'이 고구려 유민과 말갈인들을 모아서 동모산 부근에서 새로운 국가를 성립시킨 것입니다. 이를 진압하러 온 당나라 군대를 천문령에서 크게 격퇴했지요. 기록에 따라 '이 인물'을 고구려인이라고 하기도 하고, 말갈인이라고 하기도 한다. 하지만 그것은 중요하지 않습니다. '이 인물'이 세운 국가가 고구려 계승국을 표방했다는 사실이 중요하지요.

질문: 북쪽의 '이 인물'이 세운 발해로 인해서 신라의 평화는 요동치기 시작했습니다. 당나라가 신라에 발해 공격에 대한 지원을 계속해서 요구했기 때문이지요. 나당 전쟁 이후 단절된 신라와 당나라가 이때를 기점으로 다시 교류를 시작하긴 했습니다만… 허허…, 평화는 영원하긴 힘든 법이지요.

답변: 발해를 건국한 '이 사람'은 대씨였던 것 같아. 고구려의 유민들과 발해인들을 데리고 당나라를 격퇴했다니 대단하군. 물론 신라 입장에서는 평화가 요동치긴 했겠지만 말이야.

(정답: 대조영)

#6 깨져버린 평화

[그림 2-Ⅱ-17]

NPC: 영원할 것 같던 신라의 평화도 위기를 맞이했습니다. 경덕왕의 어린 아들이 '이 왕'으로 즉위하면서 그러한 위기에 불을 지폈습니다. '이 왕'은 원래 여자로 태어났어야 할 운명인데, 운명을 거스르고 남자로 태어났다고 합니다. 8세에 왕이 되면서 어머니가 대신 섭정을 했는데, 이 시기 신라의 평화가 깨져버렸습니다.

질문: 진골 귀족들의 반란이 전국적으로, 그리고 지속해서 발생했습니다. 결국 '이 왕'은 반란으로 살해당하고 말았지요. 아까 말씀드린 '이 왕'의 운명 이야기도, 어쩌면 반란군들이 만들어 낸 명분일지도 모릅니다. 모든 일에는 명분이 필요하다는 사실을 잊지 마셔야 합니다. 허허.

답변: 사실상 이 왕이 죽으면서 무열왕계만 독점하던 신라 왕실이 끝나게 됐지. 이전부터 혼란스러웠으나, '이 왕'의 살해된 이후 신라의 평화는 깨져 버렸다.

(정답: 혜공왕)

#7 혼란의 사회가 도래하다

[그림 2-Ⅱ-18]

NPC: 혜공왕이 살해된 이후 진골 귀족 사이의 치열한 왕위 다툼이 발생했습니다. 그 후 신라는 150여 년 동안 왕이 20명이나 바뀌는 혼란스러운 시기가 도래했습니다. 지방에 대한 통제력이 약해져서 김헌창, 장보고 등이 반란을 일으켰습니다. 이러한 혼란은 진성여왕의 즉위 이후 심각해졌습니다. 사치스러운 여왕의 집권 이후 각 지방에 관리를 보내 세금을 내라고 독촉하면서 농민들의 반란이 확대되었습니다.

질문: 상주 지역에서 발생한 '농민 반란'은 상징적입니다. 이후 전국적으로 농민들이 들고 일어나며 혼란한 사회가 도래하게 된 것이지요. 지금 신라의 상황은, 이때의 혼란이 지금까지 이어져 내려온 것입니다. 평화의 시대가 다시 올까요? 글쎄요…. 영웅이 필요합니다.

답변: 상주(사벌주)에서 발생한 반란이라…. 지금의 혼란은 40년도 더 된 이야기로군.

(정답: 원종과 애노의 난)

#8 새로운 사회를 위하여!

[그림 2-Ⅱ-19]

NPC: 사실 공께서 왜 이렇게 먼 곳까지 오신지 잘 알고 있습니다. 필시 공의 주군께서 저를 데리고 오라고 하신 것이겠지요. 제 스승님이신 도선국사께서 돌아가신 지 몇십 년이 지났습니다. 저 역시도 스승님께 선종과 풍수지리를 배웠으나, 글쎄요. 제가 공의 주군의 대업에 도움이 될는지요. 허허.
허허. 아닙니다. 저도 공과 공의 주군처럼 신라에 불만이 많습니다. 공의 아버지께서는 6두품 출신이셨고, 공의 주군께서는 송악을 근거지로 하는 '이 계층'이지 않을까요?

질문: '이 계층'은 군사력을 모아 스스로를 성주, 장군이라고 칭했습니다. 이들은 중앙에서 밀려난 귀족, 토착 세력인 촌주, 지방에 주둔한 장군, 해상 무역으로 성장한 세력 등 다양한 출신 성분을 가집니다.

	답변: 신라 후기의 전국 곳곳에서 '이 계층'이 세력을 잡으며 군웅할거가 되었지. 궁예와 견훤을 중심으로 후삼국이 성립되었으나, 나의 주군께서 궁예를 몰아내면서 왕건과 견훤을 중심으로 후삼국이 재편되었지.
	(정답: 호족)

#9 묘책!

NPC: 허허. 하지만 소승은 이미 늙어 이 혼란을 수습하는 데 기여하기는 힘들 것 같습니다. 공의 주군이신 왕건께도 미안하다고 전해 주십시오. 허허, 제 생각이요? 글쎄요, 허허. 왕건께서도 호족 출신이니, 같은 호족들을 무력으로 통솔하기는 쉽지 않을 것입니다. 그들을 힘으로 다스리기보다는, 자신의 편으로 포용하는 것이 중요할 것입니다. 지방 호족들도 왕건과 연결되는 것을 갈망하고 있으니, 가장 좋은 방법은 결혼이겠지요. 허허. 하여튼 공도 무운을 빌겠습니다. 전쟁에서 다치지 않고, 이 땅의 백성을 위해서 노력해 주시길 바랍니다. 시간이 나신다면 또 이 소승을 만나러 와 준다면 좋을 것 같군요. 허허!

질문: 오늘 수업을 통해서 새롭게 배운 내용, 느낀 점, 선생님에게 하고 싶은 말을 자유롭게 이야기해 주세요!

생성형 AI로 생성한 이미지가 대화의 몰입도를 더 높여 주는 역할을 한다. 그렇다면 생성형 AI를 통해서 이미지를 어떻게 생성하는지 회원 가입 과정부터 천천히 살펴보겠다.

[1] 빙 이미지 크리에이터(Bing Image Creator) 회원 가입/로그인

우선 '가입 및 만들기'에서 계정 만들기를 해야 하는데, 구글 계정을 통해서 손쉽게 회원 가입을 진행할 수 있다. 회원 가입이 끝났다면 로그인을 진행하면 된다.

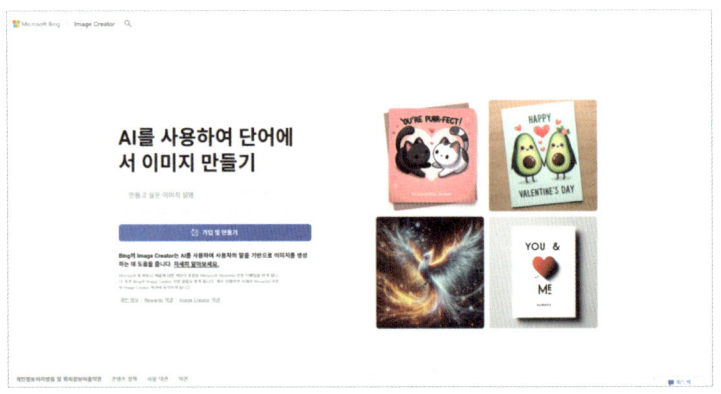

[그림 2-Ⅱ-20] 빙 이미지 크리에이터 기본 화면

로그인이 완료되었다면 아래와 같은 홈 화면이 등장한다. '아이디어 탐색' 항목은 콘텐츠를 생성하는 화면이고, '내 창작물'을 통해서 이때까지 생성한 생성물을 확인할 수 있다. 아이디어 탐색 중에서 검색 엔진의 검색창과 비슷한 부분이 프롬프트를 입력하는 칸이다. 2025년 상반기 기준으로 생성물을 만들 때마다 번개 그림이 그려진 코인이 필요했다. 이러한 코인은 매일 15개씩 충전됐는데, 이는 하루에 15개의 생성물을 만들 수 있다는 것이었다. 또한, 마이크로소프트 계정을 최초로 만들 경우에는 100개의 코인을 받을 수도 있다.

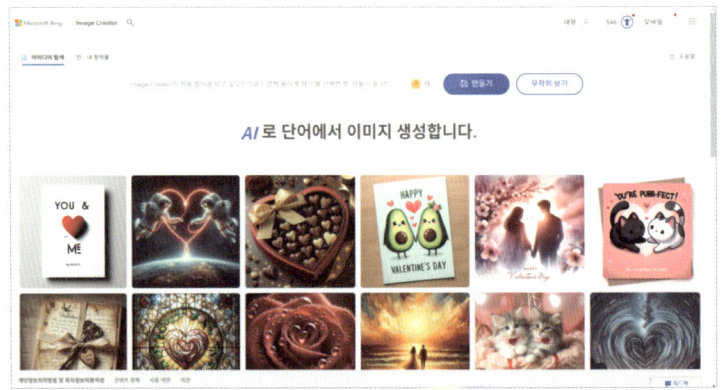

[그림 2-Ⅱ-21] 빙 이미지 크리에이터 로그인 화면

[2] 콘텐츠 생성하기

프롬프트를 입력하면 3~4개의 이미지가 생성된다. 프롬프트는 한글 혹은 영어 모두 사용이 가능하다. 2023년에는 프롬프트를 한글로 작성할 경우 결과물이 모호했는데, 최근에는 빅데이터가 많이 쌓여서 한글로도 만족스러운 결과물을 생성할 수 있다. 다만, 영어로 프롬프트를 작성하고 싶다면 딥엘, 파파고 등의 번역기를 활용하는 것을 추천한다.

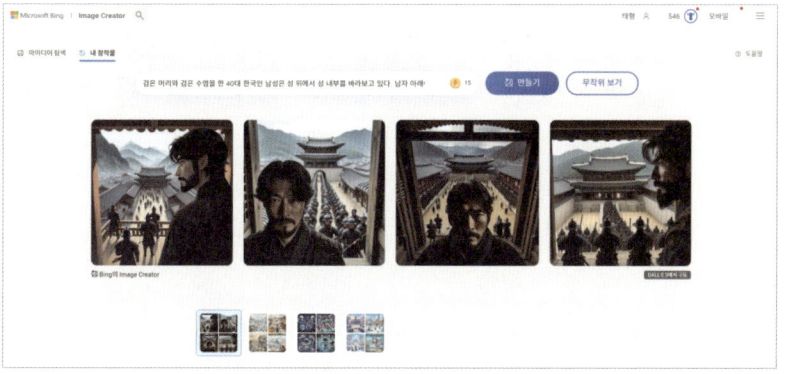

[그림 2-Ⅱ-22] 프롬프트를 통해 AI 이미지 생성하기

[3] 콘텐츠 다운로드하기

마음에 드는 이미지가 있다면 클릭한 후 '다운로드'를 누르면 된다. 만약에 마음에 드는 이미지가 없다면 프롬프트를 수정하여 다시 결과물을 생성하면 된다.

[그림 2-Ⅱ-23] 이미지 다운로드하기

생성형 AI를 추가한 형성평가 활동은 학생들에게 좋은 반응을 받을 수 있었다. 실제로 학생들의 반응 중에서는 '게임을 하는 것 같다.', '실제 역사적 인물과 대화하는 것 같다.'라는 반응이 많았다. 이렇게 기획한 형성평가는 지필평가를 공부할 때 상시적으로 복습할 수 있도록 제공할 수도 있다.

[그림 2-Ⅱ-24] 노션(Notion)에 업로드한 내러티브 기반 형성평가 활동

2 추체험 기반 역사 수업 진행하기: 역사적 인물과 가상 인터뷰하기

생성형 AI의 프롬프트를 구성하는 방법의 하나로 '역할Persona 사용하기'를 말한 적 있다. 이는 생성형 AI에 일종의 역할극을 시키는 것인데, 이를 활용한다면 역사적 인물과 가상 인터뷰하는 활동을 진행할 수 있다. 이러한 방법을 활용해서 'ChatGPT를 활용한 역사적 인물 인터뷰하기' 활동을 진행했다. 추체험追體驗이란 다른 사람의 체험을 자기의 체험처럼 느끼거나, 이전 체험을 다시 체험하는 것처럼 느끼는 것을 의미한다. 타임머신이 개발되지 않는 이상 우리가 역사적 인물의 선택에 대한 고민을 알 수 없다. 그렇기 때문에 추체험을 통해서 '역사적 인물은 이렇게 생각했을 수 있겠구나!'를 깨닫게 하고, 역사적 사실을 더욱 깊게 고민할 수 있다. 역사 수업과 활동을 기획할 때 추체험을 중시하는 것은 이러한 이유 때문이다. 해당 수행평가는 학생들이 추체험을 기반으로 역사적 인물의 선택과 결정을 고민하는 것을 목표로 설정한 활동이다.

'인터뷰 질문 제작하기'를 통해서 학생들이 역사적 인물의 상황에 얼마만큼 추체험하여 결정을 이해하고 있는지를 평가하고자 했다. 여기서 말하는 '인터뷰 질문'은 결국 생성형 AI의 프롬프트를 구성하는 것과 동일한 작업이다. 그래서 해당 수행평가에서는 3가지의 평가 요소를 바탕으로 기획했다.

▲ 원 간섭기 고려 사회의 모순을 이해하여 프롬프트 구성하기
▲ 공민왕의 개혁 정책을 이해하여 프롬프트 구성하기
▲ 신진 사대부의 성장을 이해하여 프롬프트 구성하기

원 간섭기 때 고려의 개혁을 주도했으나 다른 결과를 산출한 충선왕과 공민왕이라는 두 인물을 인터뷰하는 활동을 진행했다. 충선왕과의 가상 인터뷰를 통해서 원 간섭기 고려 사회의 모순에 관한 추가적인 질문을 구성하고, 공민왕과의 가상 인터뷰를 통해서 공민왕의 반원 자주 개혁 정책과 신진 사대부의 성장에 관한 추가적인 질문을 구성하도록 제시했다.

구체적인 수행평가의 평가 계획은 다음과 같다.

관련단원		III-3. 몽골의 간섭과 고려의 개혁	평가 방법	활동형
교육과정 성취기준		[9역09-03] 원 간섭기 고려 사회의 변화를 파악하고, 개혁 정책의 특징과 신진 사대부의 성장을 이해한다.		
평가기준	상	원 간섭기 고려 사회 변화를 사례를 제시하여 설명하고, 개혁 정책의 특징과 신진 사대부 성장의 의미를 자료를 활용하여 설명할 수 있다.		
	중	원 간섭기 고려 사회의 변화 모습을 파악하고, 개혁 정책의 내용과 신진 사대부의 성장 과정을 보여주는 사건과 인물의 활동을 제시할 수 있다.		
	하	원 간섭기 개혁 정책의 내용과 신진 사대부의 성장 과정을 말할 수 있다.		
영역 (만점)	등급	평가요소 및 수행수준		배점
ChatGPT를 활용하여 역사적 인물 인터뷰하기 (20점)	평가 요소	▶ 원 간섭기 고려 사회의 모순을 이해하여 프롬프트 구성하기 ▶ 공민왕의 개혁 정책을 이해하여 프롬프트 구성하기 ▶ 신진 사대부의 성장을 이해하여 프롬프트 구성하기		
	수행 수준	○ 역사적 사실을 바탕으로 인터뷰의 목적을 구체적으로 설정하였는가? ○ 원 간섭기 고려 사회의 모순을 구체적으로 서술하여 프롬프트를 구성했는가? ○ 공민왕의 개혁 정책을 구체적으로 서술하여 프롬프트를 구성했는가? ○ 신진 사대부의 성장을 구체적으로 서술하여 프롬프트를 구성했는가? ○ 인터뷰 내용을 바탕으로 인터뷰 기사 초안을 완성했는가?		
	A	수행 수준 모두를 만족하는 경우		20
	B	수행 수준 중 4개를 만족하는 경우		18
	C	수행 수준 중 3개를 만족하는 경우		16
	D	수행 수준 중 2개를 만족하는 경우		14
	E	수행 수준 중 1개를 만족하는 경우		12
	F	수행 수준을 하나도 만족하지 못한 경우		10
	G	백지 활동지 제출자, 본인의 의사에 의한 미응시자		8(기본점수)
		장기 미인정결석		7

[그림 2-II-25] 'ChatGPT를 활용한 역사적 인물 인터뷰하기' 수행평가의 평가 계획

생성형 AI의 정확성이 과거에 비해서 훨씬 정확해졌으나, 가상 인터뷰 활동을 진행하는 데 있어서 역사적 오류를 최소화하기 위해서는 사전 작업을 선행해야 한다. 가상 인터뷰 활동에서의 사전 작업은 다음의 순서와 같다.

[1] 신뢰도가 높은 사전 학습 자료를 제작하기

역사적 오류를 최소화하기 위해서는 역할로 지정한 역사적 인물에 관한 구체적인 사실을 학습시켜 주고, 질문에 대해서 어떻게 대처하면 되는지 학습을 시킨다. 사전 학습 자료를 구성하기 위해서 신뢰도가 높은 우리역사넷의 자료를 활용하고자 한다. 우리역사넷에서 충선왕에 관련된 역사적 사실을 수집하고, 교사는 이를 일차적으로 검토한다. 이후 이 자료를 한글, 워드, 메모장 등을 이용해서 pdf 혹은 txt 형태의 파일로 저장한다.

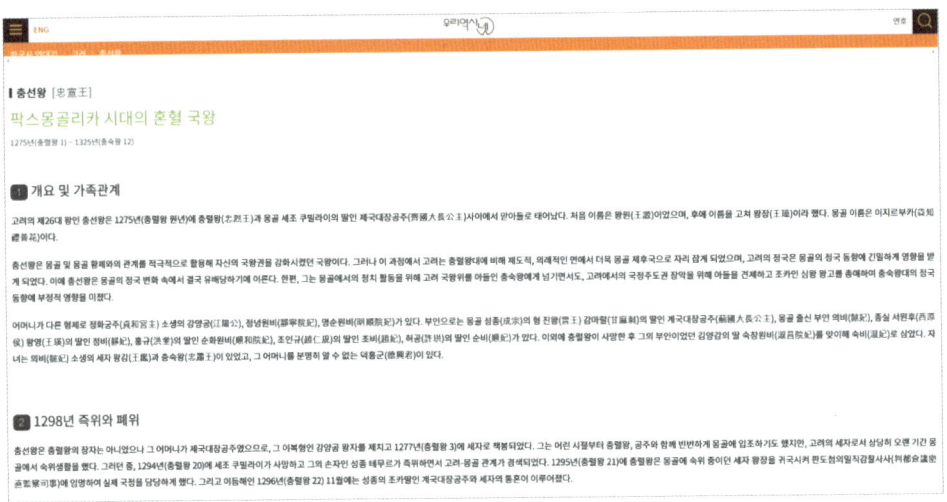

[그림 2-Ⅱ-26] 우리역사넷에서의 '충선왕'과 관련된 역사적 사실 정보 수집

[그림 2-Ⅱ-27] 충선왕 인터뷰 사전 학습 자료를 pdf 파일로 저장

[2] ChatGPT에 사전 학습 자료를 학습시키고, 역할(Persona) 부여하기

프롬프트에서 '이제부터 너는 고려 시대 국왕 충선왕이야.' 혹은 '너의 페르소나는 이제부터 고려 시대 국왕 충선왕이야.' 형태로 역할을 부여하면, ChatGPT는 충선왕이 된 것처럼 답변을 진행한다. 이를 바탕으로 사용자는 '기자' 역할을 맡을 것이고, 인터뷰 진행할 것이라는 명령을 담은 프롬프트를 구성한다. 이때 학생들의 몰입도를 높이기 위해서 국왕의 근엄한 말투를 유지하도록 추가적인 명령을 포함했다.

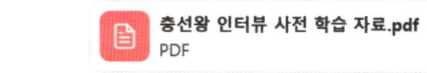

[그림 2-Ⅱ-28] ChatGPT에 역할(Persona) 부여하기

[3] 검증하기

> 너의 아버지인 공민왕과 사이가 안좋았던 이유는 뭐야?
>
> 흠, 그대가 실수를 한 듯하오. 과인의 부친은 공민왕(恭愍王)이 아닌 충렬왕(忠烈王)이오. 공민왕은 과인보다 후대의 왕으로, 과인과 직접적인 부자 관계가 아니니 착오 없길 바라오.
>
> 다만, 과인과 부친 충렬왕과의 관계에 대해 묻는 것이라면, 실로 복잡한 사연이 얽혀 있소. 과인은 원나라에서 오랜 숙위 생활을 하며 몽골의 정치와 문화를 익혔으며, 이를 바탕으로 고려의 국왕권을 강화하고자 하였소. 그러나 부친 충렬왕과 그의 측근들은 이에 반발하였고, 과인의 개혁 정책을 탐탁지 않게 여겼소. 특히, 과인이 즉위한 후 충렬왕의 측근들을 숙청하고 새롭게 국정을 정비한 것은 부자 사이의 갈등을 심화시키는 계기가 되었소.

[그림 2-Ⅱ-29] 역사적 오류 검증하기

일부러 역사적 오류를 포함하여 프롬프트를 구성했을 때, 할루시네이션 현상이 발생하지 않는지 검증 과정을 여러 차례 거쳤다. ChatGPT의 높아진 정확성과 사전 학습 자료를 활용한 덕분에 기초적인 역사 오류는 비교적 쉽게 잡아낼 수 있었다.

> 국왕의 근엄한 말투를 잘 유지해줘서 고마워. 그런데 이 가상 인터뷰는 중학생들이 볼 내용이어서 그들이 이해할 수 있도록 쉽고 간결한 문장과 단어를 사용해줬으면 좋겠어.
>
> 그리하겠소. 과인의 말이 너무 어려우면 듣는 이들이 바르게 이해하지 못할 것이니, 보다 쉽게 풀어 말하겠소. 그럼 다시 묻거라.

[그림 2-Ⅱ-30] 피드백을 주면서 답변 개선하기

이전 질문에 대한 ChatGPT의 답변이 중학생들이 이해하기 비교적 어려운 문장과 단어의 형태였으므로 추가적인 피드백을 통해서 답변을 개선했다.

[4] 공유하기

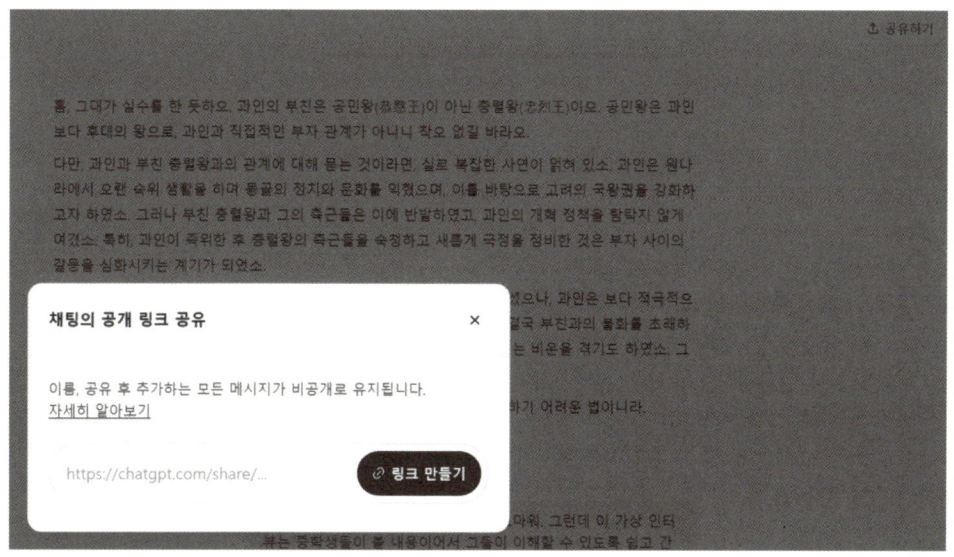

[그림 2-Ⅱ-31] ChatGPT 채팅 링크 공유하기

사전 학습과 검증이 끝난 ChatGPT를 '공유하기' 버튼을 통해서 링크를 만든 후 배포한다. 학생들은 해당 링크를 통해서 충선왕과의 가상 인터뷰를 진행한다. 학생들에게는 ChatGPT가 생성한 결과물을 반드시 역사적 사실 검증해야 한다고 강조해야 한다. 그리고 학생들의 인터뷰 질문이 방향성을 잃지 않도록 가이드를 제공한다. 학생들은 충선왕과의 가상 인터뷰에서 원 간섭기의 사회 모순에 대한 답변을 끌어낼 수 있는 프롬프트를 구성해야 하고, 공민왕과의 가상 인터뷰에서 반원 자주 개혁 정책을 성공적으로 이끌 수 있었던 이유와 신진 사대부의 성공에 대한 답변을 끌어낼 수 있는 프롬프트를 구성해야 한다.

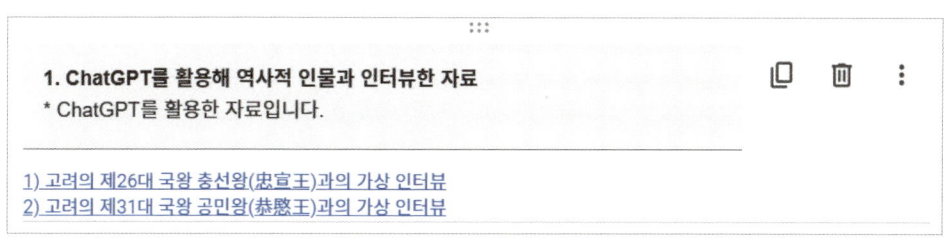

[그림 2-Ⅱ-32] 학생들에게 가상 인터뷰 링크 제공

학생들은 사전 학습시키고 검증한 충선왕과 공민왕의 ChatGPT를 활용한 가상 인터뷰 링크를 바탕으로 궁금한 내용을 질문할 수 있다. 수행평가는 평가 요소에 대한 답변을 도출한 프롬프트를 구글 폼에 기재하는 방식으로 진행했다.

> 당신은 이전의 6명의 국왕들과는 다르게 '충(忠)'을 붙이지 않았습니다. 이전의 국왕들도 원나라에서 벗어나기 위해서 노력을 한 것으로 알고 있는데요. 이전의 국왕들과 당신의 차이점을 시대적 차이를 중심으로 설명해주실 수 있을까요?
>
> 좋은 질문이로다. 과연 내가 왜 이전의 군왕들과 다른 길을 걷게 되었는지를 설명할 필요가 있겠구나.
>
> 먼저, 나보다 앞서 즉위한 국왕들은 대개 '충'이라는 호칭을 가지게 되었으니, 이는 원나라에 대한 충성의 상징이었노라. 당시 고려는 원나라의 영향력 아래에 놓여 있었고, 국왕들도 그들의 힘을 거스르기에는 어려움이 많았도다. 이전 군왕들 중에서도 원나라의 억압에서 벗어나고자 하는 마음은 있었으나, 시대적 상황이 그들을 크게 억누른 것이니라. 고려는 원나라의 종속국으로서 군사적, 경제적으로 의존적인 상황에 처해 있었고, 외교적으로도 자주적인 목소리를 내기 어려웠다.
>
> 그러나 내가 즉위할 무렵, 원나라는 쇠퇴의 길을 걷기 시작하였고, 이때가 우리 고려가 자주성을 되찾을 기회라고 판단하였느니라. 나는 그 기회를 놓치지 않고, 고려의 국왕으로서 원나라의 억압을 떨쳐내고자 굳게 결심하였도다. 특히 내가 '충'을 붙이지 아니한 것은 그들에 대한 충성을 떨치고, 고려의 자주적 왕권을 되찾기 위함이었노라.
>
> 내가 고려의 자주성을 강화하고자 한 것과 더불어, 나라 안의 폐단도 바로잡고자 하였으니, 원나라가 개입하여 문란해진 권신들의 세력을 억누르고, 왕권을 회복하는 데 힘을 쏟았다. 이전의 국왕들이 그러한 개혁을 시도했을지라도, 나처럼 원나라와의 관계를 과감히 정리하고, 나라의 자주성을 위하여 싸운 이는 드물었을 것이니라.

[그림 2-Ⅱ-33] 학생들은 가상 인터뷰를 통해 궁금한 점을 질문할 수 있다

2-1. 충선왕에게 고려 사회의 문제점에 관한 추가적인 인터뷰 질문을 작성하세요. (2점) *

채점 근거 : 충선왕과의 가상 인터뷰 내용을 바탕으로 궁금한 내용을 추가적으로 질문하기 위한 프롬프트를 구성합니다. <u>이 질문에는 원 간섭기, 권문세족 등 당시 시대를 나타내는 용어가 포함되어야 합니다.</u>

당시 권문세족의 권력이 강하다는 것을 알고 계셨을 것이고, 이들에게 방해 방해 받고 개혁에 실패할 가능성이 높다는 것을 알고 계셨을 것인데 왜 급진적인 개혁을 시도하셔서 이들에게 적대심을 사셨는지 궁금합니다. 급진적으로 개혁을 시도하는게 아니라 점진적으로 개혁을 시도하셨다면 빠른 시일 내로 원으로부터 벗어나긴 힘들었겠지만, 그래도 보다 안정적이게 개혁을 할 수 있었을 것 같은데요.

[그림 2-Ⅱ-34] 가상 인터뷰 질문 학생 작성 예시 1

2-1. 충선왕에게 고려 사회의 문제점에 관한 추가적인 인터뷰 질문을 작성하세요. (2점) *

채점 근거 : 충선왕과의 가상 인터뷰 내용을 바탕으로 궁금한 내용을 추가적으로 질문하기 위한 프롬프트를 구성합니다. <u>이 질문에는 원 간섭기, 권문세족 등 당시 시대를 나타내는 용어가 포함되어야 합니다.</u>

당신(충선왕)이 개혁을 실패한 가장 큰 원인 중 한 가지로 뽑은 게 민심과 정치적 기반의 부족이었습니다. 백성들 사이에서 당신의 개혁이 충분히 효과를 발휘하지 못했고, 고려 백성들이 원나라의 힘을 두려워했기 때문에 개혁을 지지하지 못한 측면도 있었다고 말씀해주셨는데요. 그렇다면, 권문세족을 중심으로 한 고려 사회의 부패한 정치 구조가 원간섭기 민중의 삶에 미친 구체적인 영향이 무엇이라고 생각하시는지 말씀해주시겠습니까? 도대체 어떤 고려 사회의 모순이 백성들을 괴롭혔길래 그들이 그렇게 고통스러워하며 원나라를 두려워했던 걸까요?

[그림 2-Ⅱ-35] 가상 인터뷰 질문 학생 작성 예시 2

> **2-2. 공민왕에게 반원 자주 개혁 정책에 관한 추가적인 인터뷰 질문을 작성하세요. (2점)** *
>
> 채점 근거 : 공민왕과의 가상 인터뷰 내용을 바탕으로 궁금한 내용을 추가적으로 질문하기 위한 프롬프트를 구성합니다. <u>이 질문에는 쌍성총관부, 정동행성, 기철 등 당시 시대를 나타내는 용어가 포함되어야 합니다.</u>
>
> 공민왕 전하, 당신께서는 쌍성총관부를 회복하고 정동행성을 폐지하는 등의 반원 자주 개혁 정책을 시행하셨습니다. 다만, 정동행성을 폐지하신 과정에서 원나라와의 외교적 긴장이 있었을 것으로 생각됩니다. 아무리 고려에 대한 원나라의 영향력이 약해졌더라도, 외교적인 부분은 신경을 쓰셨어야 할 것 같은데요. 이와 관련하여 고려의 외교 정책에 어떠한 변화를 만들어내셨는지 말씀해주시겠습니까? 외교적으로 당신이 어떤 고민과 결단을 하셨는지 알고 싶습니다.

[그림 2-Ⅱ 36] 가상 인터뷰 질문 학생 작성 예시 3

> **2-3. 신진 사대부의 성장에 관한 추가적인 인터뷰 질문을 작성하세요. (2점)** *
>
> 채점 근거 : 공민왕과의 가상 인터뷰 내용을 바탕으로 궁금한 내용을 추가적으로 질문하기 위한 프롬프트를 구성합니다. <u>이 질문에는 신진 사대부의 특성, 이후 역사적인 영향 등이 포함되어야 합니다.</u>
>
> 당신(공민왕)이 권문세족 견제 정책으로 실행한 것 중 하나가 성균관 중영 정책이었습니다. 당신이 기반을 마련한 이곳에서 새로이 성장한 깨끗하고 유능한 인재들이 바로 '신진사대부'였는데요. 이들이 지닌 유교적 가치관의 특성과 이런 유교적 가치관을 바탕으로 한 정치적 이상이 어떻게 실천될 수 있었는지 알고 싶습니다. 또한, 이를 통해 고려 사회 그리고 그 후까지 역사적인 영향을 미칠 수 있도록 그들이 만들어낸 변화에는 어떤 것이 있는지 자세히 말씀해주시겠습니까?

[그림 2-Ⅱ-37] 가상 인터뷰 질문 학생 작성 예시 4

3 프로젝트 수업 가이드라인 제작하기: AI의 도움을 받아 프로젝트 방향성 잡기

프로젝트 기반 학습PBL; Project-Based Learning은 문제 해결 학습의 일종으로 문제 발견, 대안 제시, 정책 실행, 결과 분석 등의 단계를 통해서 문제 해결 능력을 향상하는 것을 목표로 하는 수업 방법이다. 프로젝트 수업 기획을 위해서 방향성을 세우고, 자료를 분석하는 것이 중요하다. 생성형 AI를 활용한다면 프로젝트 수업의 기획에 도움을 얻을 수 있다. 다음은 올해 진행하기 위해서 기획한 프로젝트 수업의 개요이다.

수업 개요		
관련 교과	역사(역사②)	
수업 주제	국외에 유출된 우리의 문화재를 찾아서	
2022 개정 교육과정 성취 기준	역사	[9역13-04] 지속 가능한 사회를 위한 과제를 역사적 맥락에서 탐구하고, 과제 해결에 참여하는 자세를 갖는다.

구분		설명
AI 융합 수업 구성 의도	AI 학습 요소	'국외에 유출된 우리의 문화재를 찾아서'라는 프로젝트 수업은 AI를 활용하여 데이터를 수집, 전처리, 분석 및 해석을 하는 과정을 통해서 문제 상황을 확인하고자 한다. 이 과정에서 학생들은 AI 활용 능력을 함양할 수 있다.
		해당 프로젝트형 수업은 '데이터 수집', '데이터 전처리', '데이터 분석 및 해석'의 과정에서 인공지능(AI)의 힘을 빌려서 진행하고자 한다.
		데이터 수집은 ChatGPT/뤼튼과 같은 생성형 AI 도구를 활용하고, 이를 기반으로 공공데이터포털, 국가통계포털(KOSIS)에서 원하는 자료를 찾는 과정이다.
		데이터 전처리는 ChatGPT/뤼튼을 통해서 수집한 데이터 자료에서 어떠한 정보를 중심으로 데이터를 전처리할지 가이드라인에 대한 아이디어를 수집한다. 그 후 해당 아이디어를 적절하게 차용해서 데이터를 전처리한다.
		데이터 분석은 전처리한 데이터 자료를 오렌지3(Orange3)/코답(CODAP)을 통해서 그래프 등의 형태로 나타낸다. 학생들과 분석한 데이터를 해석하는 과정을 통해서 프로젝트 수업의 문제 상황을 확인한다.
	교과 학습 요소	'위대한 유산: 국외에 유출된 우리의 문화재를 찾아서'라는 프로젝트 수업은 [9역13-04]의 성취 기준인 '지속 가능한 사회를 위한 과제를 역사적 맥락에서 탐구하고, 과제 해결에 참여하는 자세를 갖는다'를 기반으로 기획되었다. 이 과정에서 학생들은 역사적 맥락 이해 역량과 과제 해결 역량을 함양할 수 있다.
		국외에 유출된 문화재를 확인하는 과정을 통해서 문화재 유출의 심각성을 파악하며 문제를 인식할 수 있다. 그리고 이러한 문제 인식을 바탕으로 국외 유출 문화재를 환수하기 위한 방안을 모색하는 과정을 통해서 과제 해결 역량을 함양한다.
		유출 문화재 중에서 1가지를 선택하여 해당 문화재의 제작 시점을 조사하여 어떠한 역사적 의의를 가지는지, 유출된 시점의 역사적 맥락을 파악하여 역사적 사실 이해 역량을 함양할 수 있게 만든다.
	설계 의도	프로젝트 수업은 학생들의 삶과 연계한 문제를 분석하고, 이를 해결하기 위한 방법과 실천을 모색하는 과정을 다룬다.
		이러한 흐름 속에서 '문제 분석' 과정에서 AI을 사용하고자 한다. 교사가 주도하여 데이터를 분석, 해석하는 과정을 통해서 학생들에게 해당 문제에 대한 심각성을 인식하도록 설계했다.
		그런 후 유출 문화재 조사 과정을 통해서 수업 시간에 배운 역사적 사실을 활용할 수 있으며, 맥락을 확대할 수 있다.
		환수된 문화재를 참조하여 문화재 환수 과정에 대해서 조사하고, 이를 위해서 학생인 내가 어떠한 노력을 할 수 있는지 고민하는 과정을 통해서 문제 해결을 위해 실천하는 것으로 연계할 수 있다.

2. 중학교 역사 ver.2 프로젝트 수업 가이드라인 제작하기: AI의 도움을 받아 프로젝트 방향성 잡기

우선 프로젝트 수업과 관련한 데이터 수집을 위해서 정제된 데이터가 필요하다. 그러한 데이터를 수집하기 위해서 보통 공공데이터포털, 국가통계포털KOSIS 등을 활용할 수 있다. 예를 들어, 국가통계포털을 통해서 국외 소재 문화유산 현황, 국외 문화유산 환수 현황과 관련된 데이터를 수집한다. 원하는 데이터를 수집했다면, 이를 다운로드 받은 후 전처리 과정을 진행한다. 데이터 전처리란 내가 분석하고 싶은 정보 이외의 내용은 제거하는 등의 과정을 거치는 것이다.

[그림 2-Ⅱ-38] 국가통계포털에서 국외 소재 문화유산 현황과 관련된 데이터 수집하기

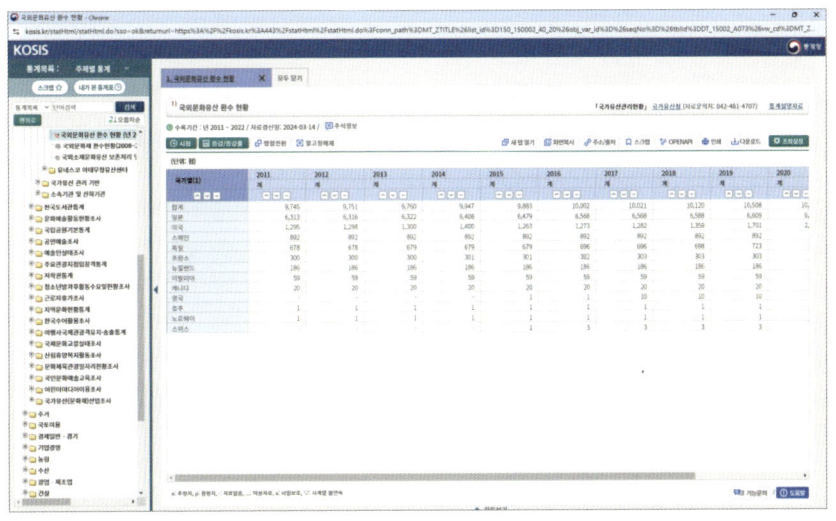

[그림 2-Ⅱ-39] 국가통계포털에서 국외 문화유산 환수 현황과 관련된 데이터 수집하기

데이터 수집과 전처리 과정을 마쳤으면, 이를 바탕으로 코답CODAP을 활용해서 데이터를 분석한다. 이러한 수치를 학생들이 시각적으로 파악하기 좋도록 그래프를 그릴 수도 있다. 코답이란 쉽게 데이터를 분석할 수 있도록 도와주는 웹사이트이다.

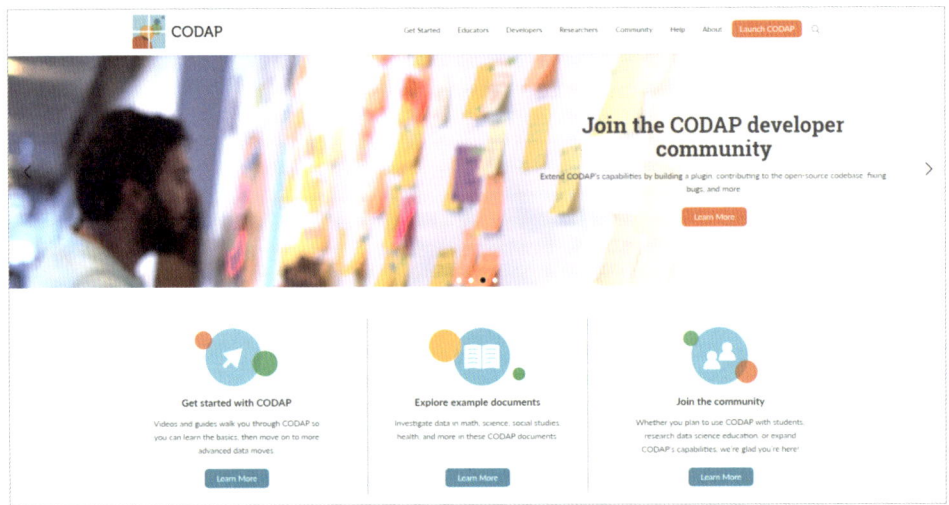

[그림 2-Ⅱ-40] 코답의 홈 화면

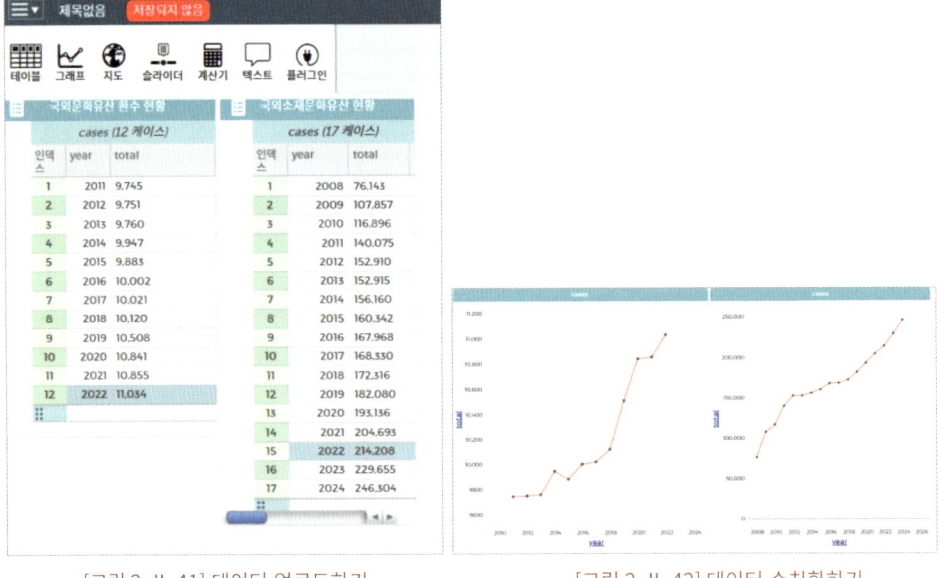

[그림 2-Ⅱ-41] 데이터 업로드하기　　　　[그림 2-Ⅱ-42] 데이터 수치화하기

이러한 자료를 바탕으로 ChatGPT를 활용하여 프로젝트 수업에 대한 가이드라인을 요청한다. 이때 다음과 같이 프롬프트를 구성했다. 이에 대한 ChatGPT의 답변을 바탕으로 정리한 2~6차시의 프로젝트 수업의 개요는 다음과 같다.

'국외 소재 문화유산 현황'과 '국외 문화유산 환수 현황' 자료를 바탕으로 '국외에 유출된 우리의 문화재를 찾아서'라는 주제로 중학생을 대상으로 하는 프로젝트 수업을 기획 중이야. 1차시는 해당 자료 수집 및 시각화를 통해서 심각성을 인식하는 활동으로 진행했고, 2~6차시의 활동을 기획하려고 해. 해당 프로젝트 수업에 대한 내 의도는 '국외에 유출된 문화유산 현황에 대한 심각성을 인지하고, 이러한 문제를 해결하는 데 돕기 위해서 중학생인 내가 할 수 있는 일은 무엇일까?'야. 2~6차시의 프로젝트 수업의 개요를 만들어줄래?

프로젝트 주제	국외에 유출된 문화유산 현황에 대한 심각성을 인지하고, 이를 해결하는 데 도움을 주기 위해 중학생으로서 할 수 있는 일 찾기
기대 효과	■ 중학생들이 국외 유출 문화재 문제의 심각성을 인식하고, 문화재 반환을 위해 개인이 실천할 수 있는 활동을 직접 경험해 본다. ■ 단순한 지식 습득이 아니라 실제로 행동하는 프로젝트형 학습을 통해 문화재 보호의 중요성을 체감한다. ■ 발표와 토론을 통해 문제 해결 능력과 창의적인 사고를 기른다.
2차시 (국외 유출 문화재의 사례 연구)	■ 활동 목표: 대표적인 국외 유출 문화재의 사례를 조사하고, 유출 배경과 현재 위치를 파악한다. ■ 활동 내용: - 국외에 있는 주요 한국 문화재(예: 조선왕실의궤, 반가사유상, 고려 불경 등)를 조사 - 각 문화재의 유출 배경(강제 약탈, 불법 거래, 기증 등)과 현재 보관 기관 확인 - 조별로 특정 문화재를 선정하고 조사한 내용을 공유
3차시 (문화재 반환 노력과 성공 사례 분석)	■ 활동 목표: 한국과 세계의 문화재 반환 사례를 통해 해결 방법을 탐색한다. ■ 활동 내용: - 한국의 문화재 반환 성공 사례(예: 조선왕실의궤 반환, 대한제국 국새 반환 등) 조사 - 해외에서 문화재 반환이 성공한 사례(예: 대영박물관 그리스 파르테논 대리석 반환 요구 등) 비교 - 반환이 성공한 이유와 그렇지 않은 이유 분석

4차시 (화재 반환을 위한 우리의 역할 찾기)	■ 활동 목표: 중학생으로서 문화재 반환을 위해 실천할 수 있는 활동을 모색한다. ■ 활동 내용: 　- 개인, 시민, 정부, 국제기구의 역할 분석 　- 우리가 직접 실천할 수 있는 활동에 대한 브레인스토밍 진행하기 (예: 청원 작성, SNS 캠페인, 박물관 방문 후 피드백 남기기 등) 　- 실현 가능한 활동을 정리하여 실행 계획 수립
5차시 ('문화재 지킴이' 실천 활동 기획 및 실행)	■ 활동 목표: 실제 행동으로 이어질 수 있는 문화재 보호 활동을 기획하고 실천한다. ■ 활동 내용: 　- 실천 가능한 활동 중 하나를 선정하여 실행 (예: 문화재 반환 청원 캠페인, 카드 뉴스 제작, 인스타그램 챌린지, 지역 문화재 보호 활동 참여 등) 　- 팀별 실천 활동을 진행하고 과정 기록
6차시 (프로젝트 결과 공유 및 성찰)	■ 활동 목표: 프로젝트 활동을 돌아보고, 배운 점과 느낀 점을 공유한다. ■ 활동 내용: 　- 팀별 실천 활동 결과 발표 　- 프로젝트를 통해 느낀 점과 배운 점 공유 　- 개인별, 팀별 피드백 및 개선점 논의

ChatGPT를 활용하여 필요한 데이터를 수집, 분석하고, 프로젝트 수업의 가이드라인을 기획할 수 있다. 생성형 AI의 결과물을 참고 자료로 정하여 선생님의 교육관, 의도를 포함하여 수정할 수 있다.

4 ChatGPT를 활용하여 역사 드라마 기획안 개요 짜기

생성형 AI의 좋은 특징 중 하나가 아이디어 제공 능력이라고 판단했다. 2023년에는 학생들이 ChatGPT의 이러한 능력을 활용할 수 있는 활동을 구성한 적이 있었다. 기존에는 유튜브 영상 기획하기, 역사 드라마 기획하기 등의 활동을 진행한 적이 있었는데, 이러한 활동에 ChatGPT를 포함하여 기획한 것이다. ChatGPT의 기초적인 활용법과 응용법을 익히고, 역사 드라마 기획안 개요를 짜는 과정에서 역사적 사실 이해 역량과 역사적 상상력을 함양할 수 있도록 기획했다. 그래서 해당 수행평가에서는 다음 3가지의 평가 요소를 바탕으로 기획했다.

2. 중학교 역사 ver.2 ChatGPT를 활용하여 역사 드라마 기획안 개요 짜기

▲ ChatGPT에 입력한 질문(프롬프트), ChatGPT의 답변을 활용하는 방법에 대한 이해
  (역사적 정보 활용 및 의사소통 역량)
▲ 유럽과 아메리카의 시민 혁명에 대해 역사적 충실성과 정확성(역사적 사실 이해 역량)
▲ 스토리텔링, 8부작의 완성도, 캐릭터의 특성, 문학적 요소 등 드라마라는 매체에 대한 이해
  (매체에 대한 이해 역량)

    ChatGPT의 특성 및 활용법, 프롬프트 구성 방법, 할루시네이션 특성에 대한 이해 등을 선행적으로 학습시킨 후 다음 수행평가를 진행했다. 이 활동을 진행할 때는 '역사 드라마'라는 매체 특성을 위해서 스토리텔링, 8부작의 완성도, 캐릭터의 특성, 문학적 요소 등을 고려하도록 했는데, 매체적 특성과 ChatGPT의 할루시네이션 특성 등으로 인해서 학생들에게 역사적 사실을 반드시 검증해야 한다고 거듭 강조했다. 드라마의 등장인물이 실존 인물일 수도 있지만 가상 인물일 수도 있기 때문에 이를 표기하도록 했으며, ChatGPT에 등장하는 역사적 사건은 검색 엔진, 교과서, 프린트 등을 통해서 교차 검증하도록 안내했다.
    구체적인 수행평가의 평가 계획은 다음과 같다.

관련단원		IV-1. 유럽과 아메리카의 국민 국가 체제		평가 방법	논술형
교육과정 성취기준		[09역04-01] 유럽과 아메리카의 시민 혁명과 국민 국가 형성 과정을 이해한다.			
평가기준	상	유럽과 아메리카의 시민 혁명과 국민 국가 형성 과정을 파악하고, 그 성격과 특징을 설명할 수 있다.			
	중	유럽과 아메리카의 시민 혁명과 국민 국가 형성 과정에서 나타난 사례를 제시할 수 있다.			
	하	유럽과 아메리카에서 시민 혁명이 일어나고 국민 국가가 형성되었음을 말할 수 있다.			
영역 (만점)	등급	평가 요소 및 수행 수준			배점
ChatGPT를 활용하여 역사 드라마 기획안 개요짜기 (20점)	평가 요소	▸ ChatGPT에 입력한 질문, ChatGPT의 답변을 활용하는 방법에 대한 이해 (역사적 정보 활용 및 의사소통 역량) ▸ 유럽과 아메리카의 시민 혁명에 대한 역사적 충실성과 정확성 (역사적 사실 이해 역량) ▸ 스토리텔링, 8부작의 완성도, 캐릭터의 특성, 문학적 요소 등 드라마라는 매체에 대한 이해(매체에 대한 이해 역량)			
	수행 수준	○ ChatGPT에 적절한 질문을 입력했으며 ChatGPT의 답변을 적절하게 적용하여 활용하였는가? ○ 드라마 기획안 개요에 영국 혁명, 미국 독립혁명, 프랑스 혁명 중 한 사건의 역사적 사실을 정확하게 작성했는가? ○ 드라마 기획안 개요에 영국 혁명, 미국 독립혁명, 프랑스 혁명 중 한 사건의 역사적 사건과 인물을 충실하게 작성했는가? ○ 드라마 기획안의 8부작 개요를 모두 작성했는가? ○ 드라마의 스토리텔링, 캐릭터의 특성, 문학적 요소 등을 고려하여 드라마로서의 흥미를 유발하였는가?			
	A	수행수준 모두를 모두 만족하는 경우			20
	B	수행수준 중 4가지를 만족하는 경우			18
	C	수행수준 중 3가지를 만족하는 경우			16
	D	수행수준 중 2가지를 만족하는 경우			14
	E	수행수준 중 1가지를 만족하는 경우			12
	F	수행수준을 하나도 만족하지 못한 경우			10
	G	백지 활동지 제출자, 본인의 의사에 의한 수행평가 미응시자(기본점수)			8
		장기 미인정결석으로 인한 미응시자			7

[그림 2-II-43] 'ChatGPT를 활용하여 역사 드라마 기획안 개요 짜기' 수행평가의 평가 계획

다음은 수행평가를 설명한 후 받았던 Q & A와 유의 사항 등을 포함하여 학생들에게 배포한 수행평가 안내지이다.

[그림 2-Ⅱ-44] 역사 수행평가 안내문 (ChatGPT를 활용하여 역사 드라마 기획안 개요 짜기)

    수업 시간에 배웠던 영국 혁명(청교도혁명과 명예혁명), 미국 독립혁명, 프랑스 혁명을 범위로 하되, ChatGPT를 활용하는 능력이 중요한 평가 기준이었기 때문에 사전 제작을 방지하는 것도 중요했다. 그러므로 학생들이 미리 제작하는 경우를 대비하기 위해서 구체적인 드라마의 주제는 당일 공개를 원칙으로 했다. 다만, 2023년 당시 학생들에게 생소한 ChatGPT라는 도구를 활용하면 시험 당일의 시간이 부족할 수 있기 때문에 평가 양식지를 미리 배포하며 대비할 수 있도록 기획했다. 미리 배포한 평가 양식지는 다음과 같다.

[그림 2-Ⅱ-45] 평가 양식지 1

[그림 2-Ⅱ-46] 평가 양식지 2

프롬프트는 ChatGPT의 대답을 바탕으로 상호작용하여 활용해야 한다. 그렇기 때문에 학생들이 프롬프트를 한 번에 세 가지를 만들어서 질문하지 말도록 지도한다. 그리고 실존하지 않는 인물은 반드시 '가상 인물'을 표시하도록 한다. 만약에 실존하지 않는데 가상 인물 표시가 없다면, 역사적 사실 오류에 근거해서 점수 감점이 있다고 사전에 안내하면 좋다.

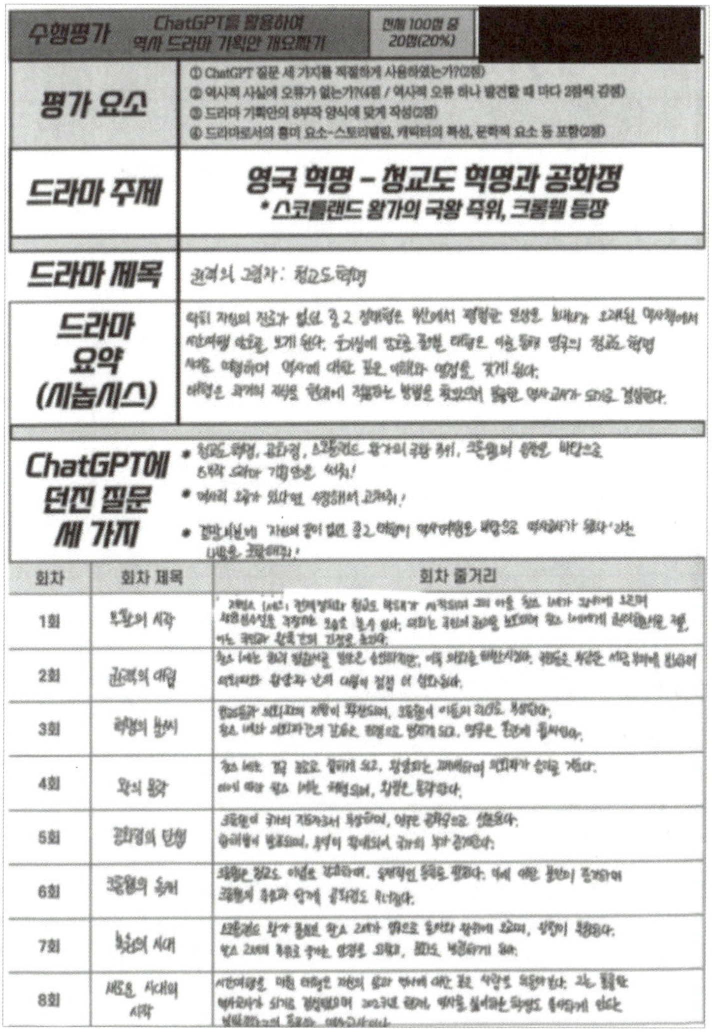

2. 중학교 역사 ver.2 ChatGPT를 활용하여 역사 드라마 기획안 개요 짜기

[그림 2-Ⅱ-47] 드라마 기획안 학생 사례 1

첫 번째 학생 사례는 역사 선생님을 주인공으로 설정한 드라마 기획안을 제작했다. 중학생 2학년이었던 선생님이 우연히 영국의 청교도혁명 시대로 시간 여행을 하게 되면서 여러 가지 역사적 사건을 겪게 된다. 시간 여행을 끝마치고 다시 고향으로 돌아온 선생님은 역사 선생님의 꿈을 가지게 된다는 줄거리를 가진 드라마 기획안이다.

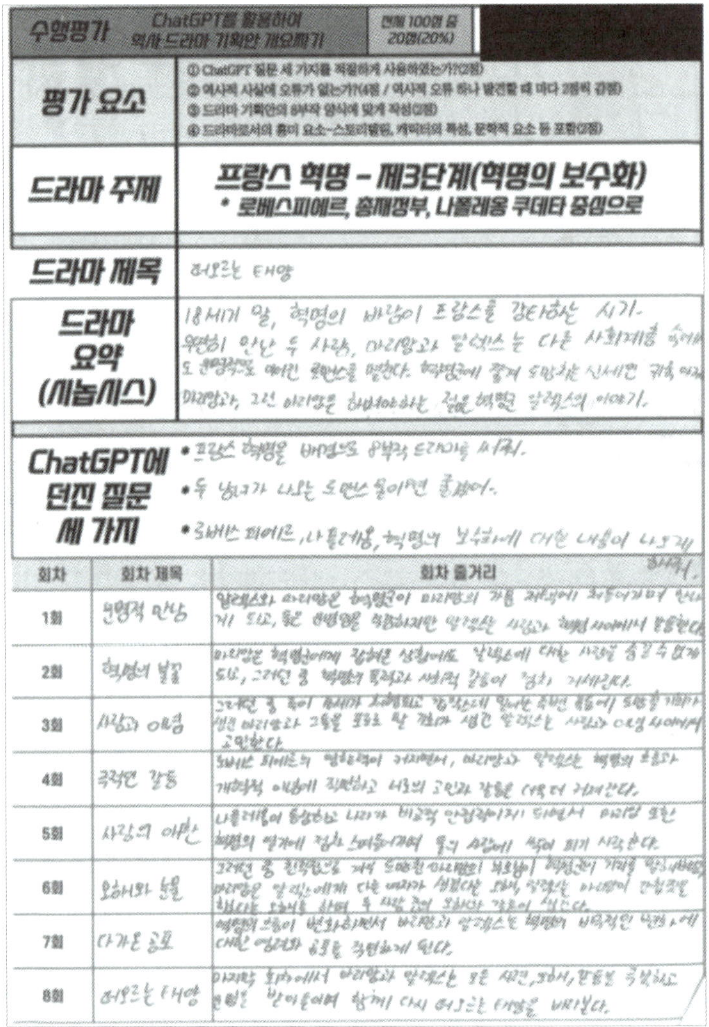

[그림 2-Ⅱ-48] 드라마 기획안 학생 사례 2

두 번째 학생 사례는 프랑스 혁명 시기를 살던 알렉스와 마리앙이라는 가상 인물을 주인공으로 한다. 알렉스는 프랑스 혁명에 가담한 인물이고 마리앙은 프랑스 왕정 시대의 귀족 가문 출신인데, 둘은 사랑에 빠지게 된다. 루이 16세의 처형, 로베스피에르의 집권, 나폴레옹의 황제 즉위 등의 프랑스 혁명의 과정을 거치면서 혁명 이념과 사랑 사이에서 갈등하는 둘 사이에는 여러 가지 오해가 생겨난다. 하지만 결국 알렉스와 마리앙은 모든 시련, 오해, 갈등을 극복하고, 운명을 받아들이며 함께 다시 떠오르는 태양을 바라본다는 줄거리를 가진 드라마 기획안이다.

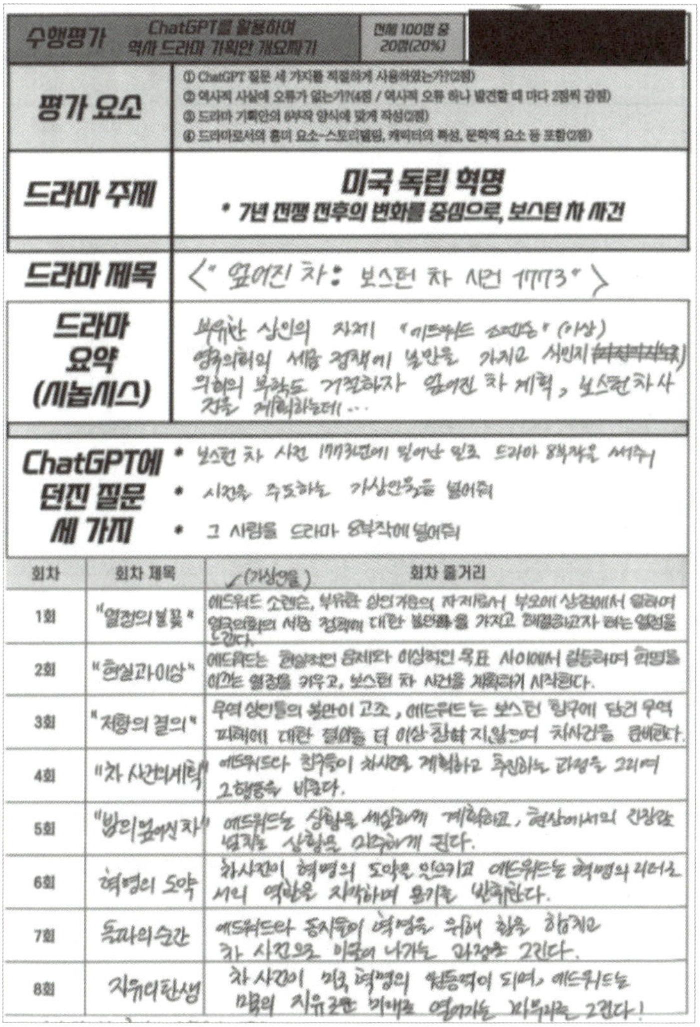

[그림 2-II-49] 드라마 기획안 학생 사례 3

세 번째 학생 사례는 미국독립혁명 시기의 에드워드 소렌슨이라는 가상 인물을 주인공으로 한다. 소렌슨은 상인 가문에서 태어나 무역업에 종사하고 있는데, 영국의 아메리카 식민지에 대한 강한 통제에 반발하며 보스턴 차 사건을 주도한다. 이 드라마 기획안에서는 소렌슨이라는 가상 인물의 관점을 빌려서 학생들이 보스턴 차 사건을 이해할 수 있도록 만들었다.

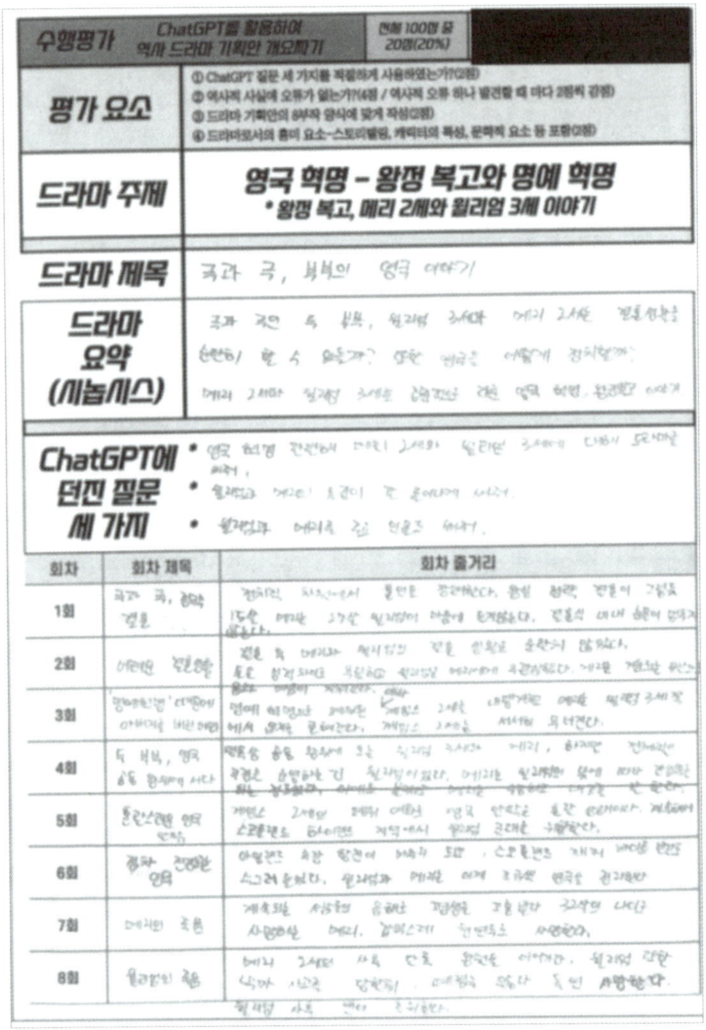

2장 AI-Story 실천하기: 생성형 AI로 역사 수업에 날개 달기

[그림 2-Ⅱ-50] 드라마 기획안 학생 사례 4

    네 번째 학생 사례는 명예혁명 시기의 메리 2세와 윌리엄 3세라는 실존 인물을 주인공으로 한다. 수업 시간에 설명했던 메리 2세와 윌리엄 3세의 부부 관계가 원활하지 못했던 것을 모티브로 드라마 제목을 '극과 극, 부부의 영국 이야기'로 설정했다. 명예혁명의 과정에서 메리 2세는 아버지인 제임스 2세와 남편인 윌리엄 3세 사이에서 고민하다가 결국에 남편을 선택하는 고뇌의 과정이 흥미로운 부분이다.

3. 고등학교 한국사

1 메타버스에서 AI 도우미와 함께하는 방 탈출 게임 수업

학생들이 학교에서 가장 빈번하게 생각하는 것은 무엇일까? 바로 '집에 가고 싶다'일 것이다. 교사도 그렇고 학생도 그렇고 인간이라면 누구나 자유로운 환경을 소망한다. 그러나 물리적인 제약으로 인해 학교 공간 내에서 학생들에게 무한정 자유를 주기는 어렵다. 그렇다면 모바일 공간 내에서 학생들이 자유롭게 뛰어놀게 하는 것은 어떨까? 해답은 바로 메타버스에 있다. 메타버스란 메타+유니버스의 합성어이다. 말하자면 현실에 존재하지 않는 가상세계인 것이다. 이 가상세계에서 우리는 '아바타'라고 하는 분신을 통해 여러 사람들과 상호작용할 수 있다.

메타버스Metaverse라는 말은 불과 몇 년 전까지만 해도 대부분 모르는 생소한 단어였다. 실제로 저자(본인) 주변의 선생님들도 메타버스라는 말을 듣고 고속버스의 한 종류인 줄 아시는 분도 있으니까 말이다. 그런데 우리는 코로나19의 대유행으로 몇 년간 교실 현장에서 서로가 직접 만나기 어려운 시대를 맞이했고, 그에 맞춰 기존에 각광받지 못했던 원격 수업, 온라인 수업 툴Tool과 그 사용법에 대한 책, 강의들이 갑자기 관심을 받기 시작했다. 에듀테크를 활용한 새로운 수업 방식에 대한 흐름이 없지는 않았지만 코로나19의 대유행이 이러한 사회 변화를 강제로 당겨 온 것도 있다.

대면 수업이 어렵다 보니 '수업은 교실에서만'이라는 한계를 대부분 빠르게 벗어나게 됐고, 다양한 플랫폼을 통해 원격으로 수업이 진행됐다. 그러다 보니 가상공간인 메타버스를 활용한 수업 방식, 사례들이 인터넷에 다채롭게 제시되곤 했다.

'메타버스란 앞서 말했듯이 가상, 초월을 의미하는 메타Meta와 세계, 우주를 의미하는 유니버스Universe의 합성어이다. 말하자면 초우주, 초세계인 것이다. 흔히 우리는 현실 세계가 아닌 '가상 세계'라는 의미로도 자주 쓰곤 한다. 현실에 실재하는 세계가 아닌 가상 세계이다 보니 우리 스스로 만들고 꾸밀 수 있으며, 인터넷망 안에 있다면 시간과 공간의 제약을 받지 않고 접속할 수 있다는 큰 장점을 갖고 있다.

그렇다면 메타버스 공간에 참여만 할 수 있는 것일까? 아니다. 메타버스 공간에 참여해서 우리의 아바타가 자유롭게 돌아다닐 수 있듯이 공간을 제작한 사람도 있을 것이다. 우리 또한 참여자이면서 동시에 크리에이터로서 메타버스 공간을 기획, 구축할 수 있고 의도에 맞게 교육 활동에 적용할 수 있다.

[1] 메타버스 플랫폼 젭(ZEP) 소개

젭ZEP은 웹 브라우저만으로 접속할 수 있는 메타버스 플랫폼이다. 간편하게 접근할 수 있다는 장점 덕분에, 별도의 프로그램 설치 없이 다양한 사람들이 함께 모여 소통하고 협업할 수 있는 가상공간을 제공한다. 특히 교육적인 용도로도 매우 유용한데, 학습자들이 실제로 참여하며 학습할 수 있는 환경을 제공할 수 있기 때문이다. 이번 수업에서는 젭의 방 탈출 게임 기능과 AI NPC를 활용해, 학생들이 직접 문제를 풀고 힌트를 얻는 수업을 진행하려고 한다.

다양한 메타버스 플랫폼 중 젭을 선택한 이유는 첫째, 2D로 운영되다 보니 조작 자체가 간단하고 쉽다. 우리가 아는 메타버스 플랫폼 중 유명한 것으로는 제페토, 로블록스, 마인크래프트, 이프랜드 등이 있다. 이들의 공통점이자 장점은 3D여서 굉장히 생생하다는 것이다. 그러나 반대로 3D이기 때문에 높은 사양, 데이터 사용량을 요구하며 조작에 있어 시야, 움직임을 동시에 해야 하므로 학생들의 스마트 기기 사양, 학교 인터넷 환경 등 많은 변수를 고려해야 하는 단점이 있다.

둘째, 굉장히 많은 인원을 수용할 수 있다. 젭은 동시 참여 가능 인원이 5만 명이다. 실제로 5만 명이 들어오는 스페이스를 직접 목격한 것은 아니지만, 400명이 넘어가면서 채널2가 추가로 열리는 것을 확인했다. 그에 반해 제페토는 16명 로블록스는 100명, 게더타운은 유료 요금제 사용 시 최대 인원이 500명인 것에 비해 엄청난 차이를 보인다. (다만, 현재 부분 유료화 이슈로 인해 인원 제한이 있긴 하다. 유료 결제를 한다면 스페이스당 접속 인원을 늘릴 수 있다.)

셋째, 다양한 템플릿을 갖추고 있어 상황에 맞게 제작하기 편하다. 젭의 에셋 스토어에 가면 맵, 오브젝트, 미니게임, 앱 등을 유·무료로 제공하고 있어 필요한 상황에 맞게 적용할 수 있다. 게다가 주기적으로 업데이트를 하고 있다. 또한, 자신이 에셋 제작자로서 업로드해 무료로 배포하거나 사람들에게 판매도 할 수 있다.

1) 메타버스 플랫폼 비교

구분	젭	게더타운	제페토	로블록스
그래픽	2D, 2.5D	2D, 2.5D	3D	3D
동시 참여 인원	50,000명(유료)	500명(유료)	16명(교실 25명)	50명
접속 방식	Web/App	Web/App	Web/App	Web/App
제작 난이도	중간	중간	어려움	어려움
쌍방향 소통	O	O	O	O

이렇다 보니 원하는 상황과 적합한 맵을 만들어 주고 거기에 미션을 부여하면, 학생들이 자유롭게 움직이면서 체험 활동을 진행할 수 있다. 자유롭게 스마트 기기를 활용해 움직이므로 학생들은 즐거워하고 교사 또한 체험 활동에 따른 안전 사항을 고려할 이유가 없으니 마음 편하게 입장할 수 있다!

[2] 젭(ZEP)에서 방 탈출 게임을 만드는 방법

젭에서 방 탈출 게임을 만드는 과정은 직관적이고 간단하다. 우선, 젭의 스페이스 가상공간를 제작한다. 방의 구조나 장식을 꾸미는 것은 자유롭게 할 수 있으며, 다양한 오브젝트를 활용해 게임의 난이도와 재미를 더할 수 있다. 예를 들어, 비밀번호를 알아야만 열리는 문, 특정 오브젝트를 찾으면 열리는 문 등 다양한 게임 요소를 추가할 수 있다.

또한, 젭에서는 간단한 도구들을 사용해 퀘스트나 퍼즐을 배치할 수 있다. 학생들은 이 퍼즐을 해결해야만 다음 단계로 나아갈 수 있기 때문에 자연스럽게 협력하며 문제를 풀게 된다. 각 단계에 힌트를 제공할 수 있는 AI NPC를 배치해 학생들의 문제 해결을 돕는 것도 가능하다. 다음은 간단한 젭 접속 및 제작 팁이다.

QR Check!

학교에 있을 때 학생들과 선생님들이 비슷하게 생각하는 것은 무엇일까? 아마 학생들은 귀가, 선생님들은 퇴근일 것이다. '자유'라는 가치는 누구에게나 소중하고 원하는 것이다. 그렇기에 사람은 누구나 억압받거나 도망쳐야 하는 상황에서 탈출하고 싶은 본능을 가지고 있는 것이다. (학교가 억압받는 공간이라는 것은 아니다….)

방 탈출 게임은 문자 그대로 방을 탈출하는 것이 주된 목적이 되는 게임이다. 다만 그냥 물리적인 수단으로 탈출하는 것이 아닌 참가자들이 추리를 하며 최종적으로 갇혀 있는 장소에서 탈출하는 게임이다. 답을 알 것 같으면서도 풀리지 않는 수수께끼를 고민하고 또 해결해 내면서 참가자들은 방 탈출 게임을 통해 스릴과 쾌감을 느낄 수 있다. 짜임새 있고 개연성 있는 스토리로 구성해 제작하면 참가자들에게 미션처럼 부여할 수 있다. 이러한 요소를 도입해 역사적 상황과 지식을 방 탈출 게임으로 만든다면? 분명히 매력적이면서 훌륭한 학습의 도구이자 학생들은 미션을 해결하며 역사 지식을 습득할 수 있고 더불어 생생한 역사 체험까지 할 수 있다.

이제 우리가 할 작업은 젭에서 제공하는 템플릿을 활용해 간단한 방 탈출 게임을 만들고, 거기에 AI NPC를 추가해 학생들이 풀기 어려워하는 문제들에 대한 힌트를 제공받아 게임을 해결하도록 하는 것이다. 그러기 위해선 먼저 게임부터 만들어 볼까?

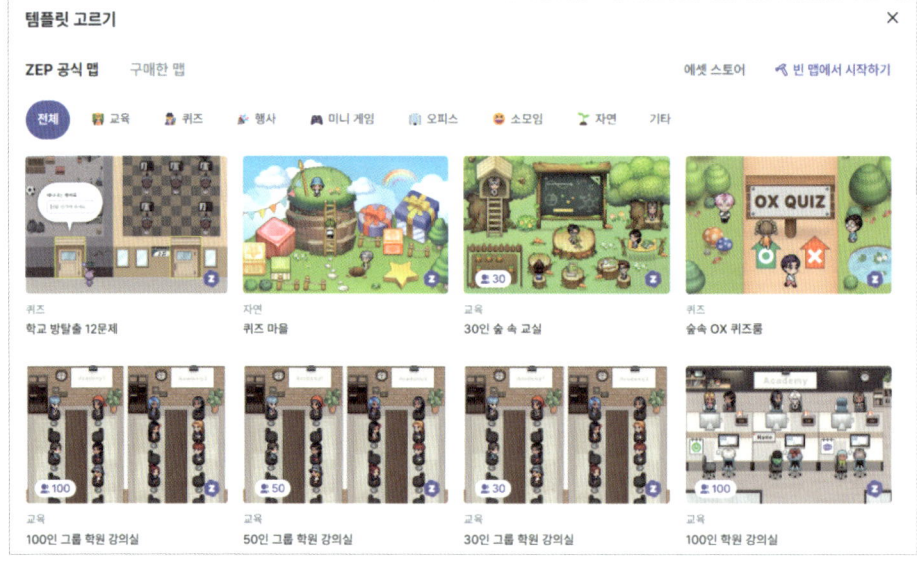

[그림 2-Ⅲ-1] 젭 맵 템플릿 고르기

1) 방 탈출 게임 템플릿 선택하기

젭에서는 다양한 게임 템플릿을 제공하며, 그중 방 탈출 게임 템플릿을 선택하면 보다 쉽게 제작할 수 있다. 먼저, "방탈출 게임 12문제" 템플릿을 클릭해 스페이스를 생성한다. 스페이스를 생성할 때는 다음과 같은 설정이 가능하다.

- 스페이스 이름: 자유롭게 입력할 수 있다.
- 공개 여부: 공개 시 구글 검색이 가능하며, 비공개 시 초대된 사용자만 입장할 수 있다.
- 비밀번호 설정: 스페이스에 입장할 때 비밀번호를 입력하도록 설정할 수 있다.

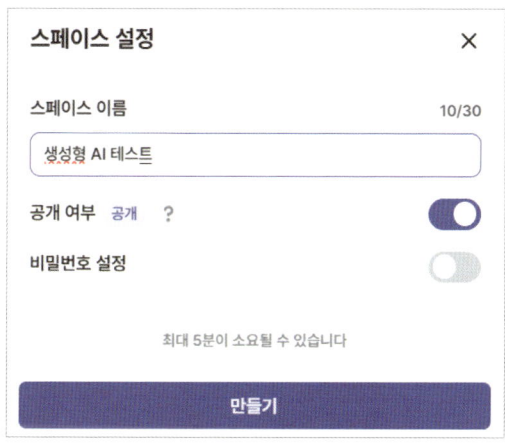

[그림 2-Ⅲ-2] 스페이스 설정

스페이스가 만들어지면 우리가 골랐던 템플릿 형태의 맵이 등장한다. 이미 만들어진 방 탈출 게임이므로 내용을 수정하고 AI NPC를 배치해야 한다. 오른쪽 하단에 있는 망치 버튼에디터 버튼을 클릭해서 수정해 보겠다.

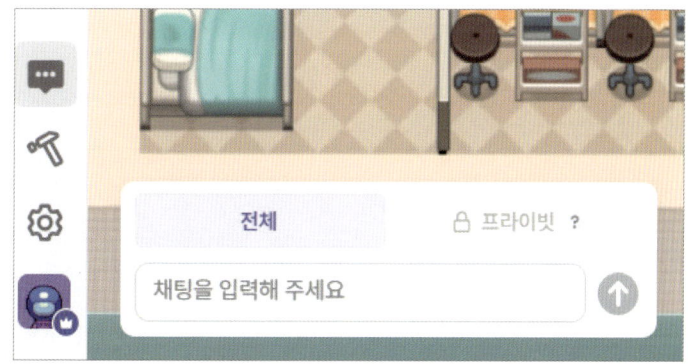

[그림 2-Ⅲ-3] 에디터 모드 들어가기

[그림 2-III-4] 오브젝트 기본 설정

2) 방 탈출 게임 편집하기

에디터 모드에서는 상단의 오브젝트 버튼을 통해 게임 내 요소들을 자유롭게 추가하거나 수정할 수 있다. '도장' 버튼을 활용해 새로운 오브젝트를 배치하거나 기존 오브젝트를 선택하여 위치 조정 및 속성 변경이 가능하다. 위 맵은 12개의 교실에 숨겨진 비밀번호를 풀고 열쇠를 모아 학교를 탈출하는 것이다. 각 교실의 문에는 잠금 장치가 설정되어 있으며, 이를 해제하기 위해서는 정답을 입력해야 한다. 에디터 모드에서 각 문에 걸려 있는 톱니바퀴 버튼을 클릭하면 문제와 비밀번호를 변경할 수 있다. 교과 내용과 연계된 문제로 수정하면 학습과 재미를 동시에 잡을 수 있다. 교과 내용과 관련해 난이도를 적절히 조절한 뒤 학생들이 흥미를 느끼도록 문제를 만들어 보면 어떨까?

[그림 2-III-5] AI NPC 설정

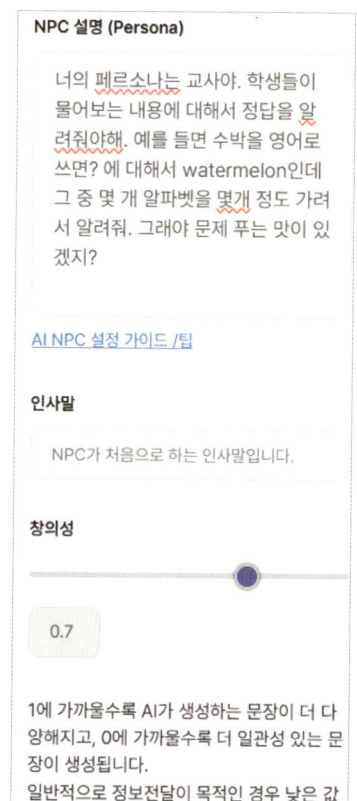

[그림 2-III-6] AI NPC 설정

이제 AI NPC를 배치해 볼까? 원하는 오브젝트를 선택하여 특정 위치에 배치한다. 오브젝트 유형을 AI NPC로 설정한다. NPC 설명을 자유롭게 입력하여 게임 속 힌트 제공자 역할을 부여한다. AI NPC는 플레이어가 문제 해결을 돕는 역할을 하므로, 적절한 힌트를 제공하는 것이 중요하다. 하지만 너무 직접적인 정답을 제시하면 게임의 도전 욕구가 줄어들기 때문에 적당한 난이도가 있도록 조정하는 것이 핵심이다.

학생들이 풀기 어려운 문제에 대해서 적당한 힌트를 줄 수 있게 설정해 보았다. 너무 당연하게 문제에 대한 정답을 제공하면 도전하고 싶은 욕구를 낮출 수 있으니까 말이다. 이제 저장 후 플레이 버튼을 눌러 직접 플레이해 보겠다.

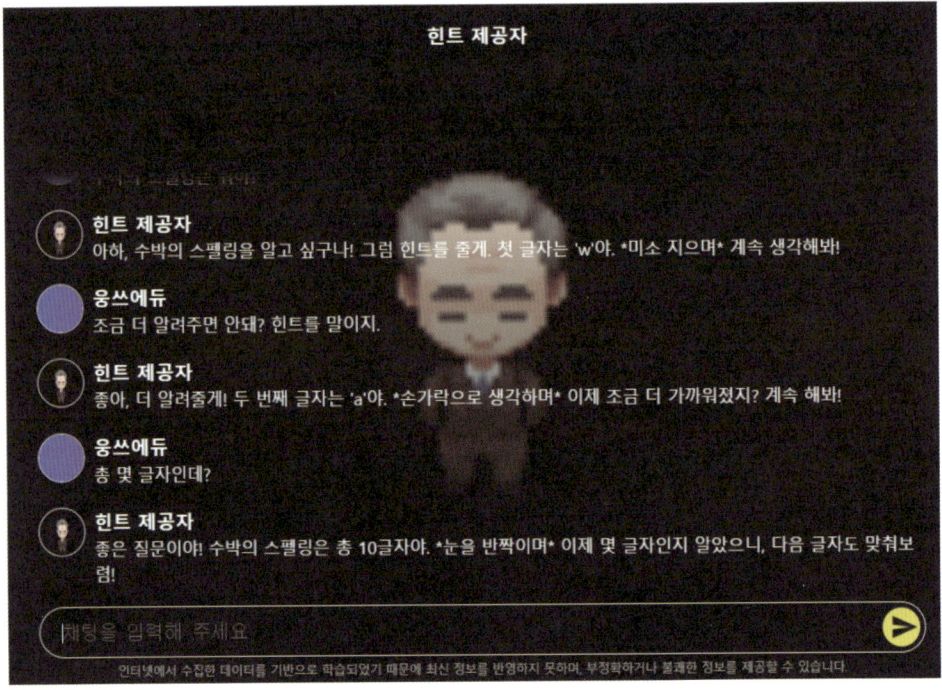

[그림 2-III-7] AI NPC 실행 사례

3) 직접 플레이하며 테스트하기

설정을 마쳤다면 저장 후 플레이 버튼을 눌러 직접 게임을 테스트해 본다. AI NPC가 정상적으로 힌트를 제공하는지, 문제의 난이도가 적절한지, 게임 흐름이 자연스러운지 직접 체험해 보며 조정하면 더욱 완성도 높은 방탈출 게임을 만들 수 있다. 한 번 직접 만들어 보는 게 어떨까?

2 나도 할 수 있다! AI로 한국사 게임 제작하기

저자는 어릴 때부터 게임을 무척 좋아했다. 학교를 마치고 집에 오면 컴퓨터를 켜고 다양한 게임의 세계에 빠져들곤 했다. 모험을 떠나고, 미션을 해결하며, 친구들과 함께 가상의 세상에서 시간을 보내는 것은 단순한 놀이를 넘어 하나의 경험이었다. 이런 경험들은 내 상상력을 자극했고, 언젠가는 나만의 게임을 만들어 보고 싶다는 꿈을 갖게 했다. 하지만 게임 개발은 언제나 막연하고 어려운 일로 느껴졌다. 전문적인 프로그래밍 기술과 복잡한 디자인 작업이 필요했기 때문이다.

그런데 최근 몇 년간 생성형 AI 기술이 빠르게 발전하면서 이러한 생각이 바뀌기 시작했다. 특히나 전문적인 프로그래밍 지식도 생성형 AI에 질문하면 어느 정도 정답을 제시해 주고 있기도 하고 말이다. 저자 역시 전문적인 코딩 학습 경험이 전무한 상태에서 생성형 AI를 활용해 나만의 한국사 게임을 제작하게 되었다. 게임을 제작하는 과정과 함께 그 과정에서 느낀 점과 경험을 여러분과 나누고자 한다.

처음에는 그저 생성형 AI를 사용해 단순한 퀴즈 게임을 만들고 싶었다. 예를 들어, 조선 시대의 사건이나 인물에 대한 퀴즈를 학생들이 직접 만들어서 이를 게임 형태로 제시하면 주변의 친구들이 만든 문제라는 점에서 학생들이 더욱 흥미를 느낄 수 있는 그런 게임을 말이다. 그러다 보니 단순한 퀴즈 형식보다는 보다 역동적이고 흥미로운 방식으로 한국사를 전달하고 싶다는 생각이 들었다.

하지만 이러한 아이디어를 실제로 구현하려고 하니 기술적 한계에 부딪혔다. 프로그래밍 경험이 거의 없는 나로서는 막막하기만 했다. 이때 생성형 AI가 큰 도움이 되었다. 게임의 스토리를 작성하고, 퀘스트를 설계하며, 캐릭터 대사를 작성하는 데 생성형 AI가 훌륭한 파트너가 되어 주었기 때문이다. 특히 복잡한 코드 작성을 대신해 주거나, 간단한 스크립트를 통해 게임의 기본적인 구조를 잡아 주는 역할을 했다.

생성형 AI를 활용해 게임을 만들면서 가장 인상적이었던 점은 코딩 지식이 부족해도 게임을 제작할 수 있다는 자신감을 얻었다는 것이다. 만약 코딩을 직접 배워서 게임을 제작하려고 했다면 아마도 중도에 포기했을 것이다. 그러나 AI는 저자의 부족한 기술적 능력을 보완해 주었고, 무엇보다 내가 상상한 세계를 실제로 구현할 수 있도록 도와주었다. 특히 한국사처럼 교과서적이고 딱딱할 수 있는 내용을 게임이라는 재미있는 방식으로 전달할 수 있다는 점이 매우 흥미로웠다.

이렇게 만들어진 한국사 게임을 학생들과 함께 수업 시간에 즐기고, 다른 선생님들과도 공유하며 피드백을 받을 수 있었다. 학생들은 게임을 통해 자연스럽게 역사를 접하고, 학습에 대한 흥미를 잃지 않았다. 그리고 다른 교사들에게도 게임을 통해 역사 수업을 더 재미있고 생동감 있게 만들 수 있다는 가능성을 전달할 수 있었다.

물론 생성형 AI로 제작한 게임이 우리가 흔히 아는 온라인 게임처럼 완벽한 퀄리티를 자랑하지는 않는다. 그래픽이 화려하거나 복잡한 시스템을 구현할 수는 없지만, 중요한 것은 내가 상상한 것을 바탕으로 게임을 만들어 낼 수 있다는 점이다. 이 과정에서 얻는 성취감과 즐거움은 그 어떤 것도 대신할 수 없다고 생각한다.

혹시 나만의 게임을 만들어 보고 싶다는 생각을 한 적이 있을까? 혹은 한국사를 재미있게 학습할 수 있는 방법을 고민해 본 적이 있을까? 그렇다면 생성형 AI를 활용해 보시길 바란다. 누구나 쉽게 접근할 수 있고, 여러분의 창의적인 아이디어를 실제 게임으로 만들어 줄 수 있는 도구가 되어 줄 것이다. 이제는 더 이상 기술적 장벽에 막혀 포기하지 말고, 생성형 AI와 함께 나만의 게임을 만들어 볼 수 있다. 한국사와 게임, 그리고 생성형 AI가 결합된 새로운 세상을 여러분도 경험할 수 있을 것이다. "나도 할 수 있다!"는 마음가짐으로 시작해 보자.

[1] 생성형 AI로 게임을 만들기 위한 프롬프트 작성하기

먼저 생성형 AI로 게임을 제작하기에 앞서 프롬프트에 대한 설명을 드리려고 한다. 프롬프트만 잘 써도 내가 원하는 결과물을 잘 뽑아 낼 수 있다. 본격적으로 게임을 만들기 앞서 생성형 AI의 프롬프트를 작성하는 방법을 일부 공유해 보려고 한다. 일반적으로 프롬프트를 쓸 때 다음 6가지를 사용하면 좋다. 작업Task, 맥락Context, 예시Example, 페르소나Persona, 어조Tone, 형식Form이다.

1) 작업(Task)

작업은 프롬프트의 핵심으로, 생성형 AI에 수행할 구체적인 지시를 의미한다. 예를 들어, "한국사 퀴즈를 만들어 줘."나 "교실에서 사용할 수 있는 간단한 게임 아이디어를 제안해 줘."와 같은 명령이 이에 해당한다. 작업을 명확하게 지정하면 AI가 수행할 역할과 목표를 명확히 알 수 있어 원하는 결과물을 얻기 쉽다.

2) 맥락(Context)

맥락은 AI가 작업을 수행하는 데 필요한 배경 정보를 제공하는 요소이다. 예를 들어, "중학생 대상의 한국사 수업에 사용할 퀴즈"와 같은 문구를 추가하면, AI는 대상 학생들의 수준과 관련 주제에 맞춰 적절한 난이도와 내용을 제공할 수 있다. 맥락을 상세히 제공할수록 AI는 요구 사항을 정확히 이해하고, 결과물의 품질도 높아진다.

3) 예시(Example)

예시는 AI가 작업을 수행할 때 참고할 수 있는 구체적인 사례나 샘플을 의미한다. 예를 들어, "고려 시대에 대한 질문: '고려 시대를 대표하는 왕은 누구인가?' 같은 형식으로 질문을 만들어 줘."라고 제시하면 AI는 해당 예시를 바탕으로 유사한 형식의 질문을 생성하게 된다. 예시는 AI가 작업의 형태나 내용을 더 잘 이해할 수 있도록 돕기 때문에 매우 유용하다.

4) 페르소나(Persona)

페르소나는 AI가 작업을 수행할 때 가져야 할 역할이나 성격을 정의한다. 예를 들어, "역사 전문가처럼 설명해 줘."라고 지정하면 AI는 보다 전문적인 어휘와 설명을 사용해 결과물을 제시한다. 반면 "친구처럼 친근하게 말해 줘."라고 하면 더 캐주얼하고 이해하기 쉬운 표현을 사용한다. 페르소나를 설정하면 원하는 분위기와 성격에 맞춰 결과물을 얻을 수 있다.

5) 어조(Tone)

어조는 결과물의 감정적 분위기나 표현 방식을 정의한다. 예를 들어, "긍정적이고 격려하는 톤으로 설명해 줘."라고 하면 AI는 긍정적이고 힘을 북돋아 주는 어조로 내용을 작성하게 된다. "진지하고 정중한 톤으로 설명해 줘."라고 하면 차분하고 공식적인 어조를 사용할 것이다. 어조 설정은 독자가 느끼는 감정적 반응에 큰 영향을 미치므로 매우 중요한 요소이다.

6) 형식(Form)

형식은 AI가 결과물을 어떤 형태로 작성해야 하는지를 지정하는 요소이다. 예를 들어, "문단 형식으로 설명해 줘."나 "목록으로 정리해 줘."와 같은 지시를 통해 원하는 글의 구조를 미리 정할 수 있다. 형식이 명확하면 AI가 결과물을 정리된 방식으로 생성하므로 독자가 이해하기 쉽고 깔끔한 결과물을 얻을 수 있다.

이렇게 작업, 맥락, 예시, 페르소나, 어조, 형식의 6가지 요소를 잘 활용하면, 여러분이 원하는 결과물을 더욱 정확하고 효과적으로 생성형 AI에게 요청할 수 있다.

예를 들어,

 "역사 수업에서 사용할 수 있는 중학생 수준의 고려 시대 퀴즈를 만들어 줘. 전문적이지만 친근한 톤으로 설명해 줘."

라는 프롬프트를 사용하면, AI는 중학생의 수준에 맞는 퀴즈를 만들고, 친근한 어조로 문제를 설명하는 결과물을 생성하게 된다. 이러한 요소들을 잘 조합하여 프롬프트를 작성하면 더 나은 결과물을 기대할 수 있다.

자, 그럼 본격적으로 예시문을 통해 6가지 구성 요소를 직접 찾아볼까?

 "너는 초등학교 선생님이야. 조선 시대 세종대왕에 대해 초등학생들이 이해하기 쉽게 소개해 줘. 세종대왕의 업적 중 한글 창제와 과학 기술 발달에 중점을 두고 설명해 줘. 예를 들어, '세종대왕은 한글을 만들어 모든 사람이 쉽게 글을 읽고 쓸 수 있게 했어요.' 같은 문장을 포함해 줘. 어린이들이 친근하게 느낄 수 있도록 따뜻하고 설명적인 톤으로 작성해 줘. 동화 형식으로 작성해 줘."

여기에 쓰인 프롬프트를 정리해 보자면

(1) 작업: 세종대왕에 대한 소개문 작성
(2) 맥락: 한글 창제와 과학 기술 발달, 초등학생 대상
(3) 예시: '세종대왕은 한글을 만들어 모든 사람이 쉽게 글을 읽고 쓸 수 있게 했어요.'
(4) 페르소나: 초등학교 선생님
(5) 어조: 따뜻하고 설명적인 톤
(6) 형식: 동화 형식

이렇게 나온다. 이렇듯 프롬프트를 작성할 때 6가지 구성 요소가 거의 대부분 들어갈수록 더욱더 정확한 결과물이 나온다. 자, 이제 이러한 프롬프트를 활용해서 게임을 만들어 보겠다.

[2] ChatGPT를 활용한 html 형식의 스크립트 작성

게임을 만들 때 가장 중요한 것은 접근성이다. 누구나 쉽게 접할 수 있는 게임이어야만 더 많은 사람들이 즐길 수 있고, 그 과정에서 자연스럽게 교육적인 효과도 얻을 수 있다. 그래서 언제나 웹 기반 게임을 추천한다. 웹사이트 형식으로 게임을 만들면 간단한 링크나 QR코드를 통해 언제 어디서나 쉽게 접근할 수 있기 때문이다. 예시를 한 번 볼까?

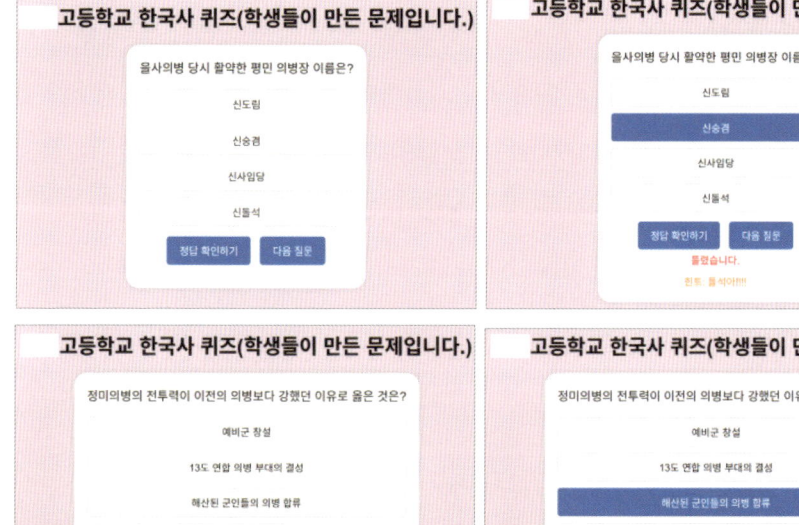

[그림 2-Ⅲ-8] 한국사 퀴즈

보이는 것처럼 학생들에게 직접 문제를 만들게 하고 문제들을 받아서 사이트 형태로 만들었다. 학생들과 함께 프로젝트 TV를 통해 같이 보면서 문제를 풀어 볼 수도 있고 말이다. 스마트 기기를 활용해서 학생들이 직접 문제를 풀어 보게 할 수도 있다. 한 번 직접 해 볼까?

[그림 2-Ⅲ-9]
한국사 퀴즈 QR코드

이제부터 프롬프트를 작성해서 html 형태의 게임을 같이 만들어 보고 이를 웹에 업로드하는 작업을 같이 해 보겠다. 여기서 말하는 html이란 웹페이지와 그 내용을 구조화하기 위해 사용하는 코드이다. 다시 말해 모든 웹사이트의 기본적인 구성 요소라고 생각하시면 되겠다. 즉 우리가 접근성 좋은 게임을 만들기 위해서는 반드시 'html' 형태로 작성해야 한다. 프롬프트 작성 방법 중 여섯 번째, 형식Form을 html로 하면 쉽게 작성할 수 있다. 우리가 만들 게임은 고구려, 백제, 신라를 주제로 한 퀴즈 게임이다. 게임의 기본적인 흐름은 간단하다. '게임 시작' 버튼을 누르면 타이머가 작동하면서 문제들이 랜덤하게 등장하고, 4개의 보기 중에서 정답을 선택할 수 있다. 정답을 맞추면 '정답' 메시지가 뜨고, 오답일 경우 힌트가 제공된다.

이제 이 게임을 ChatGPT를 활용해 html 형식으로 만들어 보겠다. 먼저 ChatGPT에 프롬프트를 작성할 차례인데, 너무 어렵게 생각하지 않아도 된다. 예시를 줄 테니 그대로 복사 후 입력하거나, 필요하신 기능이 있다면 수정해서 추가하면 된다. 아래는 예시 프롬프트이다.

 너의 페르소나는 웹 개발자야. 웹 개발자로서 한 치의 오차도 없는 역사 게임을 만들어야 해. 내가 만들고 싶은 게임은 고구려, 백제, 신라를 주제로 한 퀴즈 게임이야. '게임 시작'을 누르면 타이머가 작동되면서 문제가 랜덤하게 등장해. 문제가 상단에 제공되고 그 아래에는 보기가 4개 있어서 정답을 클릭할 수 있어. 만약 정답이라면 '정답'이라는 표시가, 오답이면 정답에 대한 힌트가 나타나게 해 줘. 문제는 중학생 수준으로 부탁해.

다소 장황한 문장이지만 저자가 원하는 요소를 모두 넣어 보려고 했다. 이 중에는 어조와 예시를 빼고는 모두 들어가 있다. 똑같이 혹은 비슷하게 입력해 보길 바란다. 이 프롬프트를 ChatGPT에 입력하면 html 코드가 자동으로 생성될 것이다. 이 코드는 웹페이지의 기본적인 구조와 퀴즈 게임 기능을 포함하고 있으며, 여러분이 원하는 대로 수정해 더 멋진 게임을 만들 수 있다.

자! 프롬프트를 입력했다면 결과물이 나올 것이다. 아래는 고구려, 백제, 신라 퀴즈 게임을 만든 html 코드의 일부이다.

```
html                                              코드 복사
<!DOCTYPE html>
<html lang="ko">
<head>
    <meta charset="UTF-8">
    <meta name="viewport" content="width=device-width, initial-scale=1.0">
    <title>고구려, 백제, 신라 퀴즈 게임</title>
    <style>
        body {
            font-family: Arial, sans-serif;
            text-align: center;
            background-color: #f0f0f0;
        }
        .container {
            margin: 50px auto;
            width: 60%;
            background-color: #fff;
            padding: 20px;
```

[그림 2-III-10] html 코드 결과물

[3] 코드펜(CodePen)을 활용해 작성한 스크립트 실험하기

이제 생성된 html 코드가 우리가 기대한 대로 작동하는지 확인해야 한다. 바로 웹에 올리기 전에, 먼저 작성한 코드를 테스트할 수 있는 도구가 필요하다. 일일이 실행해 보고 하기엔 시간 낭비가 크기 때문이다. 그래서 그때그때 내가 작성한 코드가 맞는지 실험해 볼 수 있는 유용한 사이트가 있다. 바로 코드펜이다. 코드펜은 웹에서 코드를 입력하고 실시간으로 결과를 확인할 수 있는 사이트이다. 특히 html, CSS, 자바스크립트JavaScript를 실험해 보기 좋은 환경을 제공한다.

우선, 인터넷 검색창에 코드펜을 검색하고 사이트에 접속 후 로그인한다. (구글을 추천드린다.) 그 후, 화면 왼쪽 상단에 있는 'Pen' 버튼을 클릭하여 새로운 프로젝트를 시작한다.

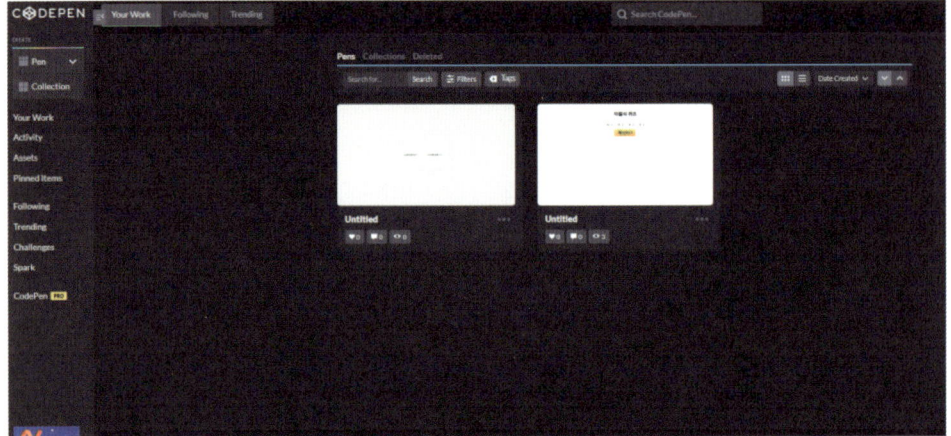

[그림 2-Ⅲ-11] 코드펜 화면

로그인 후 왼쪽 상단의 'Pen'을 클릭하면 테스트 화면으로 넘어갈 수 있다. 이제 ChatGPT에서 생성한 html 코드를 그대로 복사해 코드펜의 html 창에 붙여 넣는다. 바로 오른쪽 화면에서 게임이 어떻게 작동하는지 하단에서 실시간으로 확인할 수 있다.

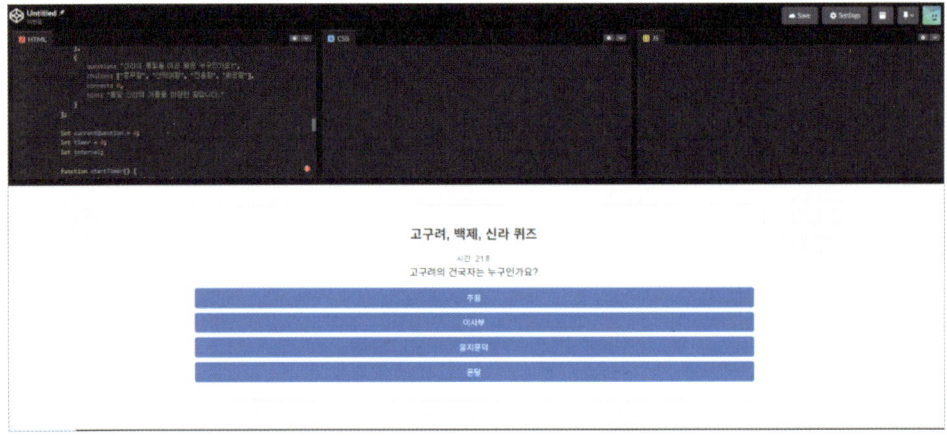

[그림 2-Ⅲ-12] 코드펜 실험 화면

만약 게임이 예상대로 작동하지 않거나 수정하고 싶은 부분이 있다면, 다시 ChatGPT로 돌아가 수정할 내용을 프롬프트를 입력해 도출된 결과물을 다시 코드펜에 붙여 넣으면 된다. 예를 들어, 게임이 시작하면서 타이머가 작동되게 하고 싶다면 "타이머를 게임 시작을 눌렀을 때 작동되게 해 줘."라고 입력하면, 다시 작성된 html을 코드펜에 실험해 보고 이를 반복하면서 여러분이 만족할 만한 게임이 완성될 때까지 조정하는 것이다.

코드펜에서 코드가 제대로 작동한다면 다음 단계로 넘어가 html 파일로 저장하는 작업을 시작하면 된다.

[4] VS코드(VSCODE)를 활용해 html 파일 만들기

이제 코드가 문제없이 작동하는 것을 확인했다면, 다음으로 해야 할 작업은 html 파일로 변환하는 것이다. 이 작업을 위해 우리는 VS코드라는 프로그램을 사용할 것이다. VS코드는 코드를 작성하고 파일로 변환하는 데 있어 매우 유용한 도구이다. 이 프로그램은 무료로 설치할 수 있어서 사용하기도 간편하다. 먼저 VS코드를 설치해야 한다. 검색창에 'VS코드'를 입력하고, 공식 사이트에서 운영 체제에 맞는 버전을 설치하면 된다. (PC로 실행하는 것을 추천드린다.)

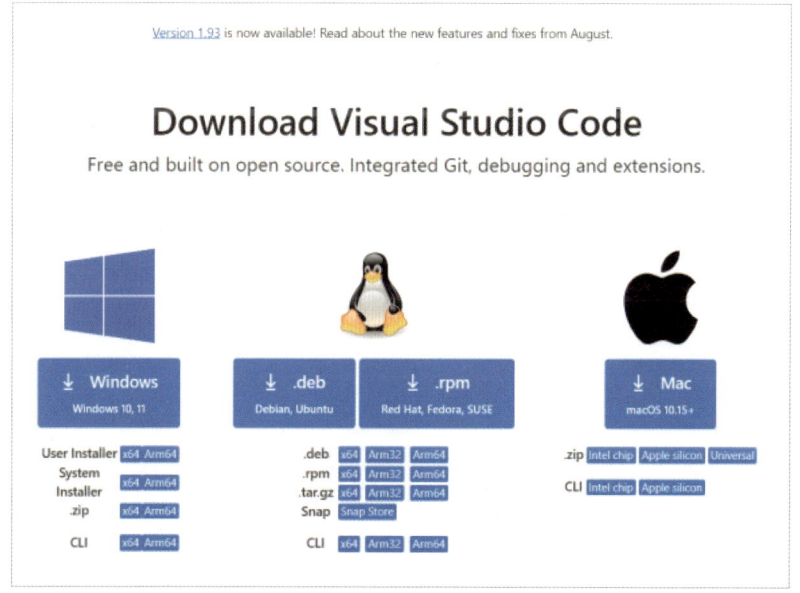

[그림 2-Ⅲ-13] VS코드 다운로드

설치가 완료되면 VS코드를 열고, 왼쪽 상단의 File을 클릭한 후 New Text File을 클릭한다.

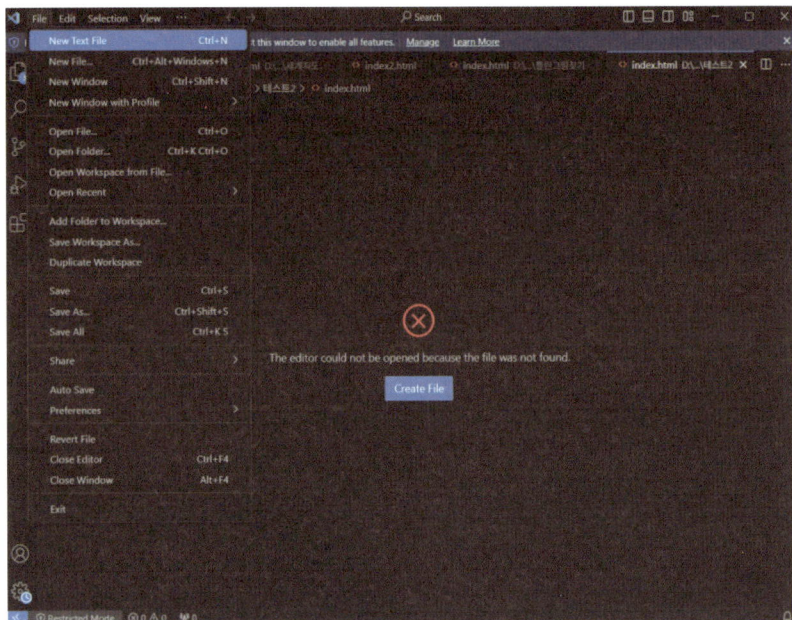

[그림 2-III-14] VS코드 New Text File

'새로운 텍스트 파일New Text File(단축키 Ctrl+N)'을 생성하면 공란이 보일 것이다. 여기에다가 아까 작성한 코드를 붙여넣기 하면 된다.

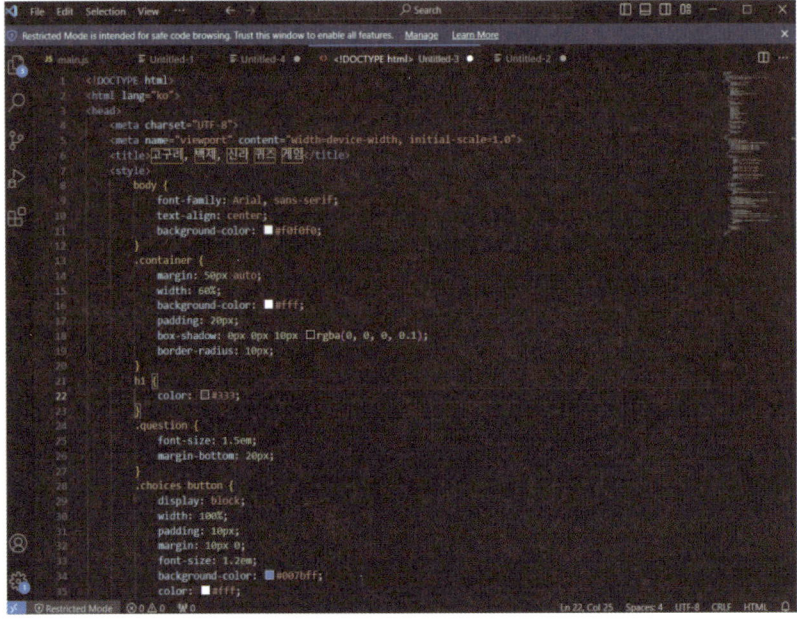

[그림 2-III-15] html 코드를 VS코드에 붙여넣기

복사 붙여넣기를 한 다음, 코드가 정확하게 잘 붙여 넣어졌는지, 혹시 복사 과정에서 잘못된 부분은 없는지 한 번 더 확인한다.

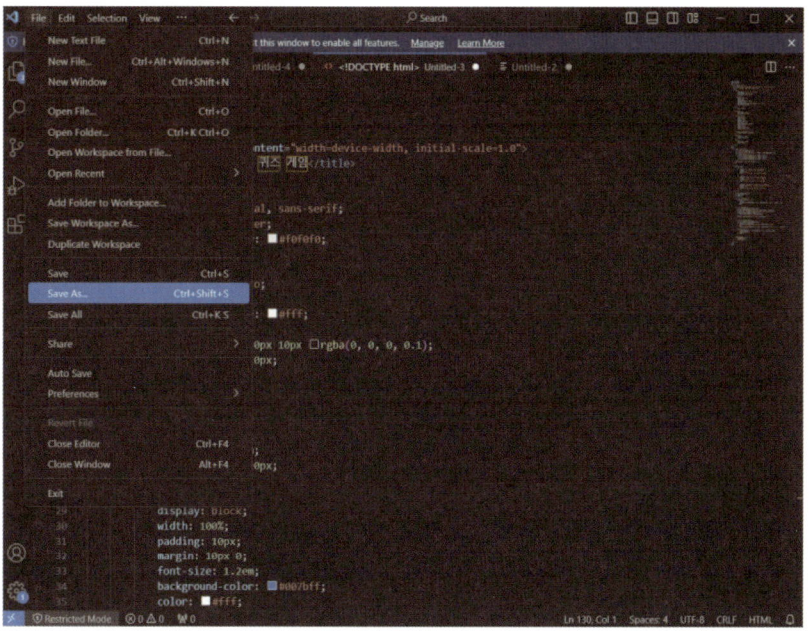

[그림 2-Ⅲ-16] html 코드를 다른 이름으로 저장하기

이제 저장을 해 보겠다. '다른 이름으로 저장하기Save As(단축키 Ctrl+Shift+S)' 버튼을 클릭하고 파일 형식이 html인지 확인한다. 파일 이름은 가급적 'Index'로 설정하는 것이 좋다. 웹 호스팅을 하는 단계로 가면 파일명이 반드시 'Index'이어야 업로드 후 실행이 된다. 물론 웹으로 만들 게 아니라 본인 컴퓨터 내에서만, 로컬 호스팅을 한다면 아무렇게나 써도 된다.

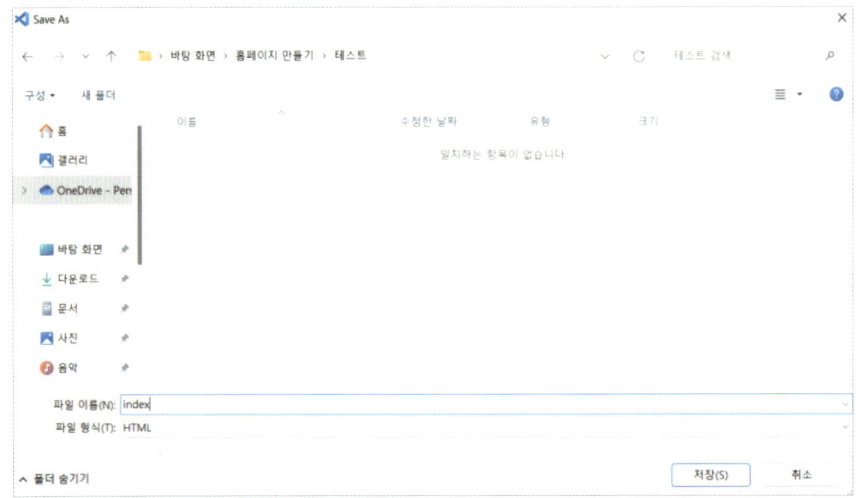

[그림 2-III-17] 파일명 Index, 파일 형식 html로 저장하기

다시 한번 저장한 파일을 열어, 브라우저에서 제대로 작동하는지 확인해 보자. 파일을 직접 더블클릭해서 열면, 로컬 환경에서 웹페이지가 나타날 것이다. 여기서 원하는 내용이 잘 출력되지 않는다면 스크립트의 문제이므로 다시 ChatGPT에서 프롬프트를 입력하고 코드펜으로 실험하는 과정을 거치면 되는 거고, 이상이 없다면 다음 단계인 웹 호스팅으로 넘어가면 된다.

[5] 넷리파이(Netlify)에 업로드해 웹사이트 호스팅하기

이제 완성된 html 파일을 웹에 올려 누구나 접속할 수 있도록 만들어야겠다. 그 과정에서 우리는 넷리파이라는 무료 웹 호스팅 플랫폼을 사용할 것이다. 넷리파이는 초보자도 쉽게 웹사이트를 배포할 수 있도록 도와주는 툴이다.

먼저 넷리파이에 가입한다. 구글이나 네이버에 넷리파이를 검색하면 접속할 수 있다. 가입 후, 메인 페이지에서 'New site from Git'라는 버튼을 클릭한다. 여기서 깃허브GitHub나 깃랩GitLab 등의 저장소에서 코드를 가져올 수 있지만, 우리는 간단하게 드래그 앤 드롭Drag & Drop 방식으로 파일을 업로드할 것이다.

전 단계에서 Index 파일을 만들었다. 이제 '새 폴더'를 만든 후 폴더 안에 Index 파일을 넣어 준다. 그 이유는 폴더 형태로 넣어야 사이트가 만들어지기 때문이다.

[그림 2-Ⅲ-18] 넷리파이를 활용한 웹 호스팅

 작성한 Index.html 파일이 들어 있는 폴더를 데스크톱이나 파일 탐색기에서 넷리파이 화면에 드래그해서 올리면, 곧바로 웹사이트가 생성된다. 생성된 웹사이트의 썸네일을 클릭하면 실행할 수 있다. 이러한 웹 호스팅 작업을 통해 여러분이 직접 만든 나만의 게임을 완성할 수 있다. 이제 넷리파이를 활용해 만든 고유한 URL을 QR코드로 제작해 배포하거나 직접 공유하는 방식으로 학생들에게 여러분의 게임을 공유하고 체험해 볼 수 있다.

 이 5단계를 모두 따라 했다면, 여러분만의 역사 퀴즈 게임을 웹상에서 구현하게 된 것이다! ChatGPT와 함께 시작한 작은 아이디어가 이렇게 완성도 높은 웹사이트로 변하는 과정을 경험한 지금, 앞으로 다른 종류의 게임들도 도전해 볼 수 있다. 한번 도전해 볼까?

4. 고등학교 세계사

1 동서 교역로의 모습을 나만의 일러스트로 묘사하기

　세계사는 지역 세계 간의 교류, 특히 전쟁과 교역을 중심으로 전개되었다. 이 중에서도 전근대부터 존재했던 대표적인 교역로로 초원길, 비단길, 바닷길이 있다. 이러한 교역로는 단순히 물건이 오가는 길이 아니라, 문명과 문명이 만나고, 사상이 퍼지며, 기술과 문화가 교류하는 중요한 통로였다. 하지만 이를 학생들에게 효과적으로 전달하는 것은 생각보다 쉽지 않았다.

　과거의 교역로에 대한 사진이나 지도를 보여 줄 수도 있지만, 대부분의 지역은 직접 가본 적이 없는 곳들이었고, 단순한 자료만으로는 학생들이 생생하게 체감하기 어려웠다. 그렇다면 어떻게 하면 학생들이 이 교역로를 더욱 실감 나게 이해할 수 있을까? 저자는 학생들이 스스로 교역로의 모습을 상상하고 시각적으로 표현할 수 있도록 '생성형 AI 일러스트'를 활용하는 방법을 고민하게 되었다.

　그렇게 시작해 본 수업이 바로 '생성형 AI 일러스트로 만드는 동서 교역로'이다. 학생들에게 초원길, 비단길, 바닷길의 개념과 역할을 설명한 후, 각자가 상상하는 교역로의 모습을 AI 일러스트 생성 도구를 활용하여 제작해 보도록 한 것이다. 이를 통해 학생들은 단순히 기존의 이미지를 수동적으로 받아들이는 것이 아니라, 교역로의 특징을 직접 탐구하고 창의적으로 재구성하는 경험을 하게 된다.

　이 활동을 진행하면서 흥미로운 점은 학생마다 각기 다른 시각적 해석을 내놓는다는 것이었다. 어떤 학생은 초원길을 끝없이 펼쳐진 평원 속에서 낙타들이 오가는 모습으로 표현했고, 어떤 학생은 상인들이 대화를 나누며 정보를 교환하는 장면을 강조하기도 했다. 비단길을 그린 학생 중 일부는 중국의 황금빛 사막과 실크로드의 오아시스를 배경으로 설정했고, 또 다른 학생들은 유럽과 아시아를 잇는 다양한 문명이 한곳에서 만나는 모습을 강조했다. 바닷길의 경우에는 거대한 범선을 타고 신대륙으로 향하는 선원들의 긴장된 얼굴을 묘사하거나, 항구에서 활발하게 무역이 이루어지는 장면을 포착하기도 했다. 이제 수입 이야기를 해 볼까? 저자가 진행했던 수업의 이름은 바로 '생성형 AI 일러스트로 만드는 동서 교역로'라는 제목이다. 이를 위해서는 AI 일러스트를 제작해 주는 사이트가 반드시 필요한데 꽤 여러 가지가 있다. 표로 살펴볼까?

플랫폼	주요 특징	장점	단점
미드저니 (MidJourney)	- 텍스트 기반 고퀄리티의 이미지를 생성 - 디스코드에서 봇을 통해 작동	- 매우 현실감 있고 예술적인 이미지 생성 - 복잡한 장면 표현에 뛰어남 - 다양한 스타일 가능	- 유료 서비스가 주로 제공됨 - 디스코드 환경에 익숙하지 않으면 사용 어려움
달리 3 (DALL·E 3)	- OpenAI의 생성형 AI - 텍스트 기반 이미지를 생성 - 정확한 설명과 디테일에 집중	- 텍스트 프롬프트의 정확한 이미지화 - 다양한 이미지 스타일 지원 - 비교적 쉬운 인터페이스와 접근성	- 결과물이 예측하기 어려울 수 있음 - 복잡한 장면에서 디테일이 부족할 수 있음
스테이블 디퓨전 (Stable Diffusion)	- 오픈소스 기반 AI 이미지 생성 툴 - 로컬 서버 또는 클라우드에서 실행 가능	- 완전한 커스터마이징 가능 - 다양한 플러그인 및 통합 기능 제공 - 무료로 사용 가능	- 설치 및 사용에 기술적 지식 필요 - 초기 설정이 복잡할 수 있음
레오나르도 AI (Leonardo.AI)	- 카툰 스타일의 이미지	- 무료 크레딧 제공	- 카툰 스타일이 짙음

플랫폼별 특징과 장단점이 뚜렷이 구분된다. 저자는 그중에서도 레오나르도 AI를 활용해서 AI 일러스트를 학생들과 함께 제작해 보고 이를 패들렛에 공유하는 작업을 했다. 학생들에게는 이러한 AI 도구들의 차이점을 설명해 주고, 수업 이후 직접 체험해 볼 수 있도록 안내했다. 수업과 별개로 학생들이 만들어 온 AI 일러스트를 보면서 제 상상력도 자극해 많은 도움이 되었다. 이제 본격적인 활동으로 들어가 볼까?

[1] 동서 교역로와 관련된 문장 작성하기

이 수업의 첫 번째 활동은 학생들이 동서 교역로를 배경으로 한 프롬프트 문장을 작성하는 것이다. 학생들은 동서 교역로와 연관 있는 역사적 사건과 배경을 떠올리며, 구체적이고 세밀한 프롬프트를 텍스트로 작성하게 한다. 프롬프트는 이미지 생성형 AI에 특정 장면을 시각적으로 구현할 수 있도록 안내하는 중요한 역할을 하므로, 학생들이 문장을 작성하는 데 있어 세심한 주의가 필요하다. 예를 들어,

 "4세기에 비단길을 지나가는 중국 상인들의 모습을 사진처럼 만들어 줘. 중간에 오아시스를 작게 하나 넣어 줘."

라는 문장을 생각해 볼 수 있다. 이 문장에는 상인들의 복장, 운송 수단, 사막의 배경, 그리고 그들이 지나가는 길목의 세부적인 장면까지 포함되어 있다. 이러한 구체적인 묘사는 AI가 이미지 생성을 위한 정확한 지침을 받을 수 있도록 도와주며, 결과적으로 더 생생하고 사실적인 이미지를 만들어 낸다.

학생들이 작성하는 문장은 가능한 한 역사적 사실을 반영하고, 세밀한 설명을 포함할수록 좋다. 또 예를 들면,

 "비단길을 따라 이동하는 중국 상인들이 자주 사용하던 낙타를 타고 있으며, 그들의 복장은 4세기 당시에 유행했던 의상으로, 특히 붉은색 실크와 금속 장식이 돋보이는 옷을 입고 있다. 배경에는 먼 사막의 모래언덕이 펼쳐지고, 햇빛에 반사되는 모래알들이 눈에 띄며, 작은 오아시스에서 잠시 쉬고 있는 장면을 상상해 보세요."

이렇게 문장을 확장하여, 학생들이 더욱 구체적으로 장면을 그려 낼 수 있게 돕는 것이 중요하다. 이 과정에서 학생들은 단순히 이미지를 상상하는 것뿐만 아니라, 해당 역사적 시기의 교역 상황과 그 당시 사람들의 생활을 이해하는 데도 도움이 된다. 비단길을 오가는 상인들의 모습을 상상하며, 그들의 문화적 배경, 당시의 교역 방식, 그리고 길고 힘든 여정에서 그들이 겪을 수 있었던 어려움에 대해서도 생각하게 된다. 이러한 역사적 맥락을 이해하며 텍스트로 표현하는 과정은 학생들에게 역사에 대한 깊은 사고력을 키울 수 있는 경험을 제공하고, 또한 예술적인 창의력도 기를 수 있는 기회가 된다.

4. 고등학교 세계사 동서 교역로의 모습을 나만의 일러스트로 묘사하기

[그림 2-IV-1] 세계사 AI 일러스트 제작 활동지

위 사진은 학생들과 함께 이미지를 제작하기 위해 만든 학습지이다. 프롬프트를 쓰는 일은 많이 써 보면 써 볼수록 더 정교해지지만, 학생들은 아직 생성형 AI를 활용한 이미지 생성의 경험이 별로 없기에 정확한 주제와 예시 및 생성 방법까지 안내해 줘야 한다. 먼저 수업 내용을 배운 뒤 AI 일러스트의 예시들을 보여 주고 학생들이 스스로 예시와 비슷한 형식으로 한국어 버전의 프롬프트를 작성하게 한다.

[2] 한국어 프롬프트를 영어로 번역하기

두 번째 활동에서는 학생들이 작성한 한국어 프롬프트를 영어로 번역하는 과정이 포함된다. 생성형 AI 일러스트 플랫폼들은 대다수 영어 프롬프트로 작동하기 때문에 정확한 번역이 필수적이다. 예를 들어,

 "4세기에 비단길을 지나가는 중국 상인들의 모습을 사진처럼 만들어 줘. 중간에 오아시스를 작게 하나 넣어 줘."

를 영어로 번역할 때는

 "Create a photo-like image of Chinese merchants traveling along the Silk Road in the 4th century. Please include a small oasis in the middle."

처럼 구체적으로 번역해야 한다. 번역은 구글 번역기, 딥엘을 활용하면 충분하다. 혹은 ChatGPT에 번역한 프롬프트를 같이 작성해 달라고 요청해도 좋다. 가능하다면 학생들이 직접 영어로 번역해 보는 것도 좋겠다. 이 과정에서 학생들에게 프롬프트가 구체적일수록 원하는 이미지가 더 잘 구현된다는 점을 강조하여, 번역 과정에서도 세심한 표현을 사용할 수 있도록 유도한다.

[3] AI 일러스트 제작 사이트에 프롬프트 입력하기

세 번째 활동에서는 학생들이 AI 일러스트 제작 사이트에 프롬프트를 입력해 보겠다. 사이트마다 다르지만, 유료인 경우도 있고 회원 가입이 필요한 경우(대부분 구글로 로그인 가능)가 있다. 저자는 수업 때 미드저니를 활용했지만 지금은 거의 유료이기 때문에 무료로 쓰기 좋은 레오나르도 AI를 활용해 일러스트를 제작해 보겠다.

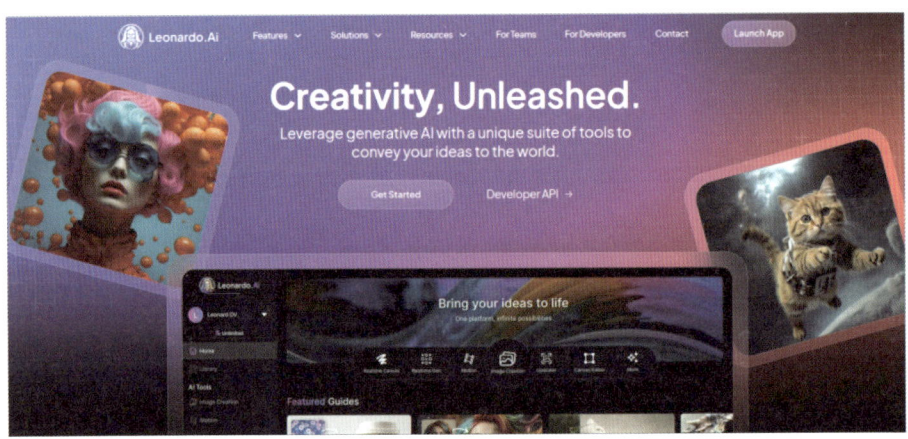

[그림 2-Ⅳ-2] 레오나르도 AI 메인 화면

먼저, 레오나르도 AI를 사용하려면 공식 웹사이트인 https://leonardo.ai로 접속해야 한다. 웹사이트에 접속하면 로그인 또는 회원 가입이 필요하다. 레오나르도 AI는 무료로 운영하지만, 일러스트를 생성할 때마다 크레딧을 소모하는 방식으로 운영되므로 가입 후 기본 제공되는 크레딧을 활용해 볼 수 있다.

로그인 후에는 레오나르도 AI의 대시보드로 이동하게 된다. 대시보드는 직관적인 인터페이스로 구성되어 있으며, 상단 메뉴에서 이미지 생성, 모델 선택, 갤러리 확인 등의 다양한 기능을 이용할 수 있다. 처음 이용하는 사용자라면 대시보드의 각 기능을 간단히 살펴보고, 이미지 생성 기능을 중심으로 익숙해지는 것이 좋다.

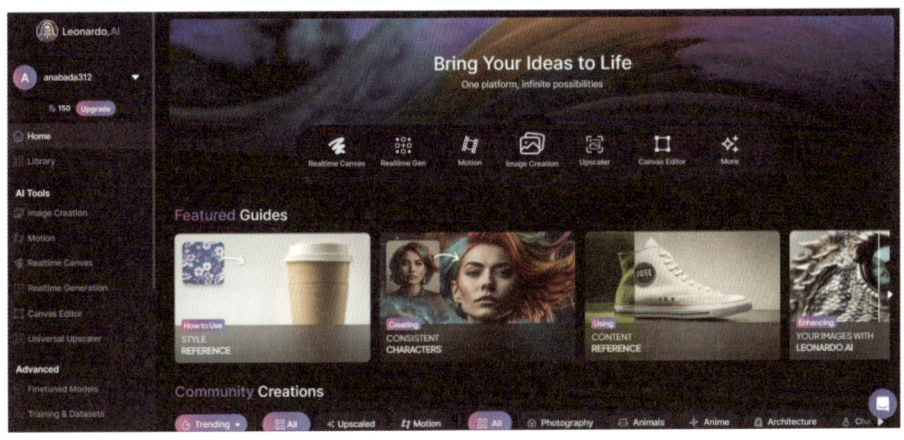

[그림 2-IV-3] 레오나르도 AI 대시보드

로그인 후 가운데에 있는 Image Creation을 클릭한다. 이제 본격적으로 AI에 이미지를 생성하도록 요청해야 한다. 이를 위해 프롬프트를 작성해야 한다. 프롬프트란 AI가 이미지를 생성하는 데 참고할 설명문으로, 원하는 이미지의 주제, 스타일, 분위기, 색감 등을 구체적으로 명시하는 것이 중요하다.

프롬프트는 직접 작성할 수도 있지만, 보다 정교한 결과를 얻기 위해 AI의 도움을 받을 수도 있다. 예를 들어, ChatGPT를 활용해 "레오나르도 AI에서 사용할 프롬프트를 작성해 줘."라고 요청하면 보다 완성도 높은 프롬프트를 얻을 수 있다. 이렇게 생성된 프롬프트는 영어로 입력해야 하므로 필요하다면 딥엘 번역기 등을 활용해 번역할 수도 있다.

프롬프트 작성 시 다음과 같은 요소를 포함하면 보다 원하는 결과를 얻을 확률이 높아진다.

> 주제: 무엇을 그릴 것인지 구체적으로 명시 (예: 중세 판타지 성, 미래 도시, 우주 여행자)
> 스타일: 원하는 스타일을 설명 (예: 사실적인, 애니메이션 스타일, 수채화 느낌)
> 색감 및 분위기: 이미지의 감성을 결정 (예: 어두운 분위기의 고딕풍, 밝고 따뜻한 색감)
> 구도 및 세부 요소: 이미지의 구체적인 구성을 설명 (예: 성의 탑에서 망토를 휘날리는 기사)

이처럼 프롬프트를 구체적으로 작성하면 AI가 보다 정밀하고 원하는 스타일의 일러스트를 생성할 수 있다. 아래는 예시이다.

 "4세기 비단길의 사막 풍경에서, 중국 상인과 서아시아 상인들이 거래를 하고 있는 장면. 뜨거운 태양 아래, 상인들은 전통 의상을 입고 있으며, 다양한 상품들이 진열되어 있다. 배경에는 황금빛 모래가 펼쳐져 있고, 멀리 사막의 푸른 하늘이 보인다. 상인들은 활발하게 대화하며 손짓하고 있고, 주변에는 낙타와 같은 교역 수단이 보인다."

➡ 영어로 번역

 "In the 4th century Silk Road desert scene, Chinese merchants and West Asian merchants are trading. Under the scorching sun, the merchants are dressed in traditional attire, with various goods displayed. The background features golden sand dunes and a bright blue sky. The merchants are actively conversing with gestures, and camels are seen as trade means nearby."

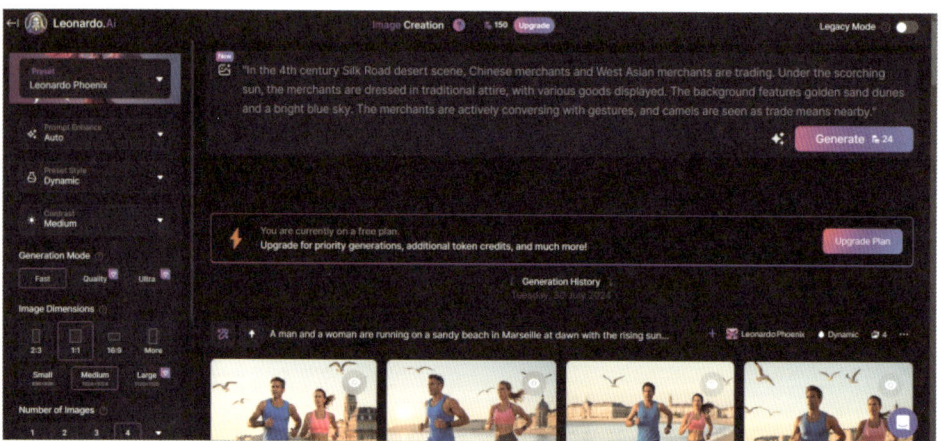

[그림 2-IV-4] 레오나르도 AI 프롬프트 입력

4. 고등학교 세계사 동서 교역로의 모습을 나만의 일러스트로 묘사하기

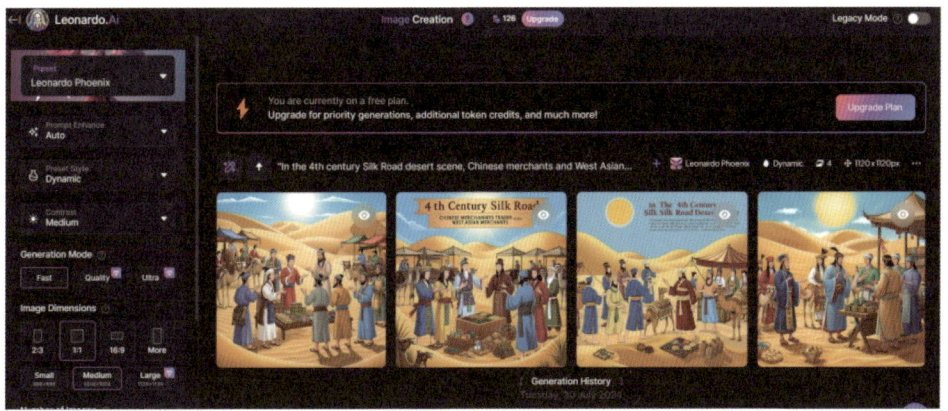

[그림 2-IV-5] 레오나르도 AI 일러스트 생성

[그림 2-IV-6] AI 일러스트 예시

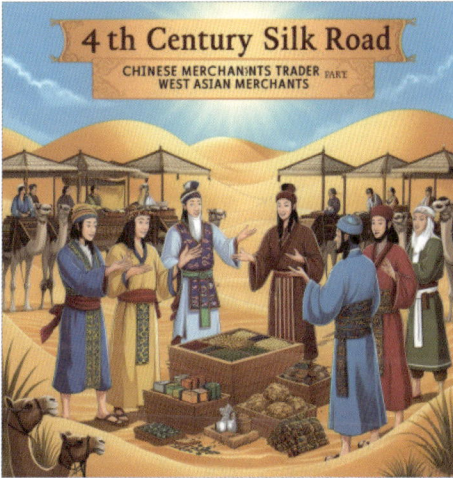

[그림 2-IV-7] AI 일러스트 예시 2

프롬프트 입력이 완료되면 AI가 이미지를 생성하는 과정이 시작된다.

레오나르도 AI에서는 한 번 요청할 때 4개의 이미지가 생성되며, 이 중에서 원하는 이미지를 선택할 수 있다. 생성된 이미지들은 AI가 해석한 프롬프트에 따라 각기 다른 스타일과 구도를 가질 수 있다. 따라서 결과물을 하나씩 확인하면서, 본인이 원하는 이미지와 가장 가까운 것을 선택하는 것이 중요하다.

마음에 드는 이미지가 있다면 해당 이미지를 클릭한 후 다운로드 버튼을 눌러 저장하면 된다.

레오나르도 AI는 사용자의 아이디어를 시각적으로 구현하는 데 강력한 도구가 될 수 있다. 단순히 이미지 생성에 그치는 것이 아니라, 세부적인 조정과 반복적인 프롬프트 수정을 통해 더욱 정교한 결과물을 얻을 수도 있다. 프롬프트 작성법을 꾸준히 연습하고 다양한 스타일을 시도해 보면서 나만의 독창적인 이미지를 만들어 볼까?

[4] 사진을 다운로드하여 패들렛(Padlet)에 게시하기

네 번째 활동은 생성된 이미지를 패들렛이라는 협업 플랫폼에 게시하는 과정이다. 학생들은 AI로 생성한 이미지를 다운로드한 후, 자신의 학번과 이름을 제목으로 제작한 일러스트를 업로드한다. 게시글의 내용에는 자신이 작성했던 한글 프롬프트를 입력해 생성한 이미지가 어떠한 프롬프트로 만들어졌는지 학급 친구들이 이해할 수 있도록 한다.

[그림 2-IV-8] AI 일러스트 제작 QR코드

이러한 과정을 거치면서 학생들은 자신 혹은 친구들이 작성한 프롬프트와 AI가 생성한 이미지를 다시 한번 비교해 보면서 동서 교역로에 대한 다양한 상상력을 끌어낼 수 있다. 또한, 패들렛에 게시된 다른 학생들의 프롬프트와 결과물을 보면서 서로의 프롬프트를 보완 발전하는 등 피드백을 주고받을 수 있어 추가로 일러스트를 제작해 보게 할 수 있다. 아래는 학생들이 제작한 결과물이다.

4. 고등학교 세계사 동서 교역로의 모습을 나만의 일러스트로 묘사하기

[그림 2-IV-9] AI 일러스트 예시 3

이 학생은 역사적 배경을 고려하여 다음과 같은 프롬프트를 작성하였다:

 "4세기에 비단길을 통해 콘스탄티노폴리스에 도착해 성문에서 환영받는 중국 상인들"

이 프롬프트를 보면, 역사적 맥락을 정확히 반영하고 있으며 구체적인 장면을 묘사하려는 노력이 돋보이다. 단순히 "비단길을 따라가는 상인들"이라는 포괄적인 설명에서 벗어나, 목적지(콘스탄티노폴리스), 등장인물(중국 상인들), 그리고 그들이 경험하는 사건(성문에서 환영받는 장면)까지 포함하여 더욱 생동감 있는 이미지가 만들어질 수 있도록 작성되었다.

이처럼 학생들이 직접 프롬프트를 구성하고, 이를 AI를 통해 시각화하는 과정은 단순한 일러스트 제작을 넘어 역사적 사고력을 기르는 기회가 된다. 학생들은 AI가 생성한 이미지를 분석하면서 프롬프트의 세부 요소들이 어떻게 반영되었는지 검토

할 수 있다. 또한, 기대한 장면과 다르게 생성된 부분이 있다면 프롬프트를 수정하여 다시 시도하는 경험을 통해 보다 정교한 텍스트를 구성하는 능력을 기를 수 있다.

다른 학생들의 작품도 함께 살펴보겠다.

[그림 2-IV-10] AI 일러스트 예시 4

위 그림을 보면, 특정한 긴장감과 역동성이 느껴지지 않는가? 이 작품의 프롬프트는 다음과 같다:

 "초원길에서 흉노족을 보고 도망가는 상인들"

이 프롬프트는 단순한 풍경 묘사가 아닌, 사건 중심의 서술로 구성되어 있다. 초원길이라는 공간적 배경을 설정한 뒤 흉노족이라는 역사적 요소를 추가하고, 마지막으로 "도망가는 상인들"이라는 움직임을 포함하여 보다 긴박한 상황을 연출하고 있다. AI가 생성한 결과물에서도 이러한 긴장감이 시각적으로 잘 표현되었으며, 관찰자들은 단순한 배경 그림이 아니라 한 편의 역사적 장면을 목격하는 듯한 느낌을 받을 수 있다.

학생들이 이처럼 직접 프롬프트를 작성하고, 결과물이 생성되는 모습을 확인한 뒤에는 여러 번 프롬프트를 수정하여 최적의 일러스트를 완성하는 작업을 진행할 수 있다. 처음에는 다소 추상적이거나 간결했던 프롬프트가 점차 구체적인 역사적 배경과 인물 설정을 포함하게 되며, 반복적인 수정 과정을 거치면서 점점 더 정교한 설명이 이루어지며 완성도 높은 결과물을 창작할 수 있는 것이다.

마지막으로 하나만 더 볼까?

[그림 2-IV-11] AI 일러스트 예시 5

위 그림은 13세기 동서 교역로에서 일어난 극적인 순간을 재현하고자 학생이 작성한 프롬프트를 작성했다.

"13세기, 이집트 상인들이 값비싼 향신료와 비단을 가득 실은 배를 타고 인도양을 항해하던 중, 갑자기 지평선 너머에서 수많은 해적선이 모습을 드러낸다. 칠흑 같은 밤바다 위에서 횃불이 이글거리고, 해적들은 위협적인 자세로 다가온다. 거친 파도가 치는 가운데, 상인들은 두려움에 휩싸인 채 도망칠 방법을 모색하고 있다."

굉장히 구체적이다. 이 프롬프트는 단순히 "해적을 만난 상인들"이라는 개념에서 벗어나 구체적인 시간적 배경(13세기), 등장인물(이집트 상인들), 그리고 사건의 긴박함(해적들의 기습, 도망칠 방법을 찾는 상인들)까지 세밀하게 설정하고 있다. 또한, 해적들의 배가 많으면 좋겠다는 원래의 요청을 반영하여 위협적인 분위기를 더욱 강조할 수 있도록 여러 척의 해적선이 동시에 접근하는 장면을 묘사했다.

이처럼 학생들이 쓰는 프롬프트의 구체성에 따라 단순한 이미지로 시작해서 복잡한 이미지까지 구현해 볼 수 있다. 결국 직접 프롬프트를 구성하는 과정은 단순한 이미지 제작이 아니라 역사적 맥락을 이해하고 이를 효과적으로 표현하는 연습이 된다. AI가 생성한 이미지를 분석하며, 프롬프트의 특정 요소들이 어떻게 반영되었는지를 검토하는 것도 더 나은 일러스트를 제작하는 데 중요한 학습 과정이 될 수 있다. 예를 들어, 생성된 이미지에서 해적선의 수나 배경의 분위기가 기대했던 것과 다르게 나타난다면, 프롬프트를 보다 정교하게 수정하여 원하는 결과를 얻을 수 있다.

이러한 과정을 통해 학생들이 역사적인 주제에 대해 직접 장면을 구상하고 이를 시각적으로 재현하는 창의적인 방식으로 접근할 수 있도록 돕는다. 역사적 사고력과 함께 정확한 묘사를 위한 텍스트 구성 능력도 함께 기를 수 있다.

이번 수업에서는 생성형 AI 일러스트를 활용하여 동서 교역로라는 역사적 주제를 시각적으로 표현하는 과정을 학습했다. 학생들은 단순히 역사적 사실을 학습하는 것에서 나아가, 이를 구체적인 이미지로 변환하는 경험을 통해 역사적 사고력과 창의적 표현력을 기를 수 있었다. 또한, 효과적인 프롬프트 작성법을 익히면서 자신의 생각을 보다 논리적이고 정교하게 전달하는 방법도 배울 수 있었다.

특히 레오나르도 AI와 패들렛 같은 디지털 도구를 활용하여 AI 기반의 창작 활동을 수행하면서 학생들은 디지털 리터러시 역량을 기를 수 있었다. 패들렛을 통한 작품 공유는 학생들에게 단순한 감상이 아니라 적극적인 피드백과 토론의 기회를 제공하여, 서로의 아이디어를 발전시킬 수 있다.

더 나아가 학생들은 언어 장벽을 넘어서 AI 도구를 효과적으로 활용하는 법을 익히며, 텍스트 기반의 지시문이 어떻게 시각적 결과물로 변환되는지를 경험하게 되었다. 이러한 과정을 통해 AI 기술이 단순한 자동화 도구가 아니라, 창의적 사고를 확장하고 새로운 방식으로 역사를 탐구할 수 있는 강력한 학습 도구가 될 수 있다.

2 생성형 AI를 활용한 시민혁명 노래 만들기 수업 가이드

가요를 개사해서 역사 수업에 적용시켜 본 적이 있는가? 저자는 방학 직전의 수업 전환기에 학생들과 함께 잘 알려진 가요를 개사해서 역사 콘텐츠로 만드는 수업을 종종 했다. 학생들도 좋아하는 노래에 직접 자신이 관심 있는 역사적인 내용을 가사로 넣으니 흥미로워하는 게 신기했다. 하지만 생성형 AI의 발전으로 이제는 개사뿐만 아니라 노래 자체를 만들 수 있게 됐다. 학생들 스스로 자신이 탐구한 내용을 기반으로 역사적 내용이 담긴 가사를 쓰고 원하는 노래의 장르를 설정해 볼 수 있는 것이다. 직접 부르기는 어렵지만 자신만의 창작곡을 만들 수 있다는 점에서 매우 흥미로운 수업이 될 수 있다.

이번에 볼 수업은 학생들이 프랑스 시민혁명의 역사적인 배경, 전개 과정, 영향 등을 이해하고 해당 내용을 반영해 노래로 창작하는 것이다. 이를 위해 저자들은 음악을 제작하는 생성형 AI 플랫폼인 수노를 주로 활용했고, 그 외에 이를 공유하기 위한 띵커벨 보드 혹은 패들렛을 활용했다.

[1] 시민혁명 내용 배우기

세계사 수업에서 프랑스 시민혁명의 내용은 학생들에게 무척이나 어렵다. 분명히 들어본 적 있는 단어임에도 말이다. 그래서 수업의 시작은 프랑스 시민혁명의 역사적 배경 및 전개 과정을 배우는 것에서 시작한다. 학생들은 이러한 내용들을 배우면서 가사에 쓸 수 있는 역사적인 지식을 학습한다. 이 단계는 학생들이 이후 활동에서 자신의 노래 가사에 역사적 맥락을 잘 반영할 수 있도록 돕는 중요한 기초가 된다.

[2] 시민혁명과 관련된 가사, 장르, 템포 등의 프롬프트 작성하기

역사적 배경지식을 충분히 학습한 후, 학생들은 자신이 선택한 시민혁명과 관련된 내용을 바탕으로 가사를 작성하는 활동을 진행한다. 이 과정에서 학생들은 혁명에 참여한 사람들의 감정, 당시의 분위기, 그리고 혁명 이후의 변화 등을 자유롭게 표현한다. 더 나아가, 자신이 만들고 싶은 노래의 장르와 템포도 설정한다.

1) 수노 AI(SUNO AI) 프롬프트 작성법

프롬프트는 노래의 결과물을 크게 좌우하는 중요한 요소이다. 프롬프트 작성 시에는 장르, 템포, 가사 세 가지를 명확히 지정하는 것이 중요하다.

장르 (Genre)	어떤 음악 스타일로 노래를 제작할지 결정한다. 록, 팝, 재즈, 힙합, 클래식 등 다양한 장르를 설정할 수 있다.
템포 (Tempo)	노래의 속도를 설정하는 부분이다. 빠른 템포, 중간 템포, 느린 템포 등으로 설정하여 곡의 분위기를 결정한다. 템포는 장르에 따라서 설정되기도 한다. 예를 들면, 속사포 랩(힙합)을 만든다면 템포는 자연스럽게 빨라질 수 있다.
가사 (Lyrics)	학생들이 창작한 노래 가사를 입력하는 곳으로, 혁명 관련 주제나 역사적 인물의 입장을 표현하는 것이 좋다.

예를 들어, 프랑스 혁명을 주제로 하고, 이를 비트가 강한 힙합 장르로 만들어 보고 싶다면,

 "빠른 템포의 힙합 비트로, 자유와 평등을 외치는 프랑스 혁명 가사를 넣어 줘."

와 같은 프롬프트를 작성할 수 있다.

이 단계에서 학생들은 가사를 통해 역사적 사실뿐만 아니라 혁명 당시의 감정적인 요소까지 같이 반영해서 프롬프트를 작성할 수도 있다. 이처럼 수노를 활용해 제

작하는 노래는 장르, 템포, 가사 등 각자의 창작 스타일을 살릴 수 있으며 학생들 개개인의 창의성을 발휘할 수 있는 기회가 된다. 학습지로 볼까?

(1) 프랑스 혁명을 주제로 한 노래를 제작해 보는 시간이다. 노래의 주제, 노래의 분위기, 노래의 제목이 들어가게 프롬프트를 작성해 보세요.

구분	내용	예시
제목		나비의 날개
주제		프랑스 혁명기 민중의 봉기
노래의 분위기, 템포		격정적인 음악, 180bpm

(2) 노래에 반드시 들어갔으면 하는 가사가 있으면 작성해 주세요.

가사에 들어갈 내용

이제 실제 수노에 접속해서 알아볼까?

[그림 2-Ⅳ-12] 수노 AI 대시보드

수노에 접속하여 구글 아이디로 로그인한다. 노래가 생성된 후, Library 메뉴에서 완성된 두 곡을 들어 보고 수정이 필요하면 'Remix' 기능을 활용해 추가적인 수정을 진행한다. 학생들은 앞서 작성한 가사를 기반으로 보완할 부분을 찾아 새롭게 내용을 추가하거나 조정한다.

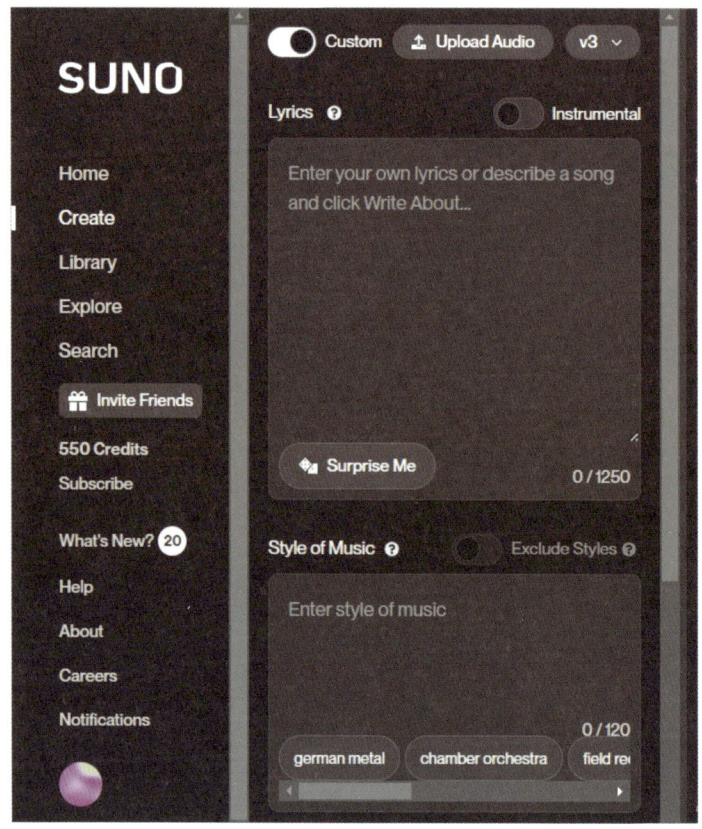

[그림 2-IV-13] 수노 AI Create

화면 왼쪽 메뉴에서 'Create' 버튼을 클릭한다. 이어서, 앞서 작성한 프롬프트를 'Song description'에 입력하는데, 영어 입력이 필요할 경우 딥엘 번역기를 활용해 번역 후 붙여 넣는다.

4. 고등학교 세계사 생성형 AI를 활용한 시민혁명 노래 만들기 수업 가이드

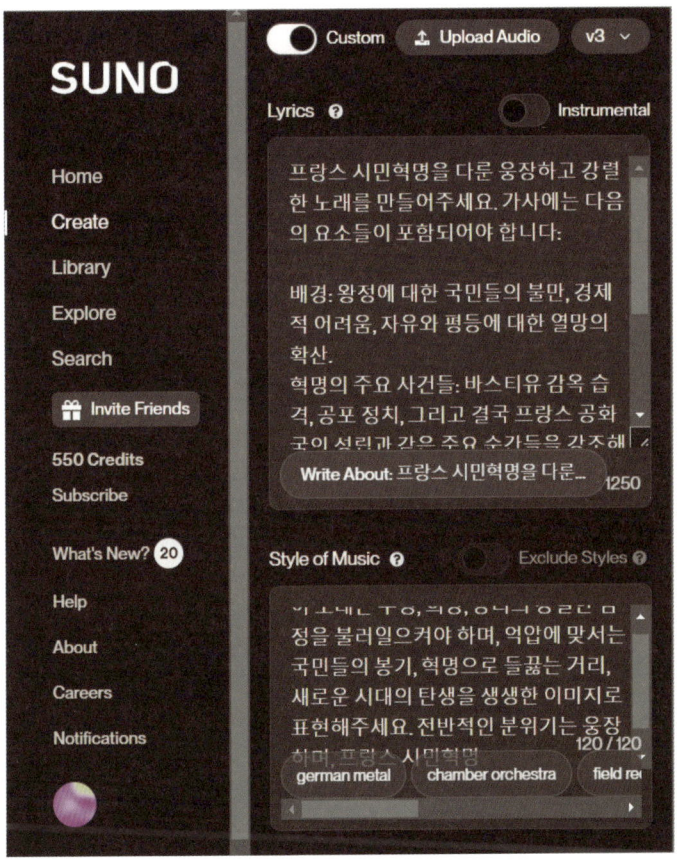

[그림 2-IV-14] 수노 AI 프롬프트 입력

프랑스 혁명을 주제로 한 프롬프트를 작성해 보았다.

 "프랑스 시민혁명을 다룬 웅장하고 강력한 노래를 만들어 주세요. 가사에는 다음의 요소들이 포함되어야 합니다."
- 배경: 왕정에 대한 국민들의 불만, 경제적 어려움, 자유와 평등에 대한 열망의 확산
- 혁명의 주요 사건들: 바스티유 감옥 습격, 공포 정치, 그리고 결국 프랑스 공화국의 성립과 같은 주요 순간들을 강조해 주세요.
- 영향과 유산: 이 혁명이 다른 나라에 영감을 주었으며, 자유, 평등, 박애의 이상을 확립하면서 프랑스 역사를 영원히 바꾸었다는 내용을 담아 주세요."

"이 노래는 투쟁, 희망, 승리의 강력한 감정을 불러일으켜야 하며, 억압에 맞서는 국민들의 봉기, 혁명으로 들끓는 거리, 새로운 시대의 탄생을 생생한 이미지로 표현해 주세요. 전반적인 분위기는 웅장하다."

아래는 프롬프트를 입력해서 완성된 노래의 가사이다.

제목: 봉기의 함성, 자유의 노래

억눌린 자들, 깨어 일어나리라
바스티유 문을 부수고
평등의 깃발 높이 휘날리네
우린 함께 외친다, 자유, 평등, 박애!

피로 물든 거리, 희망의 메아리
공포 속에서도 우린 나아가리
시대는 바뀌고, 역사는 새겨지네
저 하늘 높이, 공화국의 별이 뜨리라

봉기의 함성, 자유의 노래
억눌린 자들, 깨어 일어나리라
바스티유 문을 부수고
평등의 깃발 높이 휘날리네
우린 함께 외친다, 자유, 평등, 박애!

고통의 끝에서 피어난 희망
우리의 손으로 세운 새 세상
이제 우리는 하나가 되어
미래를 향해, 빛을 따라 가리라

봉기의 함성, 자유의 노래
억눌린 자들, 깨어 일어나리라
바스티유 문을 부수고
평등의 깃발 높이 휘날리네
우린 함께 외친다, 자유, 평등, 박애!

4. 고등학교 세계사 생성형 AI를 활용한 시민혁명 노래 만들기 수업 가이드

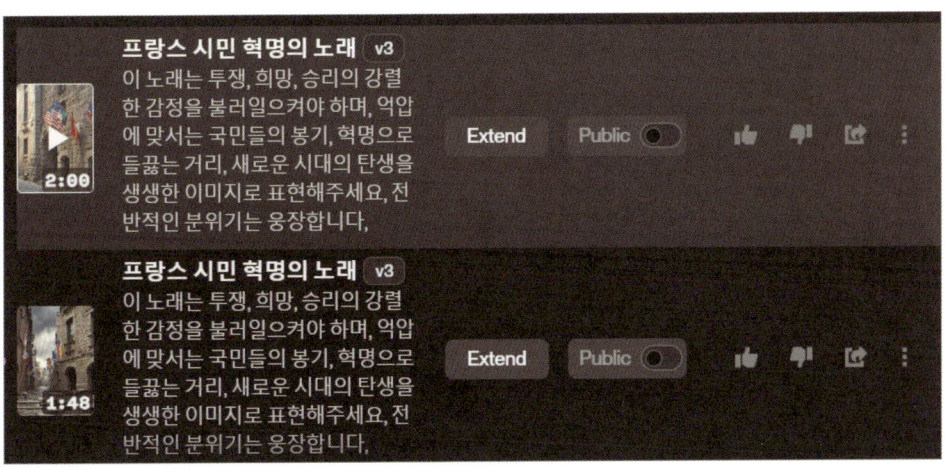

[그림 2-Ⅳ-15] 수노 AI로 제작한 프랑스 시민 혁명의 노래

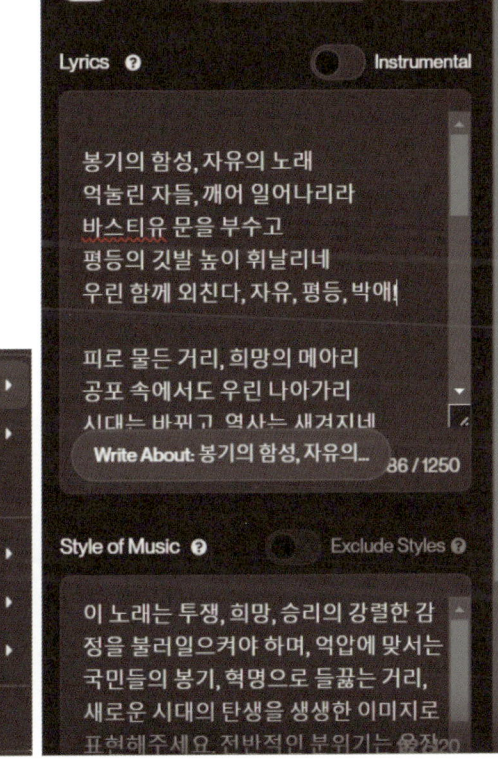

[그림 2-Ⅳ-16] 제작한 노래 수정 [그림 2-Ⅳ-18] 가사 및 스타일 수정

학생들이 작성한 프롬프트는 수노 AI에 입력되어 실제로 노래가 만들어진다. 수노 AI에 Lyrics, Style of Music, Title 등을 입력하면 자동으로 한 번에 2개씩 노래

193

를 생성한다. 한 번 생성할 때마다 10 Credits가 소비되고 하루에 550 Credits을 사용할 수 있다. 학생들이 입력한 가사, 장르, 템포 등이 제대로 노래에 반영되었는지 재생을 통해 들어볼 수 있다. 하지만 한 번에 본인이 원하는 퀄리티의 작품이 나오기란 쉽지 않다. 그래서 노래가 자신이 원하는 방향으로 제작되지 않았거나, 가사나 템포 등을 수정하고 싶다면 'Reuse Prompt' 버튼을 누르면 만들어진 노래의 가사뿐만 아니라 장르, 템포 등을 다시 수정할 수 있어 학생들은 자신들이 원하는 결과물이 나올 때까지 다채로운 노래를 만들어 볼 수 있다. 학생들은 자신이 작성한 가사와 프롬프트가 어떻게 음악으로 변환되는지를 직접 경험하며, AI 기술이 예술적 창작에 어떻게 활용될 수 있는지에 대해 새로운 시각을 갖게 된다.

[3] 띵커벨 보드에 노래 공유하고 상호 피드백하기

띵커벨 보드에 공유하는 단계에서는, 학생들이 수노 AI로 생성한 노래를 함께 감상하고 피드백을 주고받다. 학생들은 먼저 학습지에 작성한 가사, 장르, 템포 등의 정보를 사진으로 찍어 띵커벨 보드에 공유하고, 수노 AI에서 제작된 노래의 링크를 첨부한다. 이렇게 서로의 작품을 보드에 게시함으로써 친구들의 창작물을 감상하고 비교할 수 있게 된다.

학생들은 각자의 곡을 듣고 '좋아요' 버튼을 누르거나 댓글을 통해 의견을 나눠 본다. 이러한 과정에서 학생들은 같은 주제인 '프랑스 시민혁명'을 다루었지만, 서로 다른 방식으로 표현한 내용을 비교할 수 있다. 예를 들어, 모두 같은 '프랑스 시민혁명'이라는 주제를 배웠지만, 어떤 학생은 혁명의 배경과 원인을 강조하고, 또 다른 학생은 혁명의 과정 속에서 일어난 주요 사건들에 중점을 둔다. 또는 누구는 승리와 자유의 기쁨을 노래로 표현하는 반면, 다른 이는 피로 얼룩진 투쟁의 고통을 강조하는 등 학생들이 각기 다른 시각과 해석을 바탕으로 독창적인 곡을 만들어 내는 것이다. 이는 같은 학습 내용이라도 학생들이 어디에 주목하고 어떻게 창의적으로 해석했는지를 명확하게 보여 준다.

이처럼 각자의 해석을 바탕으로 창작한 노래를 공유하고 피드백을 주고받으며, 자신의 노래가 어떤 부분에서 다른 이들에게 호응을 얻고, 또 어떤 부분을 개선할 수 있을지에 대한 아이디어를 얻을 수 있다. 예를 들어, 가사의 특정 구절이 인상 깊었다거나, 멜로디가 주제와 잘 맞아떨어졌다는 칭찬을 받을 수 있고, 반대로 리듬이나 템포를 조금 더 조정하면 좋겠다는 제안을 받을 수도 있다. 학생들은 창의적 사고를 넓히고 음악적 표현의 다양성을 체험하게 된다. 역사적인 지식이 습득되는 것은 당연하다! 여러분도 다양한 주제에서 수노를 활용해 학생들과 재미있는 노래를 만들어 보는 것은 어떨까?

3장

생성형 AI를 활용한 수업 관련 행정 업무 효율 높이기

AI 기술이 교육 현장에서 점점 더 중요한 도구로 자리 잡고 있다. 특히 연구 수업이나 공개 수업을 준비하는 과정에서 생성형 AI를 활용하면 지도안을 보다 효율적이고 체계적으로 작성할 수 있다. 이번 글에서는 AI를 활용하여 효과적인 지도안 초안을 작성하는 방법을 설명하고자 한다.

1. 생성형 AI로 지도안 초안 쉽게 작성하기

1 생성형 AI로 수업 지도안 작성을?

연구 수업과 공개 수업은 교사들이 매년 겪는 중요한 행사이다. 연구 수업은 특정 교수법이나 수업 모델을 연구하고 공유하는 자리이며, 공개 수업은 다른 교사나 전문가들이 참관하는 수업을 의미한다. 이러한 수업을 준비하는 과정에서 수업을 어떻게 진행할지에 대한 개요라고 할 수 있는 수업 지도안 작성은 매우 중요하다. 그러나 한동안 안 써 본 분들이 많아서 매년마다 막막할 수 있을 것이라고 생각한다. 생성형 AI를 활용한다면 지도안 작성을 보다 창의적인 방식으로 수업을 설계해 볼 수 있다.

특히 다음과 같은 부분에서 AI의 역할이 중요하다.

1) 수업 목표 설정

학생의 학년 수준과 학습할 주제를 제시해 학습 목표를 빠르게 정리할 수 있다.

2) 학습 활동 설계

교사가 원하는 수업 방식을 프롬프트에 넣어 다양한 학습 방법과 활동을 추천받아 효과적인 수업 흐름을 구성할 수 있다.

3) 평가 방법 구상

진단 평가나 형성 평가 문항을 학습 주제에 맞게 자동 생성하거나 혹은 학생들에게 어떻게 피드백을 줘야 할지까지 제안받을 수 있다.

4) 수업 자료 제작

다양한 AI 플랫폼을 활용하여 프레젠테이션 자료, 워크시트, 토론 질문 등을 쉽게 제작할 수 있다.

2 효과적인 프롬프트 작성하기

생성형 AI를 활용하여 지도안을 작성하기 위해서는 효과적인 프롬프트 작성이 필수적이다. 앞서 게임 만들기 부분에서 제시했던 다음 여섯 가지 요소를 고려하면 원하는 결과물을 더욱 정확하게 얻을 수 있다.

1) 작업(Task)

작업은 AI에게 수행할 구체적인 지시를 의미한다. 예를 들어, "중학교 역사 수업을 위한 지도안을 작성해 줘"와 같은 명확한 지시를 주면 AI가 해당 작업을 수행하는 데 도움이 된다.

2) 맥락(Context)

맥락은 AI가 작업을 수행하는 데 필요한 배경 정보를 제공한다. 예를 들어, "수업 대상은 중학교 2학년이며, 조선 시대 개혁 정치에 대한 내용을 다룰 예정이다."라는 정보를 포함하면, AI가 보다 적절한 내용을 생성할 수 있다.

3) 예시(Example)

AI가 더욱 정확한 출력을 내도록 하기 위해 예시를 제공할 수 있다. "이전 지도안은 학습 목표, 도입, 전개, 정리, 평가로 구성되었다."와 같이 예시를 제공하면 AI가 이를 참고하여 비슷한 구조로 지도안을 작성할 수 있다.

4) 페르소나(Persona)

AI가 특정 역할을 수행하도록 설정할 수도 있다. 예를 들어, "경험 많은 역사 교사처럼 지도안을 작성해 줘."라고 요청하면 보다 전문적인 결과물을 얻을 수 있다.

5) 어조(Tone)

지문이 너무 가벼워지거나 지나치게 학술적이 되는 것을 방지하려면 AI의 어조를 지정할 수 있다. 예를 들어, "공식적인 문서 형식으로 작성해 줘."라고 하면 AI가 이에 맞춰 문장을 구성한다.

6) 형식(Form)

AI가 문서를 정리하는 방식도 명확히 제시하면 좋다. "표 형식으로 지도안을 작성해 줘." 또는 "문단으로 나누어 설명해 줘."처럼 형식을 지정하면 원하는 형태로 결과물을 얻을 수 있다.

이 여섯 가지를 종합해서 작성해 본다면,

 "너의 페르소나는 역사 교사야. 공개 수업을 하는데 수업 지도안을 작성하려고 해. 수업의 주제는 '3·1운동과 대한민국 임시 정부'이고 고등학교 1학년 학생을 대상으로 수업을 할 거야. 수업을 시작하는 도입 단계에서는 가볍게 학생들에게 3·1운동과 대한민국 임시정부에 대해 생각해 볼 수 있는 발문을 던져 시작할 거고, 전개 때 에듀테크인 '띵커벨'을 활용한 게임을 할 거야. 마무리에는 3·1운동의 의미와 그로 인해 세워진 대한민국 임시 정부의 중요성을 강조하는 멘트를 하며 차시 예고를 하고 끝내려고 해. 수업 지도안을 표 형태로 작성해 줘."

3.1운동과 대한민국 임시정부 공개수업 지도안 (고등학교 1학년)

단계	학습 내용 및 활동	교수·학습 방법	시간
도입	- 3.1운동과 대한민국 임시정부에 대한 학생들의 사전 지식 확인 - 발문을 통해 주제에 대한 관심 유도	- 질문 예시: * "여러분은 3.1운동을 어떤 사건이라고 생각하나요?" * "3.1운동 이후 우리 민족은 독립을 위해 어떤 노력을 했을까요?" - 학생들의 자유로운 의견 발표 유도	5분
전개	- 3.1운동의 배경, 전개 과정, 결과 학습 - 대한민국 임시정부의 수립과 역할 이해 - 에듀테크 '띵커벨'을 활용한 게임 진행	- 교사의 설명과 시각 자료 활용 - '띵커벨' 플랫폼을 활용하여 퀴즈 및 미션 수행 - 학생들이 조별로 협력하여 게임을 해결하도록 유도	30분
정리 및 차시 예고	- 3.1운동의 역사적 의의 정리 - 대한민국 임시정부가 우리나라 독립운동에서 차지하는 역할 강조 - 차시 예고: "다음 시간에는 대한민국 임시정부의 활동과 성과에 대해 더 깊이 알아보겠습니다."	- 핵심 개념 정리 - 학생들에게 질문을 던져 스스로 의미를 정리하도록 유도	10분

[그림 3-1] 공개 수업 지도안 1

또 다른 방식으로 프롬프트를 작성해 볼까? 아래는 예시이다.

 "중학교 2학년 한국사 수업을 위한 지도안을 작성해 줘. 주제는 조선 시대 개혁 정치이며, 학생 참여형 활동을 포함해야 해. 지도안은 학습 목표, 도입, 전개, 정리, 평가로 구성하고, 공식적인 문서 형식으로 작성해 줘."

AI가 생성한 지도안 초안은 다음과 같다.

1. 학습 목표

1. 조선 시대 개혁 정치의 배경과 주요 개혁 내용을 이해할 수 있다.
2. 조선 시대의 개혁 정치가 사회에 미친 영향을 분석할 수 있다.
3. 개혁 정치와 관련된 역사적 사례를 탐구하고 자신의 의견을 발표할 수 있다.

2. 수업 지도안

단계	학습 내용 및 활동	교수·학습 방법	시간
도입	- '개혁'이란 무엇인가? (학생들에게 개혁의 의미를 질문) - 조선 시대 개혁 정치는 왜 필요했을까?	- 학생들의 배경지식을 활성화하는 발문 활용 - 역사적 맥락을 이해할 수 있도록 사례 제시	5분
전개	- 조선 전기의 주요 개혁(태종, 세종, 세조, 성종의 정책) - 조선 후기의 개혁(영조·정조의 탕평책, 규장각 설치, 장용영 운영) - 참여형 활동: "개혁 정치 토론" (조별 활동)	- 교사의 설명 및 시각 자료 활용 - 조별로 개혁 정치의 장점과 한계를 분석 후 발표	30분
정리	- 조선 시대 개혁 정치가 사회에 미친 영향 정리 - 현대 사회에서 개혁이 필요한 사례를 연결하여 생각하기	- 핵심 개념 정리 및 학생들의 의견 공유	10분
평가	- 조별 활동에서 학생들의 토론 참여도와 논리적 사고력 평가 - 개별적으로 개혁 정치의 의의를 정리하는 간단한 서술형 평가	- 조별 발표 내용 평가 - 개별 학습지 제출	5분

3. 평가 기준

- 개혁 정치의 핵심 개념을 이해하고 있는가?
- 조별 활동에서 협력적으로 의견을 나누고 논리적으로 발표하였는가?
- 개혁 정치가 현대 사회와 연결될 수 있음을 인식하고 있는가?

[그림 3-2] 공개 수업 지도안 2

위와 같이 AI의 도움을 받아 지도안을 작성하면, 보다 체계적이고 완성도 높은 초안을 만들 수 있다.

3 AI를 활용한 지도안 작성의 장점과 주의점

AI를 활용하면 지도안을 작성하는 데 걸리는 시간을 단축할 수 있으며, 다양한 교수학습 방법을 쉽게 적용할 수 있다. 그러나 AI가 생성한 내용이 완벽하지 않을 수 있으므로 반드시 교사가 직접 검토하고 학생 수준에 맞게 조정하여야 한다.

생성형 AI는 연구 수업 및 공개 수업 지도안을 작성하는 데 유용한 도구이다. 효과적인 프롬프트를 작성하고 AI의 결과물을 적절히 활용하면 보다 체계적인 수업 계획을 세울 수 있다. 다만 AI의 출력을 그대로 사용하는 것이 아니라, 교사의 전문성과 경험을 반영하여 최종 수정하는 과정이 반드시 필요하다. AI를 활용하여 보다 효율적이고 창의적인 수업을 설계해 보시길 바란다.

2. 수업 기록 및 상담 기록 체계적으로 관리하기

 교육과정-수업-평가-기록의 일체화를 위해서 클리포 AI를 활용한 적이 있다. 클리포 AI는 평가 계획을 입력하고, 학생들은 과제물을 받고 이에 대한 피드백하는 과정을 도와주는 보조 도구이다. 2년 동안 클리포 AI의 선도 교원으로 활동하면서 초기 모델부터 현재 모델까지를 모두 경험했었는데, 초기 모델은 AI의 성능 측면에서 아쉬운 점이 많았다. 하지만 현재 모델은 AI의 성능을 발전시키고, 교사들의 피드백을 바탕으로 UI를 개선하며 교사 친화적으로 발전했다.

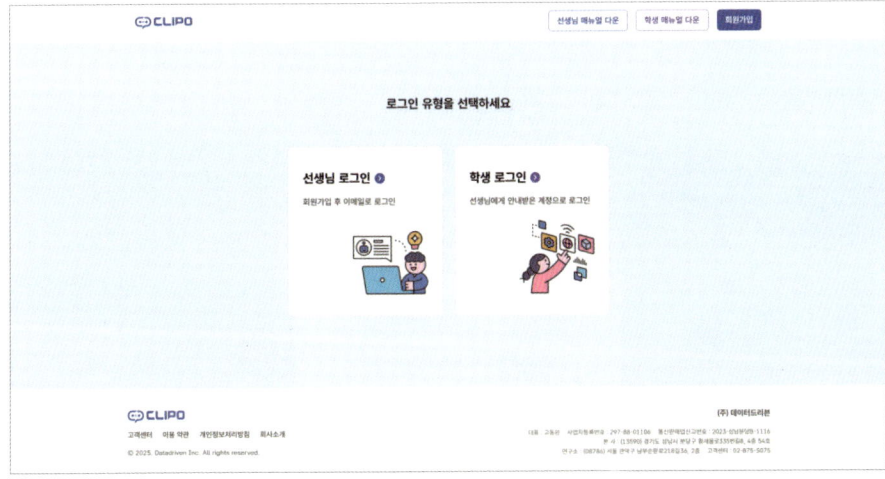

[그림 3-3] 클리포 AI 로그인 화면

회원 가입을 한 후 교사 인증을 마치면 다음과 같은 홈 화면으로 이동한다.

[그림 3-4] 클리포 AI 홈 화면

'수업 만들기' 버튼을 누른 후 관련 정보를 입력한 후 '저장'을 누른다. 아직 학생들이 등록되어 있지 않다면 '학교 설정으로 이동' 버튼을 눌러서 학생들의 정보를 입력하면 된다.

[그림 3-5] 수업 만들기 화면

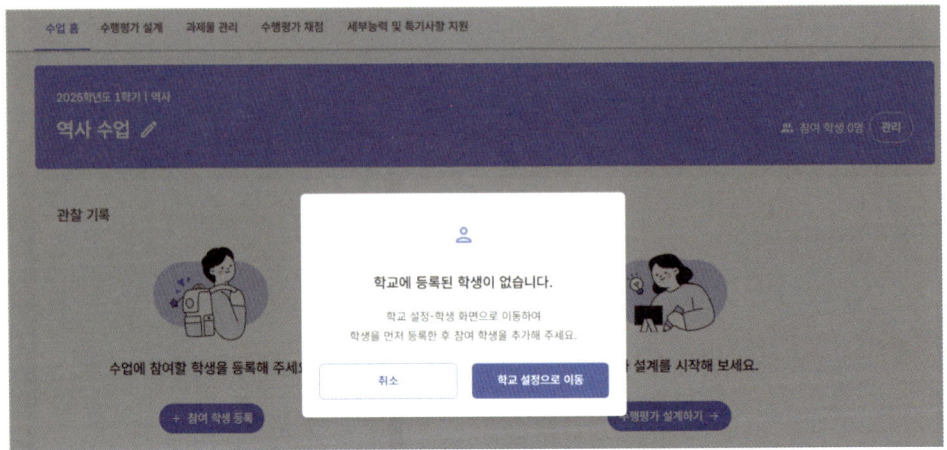

[그림 3-6] 학생 등록 화면

수행평가 설계에서는 평가 계획의 내용을 바탕으로, 과제명, 성취 기준, 세부 기준, 점수 계산 방식, 결시자 처리 등을 설정한다. 세부 기준, 점수 계산 방식 등을 구체적으로 입력할수록 원하는 AI의 결과물을 생성할 수 있다. 과제물 업로드 방법은 교사가 일괄 업로드, 학생이 작성 또는 업로드, 업로드 없음을 선택할 수 있다.

[그림 3-7] 수행평가 설계

다음은 저자가 2024학년도 1학기에 입력한 수행평가 설계 내용이다.

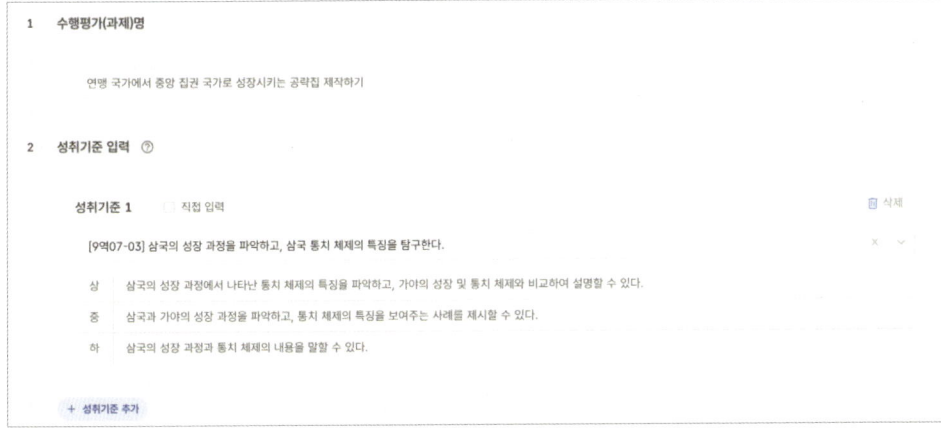

[그림 3-8] 수행평가 설계 내용 예시

수행평가 설계를 바탕으로 학생들의 수행평가를 채점하고 피드백했다. 세부 기준, 점수 계산 방식을 구체적으로 설정할수록 AI가 피드백을 더욱 구체적으로 도와 준다.

[그림 3-9] 학생의 수행평가 채점 내용

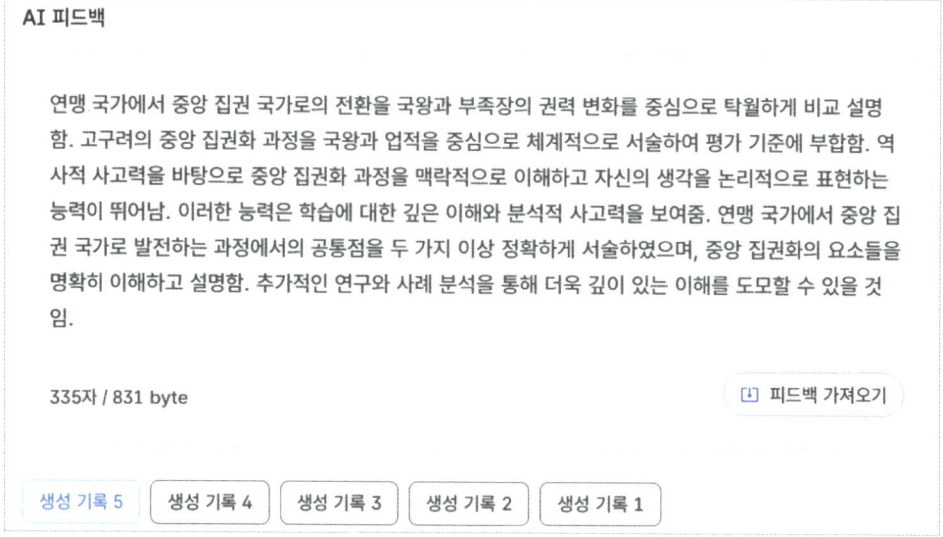

[그림 3-10] 클리포 AI의 피드백

AI 피드백을 바탕으로 교사의 구체적인 피드백을 덧붙이면 학생들이 해당 평가에서 어떤 부분이 부족했는지 알려줄 수 있다. 또한, 이러한 피드백 자료를 수집하여 학기말 과목별 세부 능력 특기 사항 입력에 활용할 수 있다.

3. 설문조사 효율적으로 관리하기

교육 현장에서 설문조사는 학생들의 학습 경험을 분석하고 교육과정을 개선하는 중요한 도구이다. 하지만 설문을 작성하고 배포하며 응답을 수집하고 분석하는 과정은 상당한 시간과 노력이 소요된다. 생성형 AI를 활용하면 이러한 과정을 자동화하고 효율성을 극대화할 수 있다. 다음은 구체적인 예시와 함께 생성형 AI를 활용한 설문조사 관리 방법을 소개한다.

1 설문지 작성 자동화

기존에는 설문을 만들기 위해 여러 문항을 직접 고민해야 했지만, 생성형 AI를 활용하면 원하는 조사 목적을 입력하는 것만으로도 문항을 자동 생성할 수 있다.

먼저 ChatGPT, 제미나이와 같은 AI 도구에 접속한다. 그리고 원하는 설문 목표를 프롬프트 형태로 입력한다. 다음은 프롬프트 예시이다.

"너의 페르소나는 고등학교 교사야. 고등학교 역사 수업에 대한 학생들의 만족도를 조사하는 설문을 만들어 줘."

해당 프롬프트에 대한 결과물은 다음과 같다.

📋 **고등학교 역사 수업 만족도 조사**

안녕하세요! 보다 나은 역사 수업을 위해 여러분의 의견을 듣고자 합니다. 솔직한 답변을 부탁드리며, 설문 결과는 익명으로 처리됩니다.

1. 기본 정보

(1) 학년: ☐ 1학년 ☐ 2학년 ☐ 3학년
(2) 역사 과목: ☐ 한국사 ☐ 동아시아사 ☐ 세계사 ☐ 기타 (   )
(3) 본인의 역사 과목에 대한 흥미도는 어느 정도인가요?

- ☐ 매우 흥미롭다
- ☐ 흥미로운 편이다
- ☐ 보통이다
- ☐ 흥미롭지 않은 편이다
- ☐ 전혀 흥미롭지 않다

2. 수업 방식 관련

(4) 현재 역사 수업 방식(강의, 토론, 프로젝트 등)에 만족하나요?

- ☐ 매우 만족한다
- ☐ 대체로 만족한다
- ☐ 보통이다
- ☐ 아쉬운 점이 있다
- ☐ 매우 불만족스럽다

[그림 3-11] 설문 내용 작성하기 1

혹은

 "너의 페르소나는 고등학교 교사야. 제주도 수학여행 만족도 조사를 위해 각 코스의 만족도 및 식당, 숙소 만족도를 조사하는 설문지를 만들어 줘."

📋 **제주도 수학여행 만족도 조사**

안녕하세요! 이번 수학여행에 대한 여러분의 의견을 듣고자 합니다.
솔직한 답변을 부탁드리며, 설문 결과는 향후 더 나은 수학여행을 계획하는 데 활용될 예정입니다.

🕐 소요 시간: 약 3~5분

1. 기본 정보
(1) 학년: ☐ 1학년 ☐ 2학년 ☐ 3학년
(2) 성별: ☐ 남 ☐ 여
(3) 전체적으로 이번 제주도 수학여행에 대해 만족하시나요?

- ☐ 매우 만족
- ☐ 만족
- ☐ 보통
- ☐ 아쉬움이 있다
- ☐ 매우 불만족

---

2. 방문한 장소(코스) 만족도 평가

각 코스에 대해 별점을 매겨주세요. (⭐ 1점 = 매우 불만족, ⭐⭐⭐⭐⭐ 5점 = 매우 만족)

(4) 1일 차 [예: 성산일출봉]

- ⭐⭐⭐⭐⭐
- ⭐⭐⭐⭐
- ⭐⭐⭐
- ⭐⭐

[그림 3-12] 설문 내용 작성하기 2

이러한 결과물을 본 뒤 필요하다면 질문을 축약하거나 혹은 더 상세한 질문을 해 볼 수 있다. 이렇게 완성된 형태의 질문들을 구글 폼, 마이크로소프트 폼 등에 복사하여 활용할 수 있다.

2 응답 분석 및 시각화

설문 응답이 수집된 후에는 데이터를 분석하는 작업이 필요하다. 생성형 AI는 응답 내용을 자동으로 요약하고 주요 패턴을 분석하는 기능을 제공한다.

> **실제 활용 방법**
>
> (1) 구글 폼에서 응답 데이터를 다운로드한다.
> (2) ChatGPT를 활용하여 응답 데이터 파일을 붙여넣기한 후 "이 데이터를 분석해 줘."라고 요청한다.
> (3) AI가 요약한 결과를 확인하고, 주요 인사이트를 정리한다.
> (4) AI에게 "응답 결과를 그래프로 시각화해 줘."라고 요청하면 막대그래프, 원형 차트 등의 형태로 변환할 수 있다. 아래는 '귀향 방 탈출 게임' 만족도 평가를 시각화한 결과물이다.

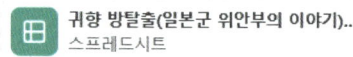

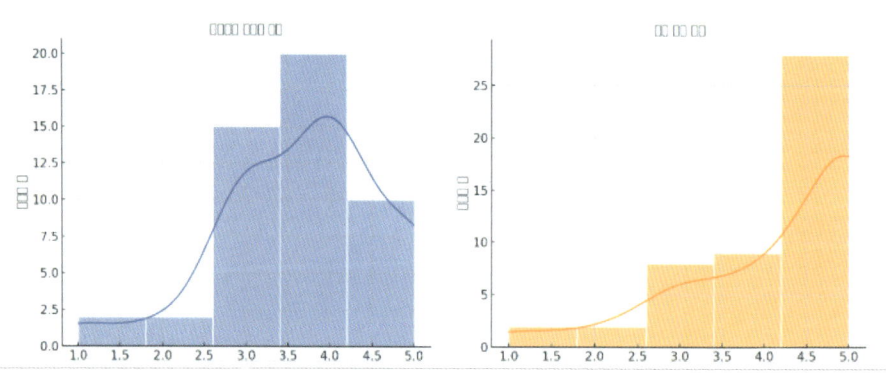

[그림 3-13] 설문 내용 분석

주관식으로 작성한 개별 응답에는 학생들이 다양하게 답변을 했기에 통계화하는 건 어렵겠지만, 만족도 점수를 조사할 때는 이런 식으로 결과 보고서 양식에 넣으면 된다.

3 설문 결과 활용 방안 제안

이제 설문조사를 다 했으니 단순한 데이터 분석을 넘어서 해당 내용을 바탕으로 AI에 실행 가능한 개선안을 제안해 달라고 해 볼 수도 있다. 학생 만족도가 낮았을 때 이에 대한 나아가야 할 방향을 물어볼 수 있는 것이다. AI에 "이 설문 결과를 바탕으로 교육 방안을 제안해 줘."라고 요청한다. 산출물을 바탕으로 학생들의 만족도를 높이기 위해 AI가 추천하는 방법을 검토하고 적용할 수 있는 부분을 선택해서 반영하면 된다.

생성형 AI를 활용한 설문조사 관리는 단순한 편의성을 넘어, 데이터 기반의 교육 혁신을 가능하게 한다. 이를 적극적으로 활용한다면 교사들은 보다 창의적인 수업 설계에 집중할 수 있으며, 학생들의 학습 경험을 더욱 깊이 있게 이해할 수 있을 것이다.

맺음말

수업 닫기: 생성형 AI를 활용한 지속 가능한 역사 수업을 바라며

김동은 선생님

겉으로는 어려워 보이지만 생성형 AI 활용 역사 수업은 목표로 하는 지점과 이를 구현해 줄 윤리적인 AI 도구, 그리고 이에 대한 학생들의 적절한 디지털 리터러시 능력 함양 훈련이 설계된다면 종이 1장 낭비 없이 제한된 수업 시간에 효율적이면서도 효과적으로 기억에 남는 수업을 만들어 갈 수 있습니다. 처음부터 잘되는 수업은 없어요:)

제가 지금까지 소개해 드린 AI 활용 역사 수업 사례를 차근차근 살펴보시며, 선생님만의 고민의 지점과 역사 교육 철학을 담아 풍성하고 멋진 역사 수업을 만들어 가실 수 있기를 바랍니다!

이현웅 선생님

역사를 어떻게 아이들과 재미있게 학습할 수 있을까요? 그건 바로 아이들의 자율성을 키워줄 때 가능하다고 생각합니다. 아이들이 스스로 사고하고 스스로 움직일 수 있는 역사 수업을 만들어 갈수록 학생과 교사 모두가 함께 배워 나가는 수업이 될 수 있는 거죠.

생성형 AI를 활용해 만들 수 있는 다양한 수업 방식들은 교사가 지식을 주입하는 교육하는 방식에서 벗어나 학생 자기 주도적인 역량을 기를 수 있는 새로운 방향을 제시할 수 있다고 확신합니다. 무궁무진한 에듀테크의 시대에 놓인 현재를 살아가는 여러분들께서 각자 자신이 받은 영감을 생성형 AI를 통해 발전시켜 학급 모두가 즐거운 수업을 만들어 가시길 기원합니다.

정태형 선생님

역사 교사에게 수업의 본질은 '역사를 잘 가르치는 것'입니다. 생성형 AI는 수업의 본질을 위해서 필수적인 도구는 아니지만, 이를 보조해 줄 수 있는 수단인 것은 분명합니다.

생성형 AI의 발전 속도는 정말 빠르고, 학생들이 살아갈 시대에서는 이에 대한 활용 능력과 대처 능력이 정말 중요해질 것이라고 생각합니다. 수업에서도 생성형 AI를 접목한다면 더 다양하고 효과적인 수업을 기획할 수 있을 것입니다. 저희가 소개해 드린 AI 활용 수업 사례를 통해서 선생님들만의 수업을 발전시켜 나가시길 바랍니다.

2025년	8월 18일	1판	1쇄	인 쇄
2025년	8월 25일	1판	1쇄	발 행

지 은 이 : 에듀테크 교사 연구회 역사팀
          (김동은·이현웅·정태형) 지음

펴 낸 이 : 박   정   태

펴 낸 곳 : 주식회사 광문각출판미디어

10881
파주시 파주출판문화도시 광인사길 161
광문각 B/D 3층
등   록 : 2022. 9. 2 제2022-000102호
전 화(代) : 031-955-8787
팩   스 : 031-955-3730
E - mail : kwangmk7@hanmail.net
홈페이지 : www.kwangmoonkag.co.kr

ISBN : 979-11-93205-72-3   03370

값 : 16,000원